Die besten Kuchen und Torten

Backen – köstlich wie noch nie

Die besten Kuchen und Torten

Annette Wolter (Hrsg.)

Mit den besten Rezeptideen von Elke Alsen, Marey Kurz, Annedore Meineke, Bernd Schiansky, Brigitta Stuber und Annette Wolter

Mit Farbfotos von Odette Teubner

Bechtermünz

Das finden Sie in diesem Buch

Über dieses Buch

Tips für die Praxis

Die Teigarten

Garnieren und Verzieren

Obstkuchen, Obsttörtchen

Kuchen vom Blech und aus der Form

Beliebtes Kleingebäck

Festliche Torten

Praktische Geräte und Backformen

Die wichtigsten Backzutaten

Der Inhalt des Buches von A bis Z

Die Rezepte nach Teigarten und Obstsorten geordnet

Biskuit

Baiser

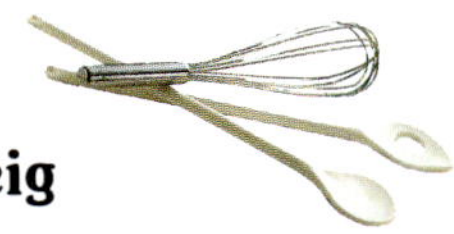

Rührteig

Mürbeteig

Quark-Öl-Teig

Brandteig

Hefeteig

Über dieses Buch

Wer bäckt, ist kreativ und freut sich darauf, mit selbstgebackenen Kuchen andere und sich selbst verwöhnen zu können. Ein wichtiges Argument fürs Selberbacken ist sicher auch die Qualität des Endprodukts. Denn Sie wissen, was in den Teig kommt. Das ist auch der Grund für den Bedarf und die ungebrochene Beliebtheit schöner Backbücher.

Wir sind der Meinung, daß uns mit dem vorliegenden Band ein ganz besonderes Backbuch gelungen ist. Die exklusiv gestalteten Farbaufnahmen zeigen Ihnen all die vielen verlockenden Backergebnisse. Die Bilder bieten außerdem viele Anregungen für reizvolle Garnierungen und Verzierungen sowie für das gefällige Anrichten von Kuchen, Torten und Kleingebäck.

Die Auswahl der Rezepte haben wir uns natürlich nicht leicht gemacht. Jeder der beteiligten Autoren hat mit seiner langjährigen Erfahrung und großer Fachkompetenz zu der optimalen Auswahl der Rezepte beigetragen. Eine reiche Mischung beliebter, bekannter und reizvoller neuer Kuchen und Torten stellen wir Ihnen in mehreren Abwandlungen vor – sowohl zeitgemäß als auch in altbewährter Tradition. Es sind Kuchen, die gut schmecken, stets leicht gelingen und auch diejenigen begeistern, die Besonderes suchen.

So waren wir zum Beispiel sparsam im Umgang mit Backpulver, das viele als störend empfinden. In unseren Rezepten wird kein synthetisches Vanillin, sondern nur echter Vanillezucker verwendet. Auf Fertigbackmischungen und deren Abwandlungen haben wir ganz bewußt verzichtet.

Die Rezepte sind unkompliziert und leicht nachvollziehbar beschrieben. Und natürlich auch gewissenhaft getestet. Als zusätzliche Hilfe werden die Grundteigarten Schritt für Schritt in Bild und Text dargestellt. Wie der Hefevorteig angesetzt, Biskuit, Baiser, Rührteig, Mürbeteig, Plunderteig oder anderes fachgerecht zubereitet wird, ist so genau zu sehen, daß Ungeübte geradezu ermuntert werden, frisch ans Werk zu gehen. Tips für die Praxis und die Beschreibung von Geräten, Backformen und Backzutaten bieten zusätzliche Unterstützung.

Die rot gedruckten Hinweise in jedem Rezept signalisieren, ob das jeweilige Gebäck schnell zuzubereiten ist, ob es leicht gelingt oder etwas mehr Fingerspitzengefühl erfordert. Außerdem weisen die Aussagen auch auf berühmte Rezepte hin, auf Spezialitäten oder auf Vollwertgebäck. Die Angaben von Vorbereitungs- und Backzeiten sowie der Zeit für die Fertigstellung des Gebäcks ermöglichen eine sinnvolle Planung. Aufgeschlüsselt sind die Rezepte außerdem nach ihrem Energiegehalt – Kilojoule/Kilokalorien – und den Nährwerten Eiweiß, Fett, Kohlenhydrate. Wichtig für alle, die sich bewußt ernähren.

Es gibt vier große Rezeptkapitel. Zunächst können Sie in »Obstkuchen und Obsttörtchen« schwelgen. Sie schmecken am besten mit frischem Obst der Saison. Doch werden natürlich auch exotische Früchte verwendet, die jetzt in so reicher Auswahl und oft preiswert auf dem Markt angeboten werden. Sie wissen, daß rohes Obst besonders wertvoll ist. Deshalb werden häufig ungegarte Früchte auf dem vorgebackenen Kuchenboden oder auf einer zarten Creme angeordnet und nur mit Gelee, Sahne, Baiser, Mandelblättchen oder anderem garniert. Bei traditionellen Rezepten wird das Obst jedoch mitgebacken. Neben mehreren Apfelkuchen finden Sie für fast jede Obstsorte mindestens einen Kuchen oder ein Törtchen. Der große Vorteil von Obstgebäck: die Früchte können oft je nach Lust und Laune, nach Jahreszeit oder Geschmack verwendet werden.

Im zweiten Kapitel geht es um die feinen »Kuchen vom Blech oder aus der Form«. Natürlich sind die Stars wie Streuselkuchen, Bienenstich, Savarin, Käsekuchen, Früchtebrot und Stollen vertreten, aber auch viele weniger bekannte Kuchen, die reizvolle geschmackliche Überraschungen bieten.

Das Thema des dritten Kapitels ist »Beliebtes Kleingebäck«. Wir haben uns für einen möglichst vielseitigen und abwechslungsreichen Querschnitt entschieden und wir sind sicher, daß Sie dabei alle Ihre Lieblingshörnchen, -krapfen, -taschen, -schnitten, -törtchen oder -rouladen finden. Zudem machen Sie bestimmt eine Menge neuer Entdeckungen, mit denen Sie Ihr Repertoire gerne erweitern werden.

Und das Beste kommt zuletzt, nämlich »Festliche Torten« im vierten Kapitel. Alle sind würdig, einen festlichen Anlaß zu krönen. Schon ihr Anblick besticht; vom köstlichen Geschmack überzeugen Sie sich am besten selbst. Doch keine Angst, schwierige Werke professioneller Patisserie bieten wir nicht. Mit etwas Sorgfalt, Geduld und Liebe zum Detail gelingen alle Torten dieses Kapitels auch ohne spezielle Ausbildung oder Kenntnisse. Die Torten sind dennoch so verführerisch, daß Sie bei den Kalorien sicher gerne mal beide Augen zudrücken.

Anschließend finden Sie wichtige warenkundliche Informationen über das Backen im allgemeinen. Praktische Backgeräte, die gebräuchlichsten Backformen, wichtige Backzutaten, beliebte Gewürze sowie Verzier- und Garniermittel werden beschrieben und in eindrucksvollen Farbfotos dargestellt. Das ausführliche Rezept- und Sachregister und die Aufgliederung der Rezepte nach Teigarten helfen Ihnen, schnell die gewünschten Kuchen zu finden.

Vor dem Backbeginn, am besten noch vor dem Einkauf, lesen Sie die Seite »Tips für die Praxis«. Dort finden Sie wertvolle Hinweise und Details, die in den einzelnen Rezepten nicht eigens erwähnt werden, die aber unbedingt zum Gelingen beitragen.

Wir wünschen Ihnen nun viel Freude beim Auswählen und viel Spaß und Erfolg beim Backen.

Ihre
Annette Wolter
und alle Mitarbeiter

Übrigens, die Abkürzungen kJ und kcal in den Rezepten bedeuten Kilojoule und Kilokalorien.

Tips für die Praxis

Backen ist ein kreatives Vergnügen. Damit es aber zu echten Erfolgserlebnissen verhilft und die Backergebnisse zum Genuß werden, muß man genau arbeiten und dabei einige wichtige Grundregeln beachten. Es ist ratsam, die folgenden Punkte aufmerksam zu lesen und sie sich vor Backbeginn immer wieder in Erinnerung zu rufen:

Das exakte Abmessen der Zutaten ist unerläßlich. Für Maße, die in den Rezepten in Eßlöffeln (Eßl.) oder Teelöffeln (Teel.) angegeben sind, ist stets ein gestrichenvoller Löffel gemeint, andernfalls wird ein gehäufter Löffel vorgeschrieben. Die Maße für Spirituosen werden häufig in cl ausgedrückt. Zur leichteren Handhabung: 2 cl sind 20 ccm oder ein Schnapsglas voll bis zum zweiten Eichstrich oder 2 Eßlöffel.

Alle benötigten Zutaten sollten – am besten bereits abgewogen – etwa 30 Minuten vor Backbeginn bereitgestellt werden, damit die aus dem Kühlschrank genommenen Raumtemperatur annehmen können, was besonders bei der Zubereitung von Hefeteig von Bedeutung ist. Eine Ausnahme bildet Mürbeteig. Er braucht Kälte: die harte Butter wird in Stückchen geschnitten rasch mit möglichst kühlen Händen unter die übrigen Zutaten geknetet. Auch für die Baisermasse soll das Eiweiß aus dem Kühlschrank kommen.

In den Rezepten werden keine künstlichen Backaromen verwendet. Da es ganz einfach ist, Vanillezucker aus Naturvanille selbst herzustellen und vorrätig zu haben, verwenden wir auch kein synthetisches Vanillin.

Für die meisten Teigarten haben wir Butter als Backfett empfohlen. Selbstverständlich können Sie auch mit Margarine backen.

Besonders Hefe- und Mürbeteig vertragen gut 1 Prise Salz, das die Aromen hervorhebt. Für diese Teige könnte man auch leicht gesalzene Butter nehmen.

Zitrusfrüchte, deren Schalen als Aromen verwendet werden, müssen immer unbehandelt sein. Alle Zitrusfrüchte sollte man jedoch lauwarm waschen, da auch ungespritzten Früchten zur besseren Haltbarkeit und als Schutz gegen Transportschäden eine dünne Wachsschicht aufgebracht wurde.

Wenn Sie die Farbseiten des Rezeptteils ansehen, werden Sie leicht bemerken, daß für jedes Rezept nur ein bestimmter, knapper Textumfang möglich ist. Wir haben daher, wenn nötig, sich wiederholende Arbeitsgänge in Kurzform erklärt. Die Schritt-für-Schritt-Informationen im didaktischen Teil dieses Buches, wo das Entstehen der einzelnen Teigarten gezeigt und ausführlich erklärt wird, bieten ergänzend viel Wissenswertes.

Bevor man Mürbeteig oder Hefeteig in die gewünschte Form ausrollt, bestäubt man die Arbeitsfläche leicht mit Mehl. Ebenso empfiehlt es sich, den Teigroller mit Mehl abzustreifen, wodurch ein Ankleben des Teiges verhindert wird. Zuviel Mehl würde allerdings die Eigenschaften des Teiges beeinträchtigen.

Hefeteig, Mürbeteig mit geringem Fettanteil, Quark-Öl-Teig und Strudelteig sollte auf gefettetem Blech oder in mit Fett ausgestrichenen Formen gebakken werden, Rührteig und Biskuit für Obstkuchen auf gefetteten und mit Mehl, geriebenen Nüssen, Semmelbröseln oder Zucker ausgestreuten Blechen oder in entsprechend vorbereiteten Formen. Für Tortenböden aus Biskuit mit und ohne Backpulver fettet und bestreut man nur den Boden der Form; durch den ungefetteten Rand rutscht der Teig beim Backen nicht ab, sondern steigt gleichmäßig nach oben. Bei Biskuitrouladen, Baiser- und Makronenmasse empfiehlt es sich, das Blech mit Backtrennpapier auszulegen. Damit das Papier nicht verrutscht, muß man die Form oder das Blech etwas fetten. Brandteig, fetthaltigen Mürbeteig, Plunderteig bäckt man auf unbehandelten Blechen, für Blätterteig wird das Blech kalt abgespült.

Für flaches und halbhohes Gebäck wie Obstkuchen, Tortenböden, Blechkuchen, Hörnchen, Hefezöpfe sowie Kuchen in der Kasten- oder Kranzform ist die mittlere Schiene des Backofens richtig, hohes Gebäck wie Gugelhupf oder Pannettone gehören auf die untere Schiene.

Die Garprobe allein bietet absolute Sicherheit darüber, ob der Kuchen wirklich durchgebacken ist. Bei ganz flachem Gebäck genügt es, sich an der Farbe der Oberfläche zu orientieren; wird das Gebäck gelb- bis goldbraun, ist es fertig. Kuchen in der Form, Stollen, Zöpfe und Laibe prüft man durch die Stäbchenprobe, ehe man sie aus dem Backofen nimmt: Stechen Sie mit einem Holzstäbchen in die höchste Stelle des Gebäcks; bleiben beim Zurückziehen des Stäbchens keine Teigspuren haften, ist das Gebäck durchgebacken. Sind Teigreste erkennbar, benötigt das Gebäck noch weitere 5 bis 10 Minuten Backzeit. Um schon genügende Bräune dabei nicht in eine schwarze Färbung umzuwandeln, wird das Backwerk mit Pergamentpapier bedeckt. Danach läßt man den Kuchen im abgeschalteten Ofen noch 5 bis 10 Minuten ruhen.

Ist das Malheur dann aber trotzdem einmal passiert, der Kuchen ist mehr schwarz- als goldbraun geworden, so hilft nur noch ein Trick, ihn zu retten: Man reibt die dunklen Stellen sorgfältig mit der Rohkostreibe ab und überzieht den Kuchen dick mit Glasur.

Kuchen und Torten, aber auch frischer Teig lassen sich in der Regel problemlos einfrieren. Um den frischen Geschmack des Gebäcks zu konservieren, friert man es am besten noch lauwarm, in gefriergeeignetes Material verpackt, ein. Erst nach dem Auftauen sollte man Tortenböden mit frischem Obst belegen und mit Guß überziehen oder den Kuchen mit Zuckerglasur verzieren.

Die Teigarten

Biskuitteig (Wiener Masse)

Die duftige Schaummasse aus Eiern, Zucker und Mehl kann man schon fast nicht mehr als Teig bezeichnen. Die Eier lassen sich getrennt oder im ganzen verarbeiten, bei beiden Methoden wird die Masse so ausdauernd geschlagen, daß die dadurch entstehenden Luftbläschen das Volumen des Teiges deutlich vergrößern. Gemahlene Haselnüsse, Walnüsse oder Mandeln mischt man mit dem Mehl unter die Masse. Feine Sandkuchen werden nach der gleichen Methode hergestellt; man fügt der Schaummasse flüssige, abgekühlte Butter zu. Es ist wichtig, den Backofen rechtzeitig vorzuheizen, um dem Biskuitteig keine unnötige Wartezeit zuzumuten, er fällt leicht wieder zusammen.

Nur den Boden einer Springform mit Butter bestreichen und mit Biskuit- oder Semmelbröseln ausstreuen. Den Backofen auf 180° vorheizen. 6 frische Eier sorgfältig in Eigelbe und Eiweiße trennen. Die Eigelbe mit 125 g Zucker, 1 Eßlöffel Vanillezucker und 2 Eßlöffeln warmem Wasser oder Orangensaft weißschaumig schlagen.

Biskuitroulade

Biskuitrouladen sind ein wahres Blitzgebäck. Am einfachsten bestreicht man die noch warme Teigplatte mit erhitzter Aprikosenmarmelade, rollt sie auf und bestäubt die Roulade mit Puderzucker. Wenn man sie mit Schlagsahne, gemischt mit Fruchtpüree, Butter- oder Mascarponecreme füllen möchte, stürzt man die warme Teigplatte auf ein feuchtes Küchentuch, zieht das Papier ab und läßt sie unter einem zweiten feuchten Tuch abkühlen. Je nach Füllung kann man die Roulade fantasievoll verzieren. Im Rezeptteil des Buches finden Sie auf den Seiten 82 und 83 Vorschläge für weitere delikate Füllungen.

Aus 8 Eigelben, 100 g Zucker, 1 Prise Salz, 1 Eßlöffel Vanillezucker, 4 Eiweißen sowie je 50 g Mehl, Speisestärke und Kakaopulver eine Biskuitmasse herstellen, auf ein mit Backtrennpapier ausgelegtes Blech streichen und im auf 225° vorgeheizten Backofen auf der oberen Schiene 8 bis 10 Minuten backen.

Baiser

Baisermasse, auch Meringue genannt, ist nichts weiter als getrockneter Eischnee mit einem hohen Anteil Zucker. Mit würzenden Zutaten wie Instant-Kaffeepulver, feingeriebener Schokolade, gemahlenen Nüssen oder Mandeln kann man sie geschmacklich variieren. Aus Baisermasse entstehen zarte Gebäckstücke wie Schäumchen, für die man etwa 6 cm lange Stücke mit großer Sterntülle auf das mit Backtrennpapier ausgelegte Backblech spritzt, Törtchen für Obst-Sahne-Füllungen und größere Tortenböden, die man mit einer Lochtülle kreisrund, von innen beginnend, auf das Backblech setzt. Baisers ohne würzende Zutaten kann man auf Vorrat backen; sie müssen trocken aufbewahrt werden.

¼ l Eiweiß (von etwa 8 Eiern) ohne Eigelbspuren mit 1 Prise Backpulver in einer absolut fettfreien Rührschüssel mit dem elektrischen Handrührgerät flaumig schlagen. Langsam bei kleinster Stufe 200 g Zucker einrieseln lassen, wieder auf höchste Stufe schalten und den Eischnee schnittfest schlagen.

Ausbackteig

Der einfache Ausbackteig ähnelt sehr einem etwas dickeren Pfannkuchenteig. Man taucht zum Beispiel Apfelringe oder mit Zwetschgenmarmelade gefüllte, altbackene Weißbrotscheiben in den Teig und bäckt sie in heißem Fett schwimmend von jeder Seite goldbraun. Geeignete Fette zum Ausbacken beziehungsweise Fritieren sind neutrales Speiseöl, Butterschmalz und Kokosfett, die völlig wasserfrei sind und bei hohen Temperaturen nicht rauchen oder verbrennen. Beim Fritieren liegt die Temperatur zwischen 175 und 190°. Wer keine Friteuse besitzt, sollte mit einem Fritierthermometer arbeiten.

0,2 l Sahne mit 1 Prise Salz steif schlagen, 2 Eier untermischen. Etwa 200 g gesiebtes Mehl in die Masse rühren und den Teig zugedeckt 1 Stunde quellen lassen.

Die Eiweiße und 1 Prise Salz mit sauberen Quirlern oder dem abgespülten Schneebesen halbsteif schlagen, langsam 75 g Zucker einrieseln lassen und den Eischnee weiterschlagen, bis er schnittfest ist. Den Eischnee auf die Eigelbcreme gleiten lassen. 125 g Mehl mit 75 g Speisestärke darübersieben und unterheben.

Die Biskuitmasse in die vorbereitete Form füllen, glattstreichen und im vorgeheizten Backofen 30 Minuten backen. Die Backofentüre während der ersten 15 Minuten keinesfalls öffnen!

Die Biskuitplatte auf ein feuchtes Tuch stürzen, das Backtrennpapier abziehen. Die Teigplatte mit einem zweiten feuchten Tuch bedecken und abkühlen lassen.

Eine einfache Butter- oder Quarkcreme zubereiten. Die Roulade mit Cointreau beträufeln, mit Creme bestreichen und aufrollen. Den Kuchen mit Creme bedecken und mit Cremetupfen aus dem Spritzbeutel verzieren. Orangenstückchen oder Mandarinenfilets hineinsetzen.

200 g Puderzucker mit 30 g Speisestärke mischen, auf den Eischnee sieben und mit einem Teigspatel unterziehen. 2 Backbleche mit Backtrennpapier auslegen. Den Backofen auf 100° vorheizen. Die Baisermasse in den Spritzbeutel füllen, gewünschte Formen auf das Blech spritzen.

Die Baisers im Backofen je nach Größe in 2 bis 6 Stunden trocknen, dabei die Backofentüre einen Spaltbreit offen lassen (einen Holz-Kochlöffelstiel dazwischenklemmen). Fertige Schäumchen zur Hälfte in flüssige Kuvertüre tauchen und trocknen lassen, Törtchen mit Sahne, Eis und/oder Früchten füllen.

1 l Öl oder 1 kg Fett wie Butterschmalz oder Kokosfett in einer Friteuse oder einem schweren Topf erhitzen. Weniger genau als mit dem Thermometer erfährt man die richtige Temperatur durch einen in das Fett gehaltenen Holzlöffelstiel: bilden sich rasch Bläschen um ihn, so dürfte das Fett genügend heiß sein.

Die vorbereiteten Ausbackteile in den gequollenen und nochmals gut durchgerührten Teig tauchen und portionsweise in wenigen Minuten von beiden Seiten goldbraun backen. Die Gebäckstücke mit dem Schaumlöffel herausheben, abtropfen lassen und frisch servieren.

Die Teigarten

Rührteig

Bei dieser Teigart müssen sich alle Ingredienzen durch langes, gleichmäßiges Rühren zu einer zähflüssigen, homogenen Masse verbinden. Nach den Anweisungen in alten Backrezepten mußten Butter, Zucker und Eier früher mindestens 30 Minuten, manchmal sogar 1 Stunde gerührt werden, und zwar nur in einer Richtung. Heute verwendet man sehr feinen Haushaltszucker. Die Rührzeit reduziert sich dadurch auf 10 bis 20 Minuten. Für besonders zarte Rührteigkuchen verarbeitet man die Eier getrennt und schlägt die Eiweiße zu steifem Schnee. Nimmt man weniger Butter und Zucker als in unserem Grundrezept angegeben, so muß man 2 Teelöffel Backpulver hinzufügen.

Den Backofen auf 180° vorheizen. Die Kuchenform mit Butter ausstreichen und mit Semmel- oder Biskuitbrösel ausstreuen. 4 Eier in Eigelbe und Eiweiße trennen. Die Eiweiße flaumig schlagen, 75 g Zucker einrieseln lassen und den Eischnee schnittfest schlagen.

Mürbeteig

Mürbeteig ist leicht und schnell herzustellen; man muß ihm lediglich eine längere Ruhezeit im Kühlschrank einräumen. Obwohl Zucker ein Hauptbestandteil sein kann, gibt es auch eine salzige Variante, und damit sind der Verwendungsmöglichkeit fast keine Grenzen mehr gesetzt: Man kann aus Mürbeteig Krusten für herzhafte Füllungen, zartes Käsegebäck, Böden für Obstkuchen und Torten, raffiniertes Kleingebäck und Weihnachtsplätzchen backen. Es gibt eine Formel für das Mischungsverhältnis von süßem Teig, sie lautet: 1–2–3, wobei 1 Teil Zucker, 2 Teile Fett und 3 Teile Mehl gemeint sind. Eier oder Flüssigkeit sind nicht notwendig, können aber hinzugefügt werden.

225 g Mehl auf eine Arbeitsfläche sieben, in die Mitte eine Mulde drükken, 1 Eigelb hineingeben, auf den Mehlrand 75 g Zucker und 1 Prise Salz streuen. 125 g kalte Butter in Stücke schneiden und auf das Mehl verteilen.

Quark-Öl-Teig

Eine schnelle und unkomplizierte Teigart, die durch neutralen Geschmack und gute Formbarkeit sehr vielseitig verwendbar ist. Leicht gesüßt ist Quark-Öl-Teig für Obstkuchen und Kleingebäck mit verschiedenen Füllungen, wie Apfeltaschen und Rosinenschnecken, geeignet; als Zopf mit Nußfarce ist er ebenso köstlich wie als Pizzaboden mit herzhaftem Belag. Gebäck aus Quark-Öl-Teig sollte möglichst am Backtag verzehrt werden; es schmeckt ganz frisch aus dem Ofen am besten.

300 g Mehl mit 2 Teelöffeln Backpulver mischen, auf eine Arbeitsfläche sieben, eine Mulde hineindrücken. 6 Eßlöffel geschmacksneutrales Öl, 5 Eßlöffel Milch, 50 g Zukker und 2 Eßlöffel Vanillezucker dazugeben und unterrühren. 150 g Schichtkäse oder gut abgetropften Speisequark eßlöffelweise untermengen. Den Teig gut verkneten.

Brandteig

Eclairs oder Flockentorte, Spritzkuchen oder Profiteroles – sie alle bestehen aus der gleichen neutralen Masse, einer Kuriosität unter den Teigen, dem Brandteig, der vor dem Backen oder Fritieren gekocht wird. »Abbrennen« nennt man es nämlich, wenn Fett, Wasser und Mehl erhitzt werden, bis sich ein dicker Kloß gebildet hat. Und weil Brandteig normalerweise nicht gesüßt wird, passen süße oder herzhafte Farcen gleichermaßen. Brandteig ist weich und klebrig, er wird deshalb mit dem Spritzbeutel auf das Blech gespritzt oder mit einem Eßlöffel daraufgesetzt. Windbeutel oder Eclairs nach dem Backen sofort aufschneiden, damit die Luft entweichen kann.

¼ l Wasser mit 1 Prise Salz und 50 g Butter in einem genügend großen Topf kurz aufkochen lassen. Den Topf vom Herd nehmen und 200 g Mehl auf einmal hineinschütten. Den Teig bei schwacher Hitze so lange rühren, bis er sich vom Topfboden löst.

200 g weiche Butter mit 100 g Zucker, 1 Eßlöffel Vanillezucker und 1 Prise Salz schaumig rühren, bis sich der Zucker ganz aufgelöst hat. Nach und nach die Eigelbe, eßlöffelweise 300 g gesiebtes Mehl und 2 Schnapsgläser Rum oder Arrak (4 cl = 4 Eßlöffel) untermischen.

Den Eischnee unterziehen. Den Teig in die vorbereitete Form füllen und im vorgeheizten Backofen auf der mittleren Schiene 50 bis 60 Minuten backen. Gegen Ende der Garzeit mit einem Holzspießchen die Garprobe machen. Den fertigen Kuchen noch 10 Minuten im ausgeschalteten Backofen ruhen lassen.

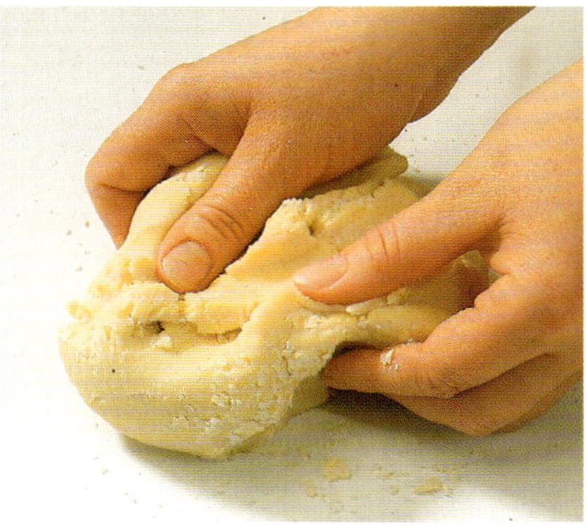

Die Zutaten mit möglichst kühlen Händen rasch zu einem glatten, geschmeidigen Teig verkneten, zu einer Kugel formen und zugedeckt 1 Stunde, mindestens jedoch 30 Minuten, in den Kühlschrank stellen.

Den Mürbeteig auf einer leicht bemehlten Arbeitsfläche mit wenig Mehl bestäuben und ausrollen. Es darf nicht zuviel Mehl unter den Teig gearbeitet werden, da sich sonst seine Qualität verändert. Die Teigplatte in eine Obstkuchenform geben, überstehende Ränder abschneiden. Die Teigkruste bei 200° in 20 Minuten goldbraun backen.

Den glatten Teig auf einer bemehlten Arbeitsfläche ½ cm dick ausrollen, mit einem Glas Kreise von 10 cm Durchmesser ausstechen. Die Scheiben mit vorbereiteter Apfelfarce füllen, die Ränder mit Wasser bepinseln. Die Taschen zusammenklappen, die Ränder mit einer Gabel festdrücken.

Die Apfeltaschen auf einem gefetteten Blech im auf 200° vorgeheizten Backofen auf der mittleren Schiene in 20 Minuten goldbraun backen. Die Apfeltaschen mit Puderzuckerguß bestreichen.

Den Teigkloß in eine Rührschüssel geben und nacheinander 4 Eier mit den Knethaken des Handrührgeräts untermischen. Nach dem ersten Ei den Teig noch einige Minuten abkühlen lassen. Mit dem letzten Ei 1 Messerspitze Backpulver hinzufügen. Der Teig wird goldgelb, glatt und glänzend.

Den Teig in einen Spritzbeutel füllen und Krapfen auf ein Backblech spritzen. Die Windbeutel im auf 220° vorgeheizten Backofen 20 Minuten backen, während dieser Zeit keinesfalls die Türe öffnen. Vor Beginn der Backzeit ½ Tasse Wasser auf den Boden des Backofens schütten; man nennt dies »Schwaden geben«.

Die Teigarten

Hefeteig

Besonders schwierig ist er nicht zuzubereiten, nur etwas Zeit muß man ihm zugestehen, damit sich die lebendigen Hefezellen in Verbindung mit Wärme und Feuchtigkeit in Ruhe vermehren können. Die Zeit zum »Gehen lassen« des Teiges ist bei der am häufigsten angewandten Methode in 3 Etappen aufgeteilt. Nach einer anderen Methode, der »kalten Führung«, wie sie der Fachmann nennt, werden in einem Arbeitsgang alle Zutaten verarbeitet. Danach muß der Teig zugedeckt in einem kühlen Raum 12 Stunden ruhen. In folgendem Beispiel wird ein Hefezopf aus Vollkornmehl mit kalter Führung zubereitet.

1 Würfel Hefe in ⅛ l lauwarme Milch bröckeln und darin auflösen. 100 g weiche Butter mit 3 Eigelben, 5 Eßlöffeln Ahornsirup und 1 Prise Salz schaumig rühren. 1 Teelöffel abgeriebene Zitronenschale hinzufügen, abwechselnd 500 g feingemahlenes Weizen-Vollkornmehl und die Hefemilch untermengen.

Hefevorteig

Beim Arbeiten mit Hefevorteig ist eine der Grundvoraussetzungen, daß alle verwendeten Zutaten Raumtemperatur haben. Deshalb sollte man sie mindestens 30 Minuten vor dem Vermengen abgewogen bereitstellen. Hefe muß wirklich frisch sein, wenn sich die Hefebakterien beim »Gehen lassen« des Teiges gleichmäßig entwickeln sollen. Das Gehen lassen in 3 Abschnitten ist bei Verwendung von Trockenhefe überflüssig, weil alle Zutaten auf einmal gemischt werden. Kenner bevorzugen jedoch mit frischer Hefe zubereitetes Gebäck, da der typische, leicht säuerliche Geschmack ausgeprägter ist.

500 g Mehl in eine Schüssel sieben, 1 Würfel Hefe (42 g) hineinbröckeln, 1 Teelöffel Zucker darüberstreuen, mit gut ⅛ l lauwarmer Milch und etwas Mehl zu einem Vorteig verrühren und den Hefeansatz mit etwas Mehl bestäuben. Den Vorteig zugedeckt an einem warmen Platz 15 bis 30 Minuten gehen lassen.

Plunderteig

Die Basis für Plunderteig bildet ein »kalt geführter« Hefeteig, dem auf besondere Art – ähnlich wie Blätterteig – reichlich Butter zugeführt wird: Eine mit etwas Mehl ausgerollte Butterplatte wird durch Tournieren (siehe unten) in den Hefeteig eingearbeitet. Das Ergebnis lohnt die Mühe; aus Plunderteig entstehen knusprig-blättrige Hörnchen mit verschiedenen Füllungen, Apfel- und Quarktaschen oder Nußschnecken – Köstlichkeiten, die wie Hefeteig-Gebäck ganz frisch vom Blech am allerbesten schmecken.

30 g Hefe in knapp ¼ l Milch auflösen, mit 500 g Mehl, 50 g weicher Butter, 1 Prise Salz, 75 g Zucker und 2 Eiern vermengen. Den Hefeteig 3 Stunden zugedeckt in den Kühlschrank stellen.

Touren

Sie sind das Geheimnis von zartem, delikatem Plundergebäck mit dem speziellen Geschmack des Hefeteiges und frischer Butter. Die Arbeitsweise für Plunderteig entspricht der für Blätterteig. Der Teig wird in 3 einfachen Touren zusammengeklappt, jeweils 20 Minuten in den Kühlschrank gelegt und wieder ausgerollt. Will man besonders feinblättrigen Plunderteig herstellen, empfiehlt es sich, den Teig mit 4 Touren zu bearbeiten.

Den nochmals gut durchgekneteten Hefeteig auf einer bemehlten Arbeitsfläche zu einer Größe von 25×30 cm ausrollen. Die vorbereitete Butterplatte (sie sollte die gleiche Festigkeit wie der Hefeteig aufweisen) in die Mitte des Teiges legen, die Ränder mit Wasser bepinseln und über der Butterplatte zusammenschlagen.

Den ziemlich weichen Teig kurz kräftig durchkneten und zugedeckt an einem kühlen Platz über Nacht (nicht länger als 12 Stunden) gehen lassen. Er hat dann sein doppeltes Volumen erreicht und ist etwas fester geworden. 100 g Rumrosinen und 50 g gewürfeltes Zitronat unter den Teig kneten und den Hefeteig nochmals kurz gehen lassen.

50 g weiche Butter, 75 g Zucker, 1 Prise Salz und 1 Eßlöffel Vanillezucker auf den Mehlrand verteilen. Alle Zutaten mit dem Hefevorteig und ⅛ l lauwarmer Milch verkneten, bis der Teig glatt und geschmeidig ist. Den Hefeteig nochmals zugedeckt gehen lassen, bis er sein Volumen fast verdoppelt hat, das dauert 30 bis 60 Minuten.

Für die Butterplatte inzwischen 250 g Butter mit 50 g Mehl verkneten und einen 10×12 cm großen Block daraus formen. Den Hefeteig nochmals durchkneten und 25×30 cm groß ausrollen.

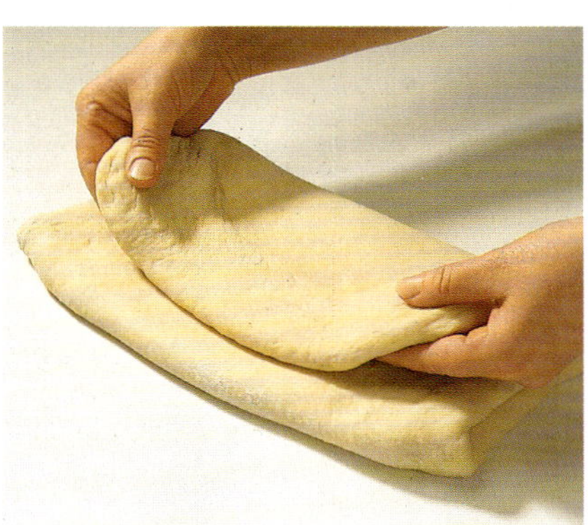

Das Teigpaket 20×35 cm groß ausrollen, dabei drauf achten, daß man den Teig von links nach rechts und von oben nach unten bearbeitet. Zwei Drittel des Teiges zusammenfalten, das überstehende Drittel darüberklappen. Den Teig 20 Minuten im Kühlschrank ruhen lassen, den Vorgang zweimal wiederholen.

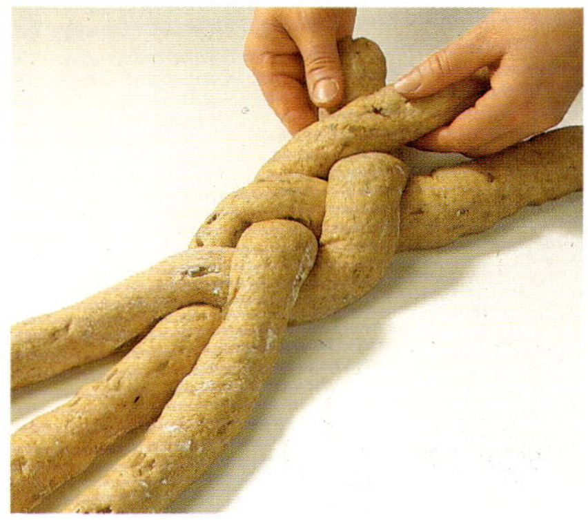

Den Teig auf einer bemehlten Arbeitsfläche zu 3 oder 4 Rollen formen, einen Zopf flechten. Den Zopf auf einem gefetteten Backblech mit verquirlter Eigelb-Milch-Mischung bepinseln und mit Mandelblättchen bestreuen, dann auf der mittleren Schiene in den kalten Backofen schieben und bei 200° in 40 bis 50 Minuten goldbraun backen.

Den Teig nochmals kurz durchkneten, auf einer bemehlten Arbeitsfläche ausrollen, ein gefettetes Backblech damit belegen. Den Hefeteig beispielsweise mit Apfelspalten, Rosinen, gehackten Haselnüssen und Zimt-Zucker bedecken und nochmals 15 Minuten gehen lassen. Den Kuchen im vorgeheizten Backofen bei 200° 30 bis 40 Minuten backen.

Die Butterplatte – wie unten beschrieben – in Hefeteig einhüllen, ausrollen und 20 Minuten in den Kühlschrank stellen. Diesen Arbeitsgang nennt man eine »einfache Tour«.

Den Teig bei Raumtemperatur einige Minuten ruhen lassen und nach Belieben weiterverarbeiten, zum Beispiel 15 cm breite Streifen ausrollen, spitzwinkelige Dreiecke ausschneiden und diese zu Hörnchen formen. Das Gebäck mit verquirltem Eigelb bestrichen im auf 220° vorgeheizten Backofen 15 Minuten backen.

Garnieren und Verzieren

Schokoladenüberzug

Aus Kuvertüre lassen sich außerdem Verzierungen herstellen: Man streicht die geschmolzene Schokolade auf eine geölte Arbeitsfläche und schabt sie abgekühlt zu Röllchen oder taucht Rosenblätter ein und zieht sie wieder ab, sobald die Schokolade fest geworden ist.

1 Aprikosenmarmelade bei schwacher Hitze unter Rühren erwärmen und die Torte damit überziehen. Eventuell die Marmelade mit 1 Eßlöffel Wasser verdünnen.

2 175 g Marzipan-Rohmasse mit 100 g Puderzucker verkneten, dünn ausrollen und mit dem Teigroller über die Torte legen.

3 Die Kuvertüre zerkleinern, im Wasserbad schmelzen, abkühlen lassen und wieder auf 32° erwärmen. Die Torte überziehen.

4 Tortenstücke in der noch weichen Glasur markieren. Schokoladenblätter mit Puderzucker bestäuben, mit kandierten Kirschen auf die Torte setzen.

Cremegarnierungen

Gleichermaßen gut zum Spritzen mit Loch- oder Sterntülle eignen sich Buttercreme und Schlagsahne. Zarte Tupfen oder üppige Girlanden dürfen auf festlichen Torten nicht fehlen.

1 Den Rand der mit Creme überzogenen Torte dick mit gehackten Haselnüssen, goldbraun gerösteten Mandelblättchen oder Schokostreuseln bedecken.

2 In der Mitte mit Hilfe einer runden Ausstechform einen Kreis mit gehackten Nüssen, Mandelblättchen oder Schokostreuseln, passend zum Rand, ausstreuen.

3 Restliche Creme in einen Spritzbeutel füllen und Streifen, Girlanden, Rosetten oder Tupfen auf die Torte setzen.

4 Je nach Füllung der Torte die Oberfläche mit ganzen Haselnüssen, kandierten Fruchtstücken oder Mokkabohnen verzieren.

Die Krönung einer Torte oder eines Kuchens ist zweifellos die dekorative Verzierung. Kuchen mit hauchdünnen Schichten Marzipan und mit Kuvertüre zu überziehen, zierliche Cremegirlanden zu spritzen oder Zuckerguß-Kunstwerke herzustellen, will geübt sein! Weniger Mühe bereiten Muster, die mit Hilfe von Schablonen aus gesiebtem Puderzucker und Kakaopulver entstehen.

Zuckerguß-Feinheiten

Für eine Puderzucker-Glasur verrührt man 250 g Puderzucker mit 1 Eiweiß, etwas Zitronensaft oder Rum und nach Belieben wenig Lebensmittelfarbe.

1 Die Torte mit dem dickflüssigen weißen Guß überglänzen; die Oberfläche mit einem Spatel glattstreichen. Die Glasur etwas fest werden lassen.

2 Nochmals gesiebten Puderzucker und nach Belieben Kakaopulver oder Lebensmittelfarbe unter den übrigen Zuckerguß ziehen; eine kleine Pergament- oder Plastiktüte nicht ganz damit füllen.

3 Eine winzige Spitze der Tüte abschneiden und die Torte beschriften oder mit Ornamenten verzieren.

4 Die Torte mit Liebesperlen oder kandierten Veilchen, Zuckerguß- oder Marzipanblüten, fertig gekauft oder selbstbereitet, garnieren.

»Trockene« Verzierungen

Mit Creme überzogene oder unbestrichene Kuchen bestäubt man mit Kakao und Puderzucker. Mit ein wenig Fantasie lassen sich wirkungsvolle Muster auf die Torte zaubern.

1 Etwa 1 cm breite Pergamentpapierstreifen auf den Kuchen legen. Die Oberfläche dick mit Puderzucker besieben; die Papierstreifen vorsichtig abheben.

2 Den Kuchen mit Kakaopulver besieben. Tortenspitze darauflegen, Puderzucker darübersieben und die Spitze hochheben.

3 Eine mit Vanillecreme bestrichene Torte mit beliebigen Ornamenten aus Pergamentpapier belegen; die Oberfläche mit Kakao besieben, das Papier entfernen.

4 Die Kuchenoberfläche dick mit Puderzucker besieben. Eine vorbereitete Schablone, die den Kuchen bis auf eine Randgirlande abdeckt, darauflegen, Kakaopulver darüberstäuben. Die Schablone behutsam entfernen.

Obsttörtchen, Obstkuchen

Tolle Anregungen für die
jeweilige Saison

Apfelkuchen mit Quark und Crème fraîche

Äpfel sind zu jeder Jahreszeit erhältlich und für Kuchen mannigfach verwendbar

Französische Apfeltarte

im Bild vorne

Zutaten für 1 Springform von 28 cm Durchmesser:
- 75 g weiche Butter
- 150 g Zucker
- 2 Eßl. Vanillezucker
- 1 Prise Salz
- 4 Eier
- 100 g Mehl
- 50 g Speisestärke
- 1 Teel. Backpulver
- 750 g säuerliche Äpfel (Cox Orange oder Boskop)
- 150 g Crème fraîche
- 1 Eßl. Puderzucker

Spezialität • Gelingt leicht

Bei 12 Stücken pro Stück etwa 1210 kJ/290 kcal · 6 g Eiweiß 15 g Fett · 32 g Kohlenhydrate

Vorbereitungszeit: 45 Minuten
Backzeit: 1 Stunde

Die Butter mit 100 g Zucker, 1 Eßlöffel Vanillezucker und dem Salz schaumig rühren, nach und nach 2 Eier hinzufügen, das Mehl mit der Speisestärke und dem Backpulver mischen und unter den Teig mengen. • Die Äpfel schälen, das Kerngehäuse ausstechen und die Äpfel in ½ cm dicke Scheiben schneiden. • Den Backofen auf 180° vorheizen. • Den Teig in die leicht gebutterte Form füllen und glattstreichen. Die Apfelscheiben in Kranzform leicht auf den Teig drücken. • Den Kuchen im Backofen auf der unteren Schiene 35 Minuten backen. • Die Crème fraîche mit den restlichen Eiern sowie dem übrigen Zucker und Vanillezucker verrühren. Den Sahneguß über den Apfelkuchen geben und in 25 Minuten im Backofen auf der mittleren Schiene stocken lassen. • Die Tarte nach dem Auskühlen mit dem Puderzucker besieben.

Apfel-Quark-Kuchen

im Bild hinten

Zutaten für 1 Springform von 26 cm Durchmesser:

Für den Mürbeteig:
- 250 g Mehl · 100 g Zucker
- 1 Prise Salz
- 125 g kalte Butter

Zum Belegen:
- 500 g Schichtkäse, ersatzweise Speisequark (20% Fettgehalt)
- 1 Päckchen Vanille-Puddingpulver
- 100 g Zucker · 3 Eier
- 0,2 l Sahne
- 50 g Sultaninen
- 500 g Äpfel (Cox Orange)

Etwas schwierig

Bei 12 Stücken pro Stück etwa 1680 kJ/400 kcal · 11 g Eiweiß 19 g Fett · 43 g Kohlenhydrate

Vorbereitungszeit: 1½ Stunden
Backzeit: 1¼ Stunden

Das Mehl mit dem Zucker, dem Salz, der Butter und 2 bis 3 Eßlöffeln eiskaltem Wasser verkneten. Den Teig 1 Stunde kühl stellen. • Den Schichtkäse oder den Quark gut abtropfen lassen, dann mit dem Puddingpulver und dem Zucker mischen. Die Eier trennen. Die Eiweiße und die Sahne steif schlagen. Die Eigelbe und die Sultaninen unter die Quarkmasse rühren, den Eischnee und die Schlagsahne unterheben. • Die Äpfel vierteln, schälen und in Spalten schneiden. • Den Backofen auf 180° vorheizen. • Zwei Drittel vom Mürbeteig rund ausrollen und den Boden der leicht gebutterten Form damit auslegen. Aus dem restlichen Teig einen Rand formen. Den Teigboden mehrmals mit einer Gabel einstechen. • Die Quarkmasse einfüllen, glattstreichen und mit den Apfelspalten belegen. • Den Kuchen auf der unteren Schiene 1 Stunde und 15 Minuten backen.

Leckere Vollwertkuchen mit Äpfeln

Wenn man das ganze Korn erst unmittelbar vor dem Backen mahlt, bleiben alle wichtigen Nähr- und Aufbaustoffe erhalten

Apfelkuchen mit Hagebutten

im Bild links

Zutaten für 1 Backblech:
400 g Weizen-Vollkornmehl
50 g Sojamehl
abgeriebene Schale von
1½ ungespritzten Zitronen
1 Würfel Hefe (42 g) · 4 Eßl. Honig
⅛ l lauwarme Milch
3 Eßl. Öl · 4 Eier
1 kg säuerliche Äpfel (Boskop)
300 g Hagebuttenmus
0,2 l Sahne · Saft von 1 Zitrone
150 g Mandelblättchen

Vollwertrezept

Bei 24 Stücken pro Stück etwa 880 kJ/210 kcal · 7 g Eiweiß 10 g Fett · 24 g Kohlenhydrate

Vorbereitungszeit: 1½ Stunden
Backzeit: 30 Minuten

Das Mehl mit 25 g Sojamehl und der Hälfte der Zitronenschale mischen. Die Hefe in die Mitte bröckeln, mit 2 Eßlöffeln Honig, der Milch und etwas Mehl verrühren; 15 Minuten gehen lassen. • Das Öl, 1 Ei und den Hefevorteig mit dem Mehl vermengen; 30 Minuten gehen lassen. • Die Äpfel vierteln, schälen, entkernen und in dünne Spalten schneiden. • Die restlichen Eier trennen. Die Eiweiße halbsteif schlagen. Die Eigelbe mit dem Hagebuttenmus, dem restlichen Honig, der Sahne, dem übrigen Sojamehl, dem Zitronensaft und der restlichen -schale glattrühren. Den Eischnee unterziehen. • Den Teig auf dem Blech ausrollen; 15 Minuten gehen lassen. • Den Backofen auf 200° vorheizen. • Den Teig mit den Apfelspalten belegen, die Hagebuttenmasse darüberstreichen und mit den Mandelblättchen bestreuen. • Den Kuchen 30 Minuten backen und 10 Minuten im ausgeschalteten Backofen stehen lassen.

Apfelkuchen mit Marzipangitter

im Bild rechts

Zutaten für 1 Backblech:
250 g abgezogene Mandeln
225 g Honig
2 Eßl. Rosenwasser
3 Eier
375 g Weizen-Vollkornmehl
1 Teel. Backpulver
250 g Butter
2 kg säuerliche Äpfel
50 g Zuckerrohr-Granulat
½ Teel. Zimtpulver
5 Tropfen Bittermandelöl

Vollwertrezept

Bei 24 Stücken pro Stück etwa 1210 kJ/290 kcal · 6 g Eiweiß 16 g Fett · 31 g Kohlenhydrate

Vorbereitungszeit: 1 Stunde
Backzeit: 30 Minuten

Für das Marzipan die Mandeln im Mixer sehr fein zerkleinern. 125 g Honig im heißen Wasserbad mit den Mandeln und dem Rosenwasser verrühren. • 2 Eier trennen. Das Mehl mit dem Backpulver, 200 g Butter, dem übrigen Honig und den Eigelben verkneten. Den Teig kühl stellen. • Die Äpfel schälen, vierteln, entkernen und in Spalten schneiden. Die restliche Butter in einer großen Pfanne schmelzen, das Zuckerrohr-Granulat und den Zimt hinzufügen und die Apfelspalten darin unter öfterem Wenden 10 Minuten dünsten. • Den Backofen auf 200° vorheizen. • Den Teig ausrollen, auf das Blech legen und 10 Minuten auf der oberen Schiene vorbacken. • Das Bittermandelöl und das Ei unter die Marzipanmasse rühren, die Eiweiße steif schlagen und untermischen. • Den Teig mit den Apfelspalten belegen. Die Marzipanmasse mit einem Spritzbeutel gitterartig auf die Apfelspalten spritzen. Den Kuchen in 20 Minuten fertig backen.

Apple Pie

Warm schmeckt diese englische Spezialität besonders köstlich mit Vanille-Eis, abgekühlt mit Schlagsahne

Zutaten für 1 Pie- oder Obstkuchenform von 24 cm Durchmesser:
- 250 g Mehl · 150 g kalte Butter
- 2 Eßl. Zucker · 1 Prise Salz
- 750 g säuerliche Äpfel (Boskop)
- 1 ungespritzte Zitrone
- 25 g kandierter Ingwer
- 1 Teel. Zimtpulver
- 3 Eßl. Zucker
- 1 Eßl. Speisestärke
- 3 Eßl. Aprikosenmarmelade

Etwas schwierig

Bei 8 Stücken pro Stück etwa 1380 kJ/330 kcal · 4 g Eiweiß 16 g Fett · 45 g Kohlenhydrate

Vorbereitungszeit: 1¼ Stunden
Backzeit: 45 Minuten

Das Mehl mit der Butter in Stückchen, dem Zucker und dem Salz verkneten, 2 bis 3 Eßlöffel eiskaltes Wasser hinzufügen, so daß ein geschmeidiger fester Mürbeteig entsteht. Den Teig zugedeckt 1 Stunde kühl stellen. • Die Äpfel achteln, schälen, vom Kerngehäuse befreien und in dünne Scheibchen schneiden. Die Zitrone warm waschen, abtrocknen, die Schale zu den Äpfeln reiben, den Saft dazupressen. Den Ingwer kleinhacken und mit dem Zimt, dem Zucker und der Speisestärke unter die Äpfel mischen. • Den Backofen auf 200° vorheizen. • Den Teig in eine etwas größere und eine kleinere Portion teilen. Den größeren Teil ausrollen, die Form damit auslegen und den Boden mehrmals mit einer Gabel einstechen. Überstehenden Teig abschneiden und den Rand mit kaltem Wasser bepinseln. Die Apfelmasse einfüllen. Den restlichen Teig ebenfalls ausrollen, als Deckel auf die Apfelfarce setzen und die Ränder festdrücken, dabei mit Daumen und Zeigefinger einen welligen Rand formen. Aus dem übrigen Teig Ornamente ausstechen, mit kaltem Wasser bepinseln und die Pie damit verzieren. Ein Loch ausschneiden, damit Dampf entweichen kann. • Die Pie in 45 Minuten goldgelb backen. • Die heiße Pie mit der erhitzten Marmelade überglänzen.

Saftige Apfelkuchen mit Haselnüssen

Sie schmecken am besten, wenn man sie erst 1 Tag nach dem Backen anschneidet – die Aromen haben sich dann ganz entfaltet

Nordischer Apfelkuchen

im Bild links

Zutaten für 1 Springform von
28 cm Durchmesser:
200 g Weizen-Vollkornmehl
100 g Buchweizenmehl
2 Teel. Backpulver
je 3 Messerspitzen Zimtpulver
und gemahlene Vanille
150 g Zuckerrohr-Granulat
100 g weiche Butter
125 g Crème fraîche
3 Eier · 100 g Haselnußkerne
2 Eßl. Rum
6 mittelgroße säuerliche Äpfel
150 g saure Sahne

Vollwertrezept

Bei 12 Stücken pro Stück etwa 1680 kJ/400 kcal · 8 g Eiweiß 21 g Fett · 44 g Kohlenhydrate

Vorbereitungszeit: 45 Minuten
Backzeit: 30 Minuten

Das gesamte Mehl mit dem Backpulver, je 2 Messerspitzen Zimt und Vanille und 75 g Zuckerrohr-Granulat mischen; mit der Butter, 100 g Crème fraîche und 1 Ei verkneten. Den Teig 30 Minuten kühl stellen. • Die Nüsse rösten und die Schalen abreiben. Die Nüsse grobraspeln und mit 25 g Zuckerrohr-Granulat, 1 Eßlöffel Rum und der übrigen Crème fraîche mischen. • Die Äpfel halbieren, schälen, entkernen und die Nußmasse hineinfüllen. • Für den Guß die saure Sahne mit den restlichen Eiern, dem übrigen Rum, Zuckerrohr-Granulat, Zimt und der Vanille verquirlen. • Den Backofen auf 200° vorheizen. • Die Form ausfetten. Den Teig auf den Boden streichen, einen 3 cm hohen Rand formen. Die Äpfel mit der Schnittfläche nach unten hineingeben. Den Guß darüber verteilen. Den Apfelkuchen in 30 Minuten goldbraun backen.

Schweizer Apfelkuchen

im Bild rechts

Zutaten für 1 Springform von
26 cm Durchmesser:
100 g gehackte Haselnüsse
4 Eßl. Zucker
je 50 g Rosinen und Korinthen
3 Eßl. Rum
750 g säuerliche Äpfel (Boskop)
50 g Semmelbrösel
abgeriebene Schale von
1 ungespritzten Zitrone
1 Teel. Zimtpulver
je 1 Messerspitze gemahlene
Nelken, Kardamom- und
Ingwerpulver
100 g weiche Butter
75 g Zucker
2 Eßl. Vanillezucker
2 Eier · 100 g Mehl
50 g Speisestärke
1 Teel. Backpulver

Gelingt leicht

Bei 12 Stücken pro Stück etwa 1300 kJ/310 kcal · 5 g Eiweiß 14 g Fett · 40 g Kohlenhydrate

Vorbereitungszeit: 45 Minuten
Backzeit: 1 Stunde

Alufolie in die Form legen und den Boden gut mit Butter bestreichen. Die Nüsse mit dem Zucker mischen und auf die gebutterte Folie streuen. • Die Trockenbeeren heiß waschen und in dem Rum einweichen. Die Äpfel schälen, grobreiben, mit den Semmelbröseln, den Gewürzen und den Rumfrüchten mischen und auf die Nüsse streichen. • Den Backofen auf 180° vorheizen. • Die Butter mit dem Zucker, dem Vanillezucker und den Eiern schaumig rühren. Das Mehl mit der Speisestärke und dem Backpulver untermengen. Den Teig auf das Apfelpüree verteilen und den Kuchen 1 Stunde backen. • Den Apfelkuchen etwas abgekühlt stürzen. Die Folie abziehen.

Mürbeteigkrusten mit Apfelfüllung

Feine Kuchen, die preiswert sind – für die Zubereitung muß man sich allerdings Zeit lassen

Apfelkuchen mit Mandeln

im Bild links

Zutaten für 1 Springform von 26 cm Durchmesser:
150 g Mehl · ½ Teel. Backpulver
50 g Zucker · 1 Eigelb
1 Prise Salz
100 g kalte Butter
750 g mittelgroße säuerliche Äpfel · 2 Eßl. Zitronensaft
⅜ l Milch · 1 Päckchen Vanille-Puddingpulver
2 Eßl. Zucker
150 g Preiselbeerkonfitüre
40 g Mandelstifte
3 Eßl. Aprikosenmarmelade

Braucht etwas Zeit

Bei 12 Stücken pro Stück etwa 1170 kJ/280 kcal · 4 g Eiweiß 14 g Fett · 39 g Kohlenhydrate

Vorbereitungszeit: 1¼ Stunden
Backzeit: 45 Minuten

Das Mehl mit dem Backpulver, dem Zucker, dem Eigelb, dem Salz und der Butter verkneten. Den Teig zugedeckt 1 Stunde kühl stellen. • Die Äpfel halbieren, schälen, entkernen, mehrmals einschneiden und mit dem Zitronensaft beträufeln. • Aus der Milch, dem Puddingpulver und dem Zucker einen Pudding bereiten. • Den Teig ausrollen, in die Springform legen und einen etwa 2 cm hohen Rand formen. Den Backofen auf 200° vorheizen. • Den Mürbeteig 10 Minuten vorbacken. • Die Teigkruste mit der Preiselbeerkonfitüre bestreichen, den Vanillepudding darüber verteilen und die Apfelhälften hineinsetzen. Den Apfelkuchen in 35 Minuten fertig backen. • Die Mandelstifte in einer trockenen Pfanne goldbraun rösten. Die Aprikosenmarmelade erhitzen, durch ein Sieb streichen und auf die Äpfel streichen. Die Mandeln darüberstreuen.

Gedeckter Apfelkuchen

im Bild rechts

Zutaten für 1 Springform von 24 cm Durchmesser:
100 g gemahlene Haselnüsse
400 g Mehl · 250 g Butter
200 g Zucker
3 Eßl. Vanillezucker
1 Prise Salz · 2 Eigelbe
100 g Rosinen · 4 Eßl. Rum
750 g säuerliche Äpfel (Boskop)
75 g geröstete Mandelblättchen
100 g Puderzucker
3 Eßl. Apfelkorn

Braucht etwas Zeit

Bei 8 Stücken pro Stück etwa 2640 kJ/630 kcal · 9 g Eiweiß 32 g Fett · 73 g Kohlenhydrate

Vorbereitungszeit: 1¼ Stunden
Backzeit: 1 Stunde

Aus den gemahlenen Haselnüssen, dem Mehl, der Butter, 150 g Zucker, 1 Eßlöffel Vanillezucker, dem Salz und den Eigelben rasch einen Mürbeteig kneten und diesen im Kühlschrank 1 Stunde ruhen lassen. • Die Rosinen heiß waschen und mit dem Rum tränken. Die Äpfel vierteln, schälen, vom Kerngehäuse befreien, würfeln und mit dem übrigen Vanillezucker, dem restlichen Zucker, 50 g Mandelblättchen und den gequollenen Rosinen mischen. • Den Backofen auf 200° vorheizen. • Den Teig in eine etwas größere und eine etwas kleinere Portionen teilen, beide Stücke ausrollen. Die leicht gebutterte Form mit der größeren Teigplatte auskleiden. Die Apfelmasse einfüllen. Die Teigdecke darüberlegen und an den Teigrand drücken. • Den Kuchen 1 Stunde backen. • Den Puderzucker mit dem Apfelkorn verrühren. • Den Kuchen mit dem Guß bestreichen und mit den Mandeln bestreuen.

Polnischer Apfel-Plattenkuchen

Die aromatische Apfelfarce mit Mandelbaiser überzogen – eine wahre Köstlichkeit

Zutaten für 1 Backblech:
200 g weiche Butter
250 g Zucker
1 Vanilleschote
3 Eier · 4 Eßl. Milch
225 g Mehl · 50 g Speisestärke
2 Teel. Backpulver
je 50 g Rosinen und Korinthen
3 Eßl. Rum
750 g säuerliche Äpfel (Boskop)
½ ungespritzte Zitrone
½ Teel. Zimtpulver
1 Messerspitze gemahlene Nelken
100 g gehackte Mandeln

Etwas schwierig • Spezialität

Bei 20 Stücken pro Stück etwa 1090 kJ/260 kcal · 4 g Eiweiß 13 g Fett · 32 g Kohlenhydrate

Vorbereitungszeit: 1¼ Stunden
Backzeit: 45 Minuten

Die Butter mit 100 g Zucker schaumig rühren. Die Eier in Eigelbe und Eiweiße trennen. Die Vanilleschote längs aufschlitzen, das Mark herauskratzen und die Hälfte davon mit den Eigelben und der Milch unter die Buttermasse rühren. Das Mehl mit der Speisestärke und dem Backpulver vermengen und eßlöffelweise unter den Teig ziehen. • Die Rosinen und die Korinthen heiß waschen, trockentupfen und mit dem Rum tränken. Die Äpfel vierteln, schälen, vom Kerngehäuse befreien und in dünne Scheibchen schneiden. Die Zitrone warm waschen, die Schale über die Äpfel reiben, den Saft auspressen und mit den Rumbeeren, den Gewürzen und 50 g Zucker unter die Äpfel mischen. • Den Backofen auf 200° vorheizen. Das Backblech gut mit Butter einfetten. • Den Teig auf das Backblech streichen, die Apfelmasse darauf verteilen. Den Kuchen im Backofen auf der mittleren Schiene 25 Minuten backen. • Die Eiweiße mit dem übrigen Zucker und Vanillemark steif schlagen. Die Mandeln untermengen. Den Eischnee auf den Apfelkuchen streichen und den Kuchen in weiteren 20 Minuten auf der unteren Schiene fertig backen.

Birnenkuchen

Ein saftiger Obstkuchen, der ein paar Tage frisch bleibt

Zutaten für 1 Backblech:
- 2 kg vollreife Birnen
- ¼ l Wasser
- 4 Eßl. Zitronensaft
- 250 g weiche Butter
- 200 g Zucker
- 1 Prise Salz
- 4 Eier
- knapp ⅛ l Milch
- 300 g Weizenmehl (Type 1050)
- 3 Teel. Backpulver
- 2 Eßl. Kakaopulver
- 200 g gemahlene Haselnüsse
- 200 g Aprikosenkonfitüre
- 1 Eßl. Aprikosenschnaps
- 2 Eßl. gehackte Pistazien

Gelingt leicht

Bei 20 Stücken pro Stück etwa 1590 kJ/380 kcal · 7 g Eiweiß 20 g Fett · 42 g Kohlenhydrate

Vorbereitungszeit: 40 Minuten
Backzeit: 45 Minuten

Die Birnen vierteln, schälen, vom Kerngehäuse befreien und in 1 cm dicke Spalten schneiden. Das Wasser mit dem Zitronensaft mischen; das Zitronenwasser über die Birnen gießen. • Die Butter mit dem Zucker, dem Salz, den Eiern, der Milch, dem Mehl, dem Backpulver, dem Kakao und den Nüssen zu einem cremigen Teig rühren. • Den Backofen auf 200° vorheizen. Das Backblech mit Butter ausfetten, den Teig darauf verteilen und glattstreichen. Die Birnenspalten auf einem Küchentuch gut abtropfen lassen (den Saft leicht gesüßt trinken), dann dachziegelartig auf den Teig legen. • Den Kuchen auf der mittleren Schiene des Backofens 45 Minuten backen. • Die Aprikosenkonfitüre durch ein Sieb in einen Topf streichen, mit dem Schnaps mischen und erwärmen. • Den Kuchen mit der Konfitüre bestreichen und mit den Pistazien bestreuen.

Rhabarberkuchen mit Mandeln

Cremig geschlagene Vanillesahne schmeckt besonders gut dazu

Zutaten für 1 Backblech:
- 300 g Mehl
- 150 g gemahlene Mandeln
- 1 Teel. Backpulver
- 150 g Zucker
- 1 Prise Salz
- 1 Eßl. Vanillezucker
- 200 g Butter
- 2 Eier
- 1 kg Rhabarber
- 50 g Mandelblättchen
- 75 g Zucker

Preiswert • Schnell

Bei 20 Stücken pro Stück etwa 1090 kJ/260 kcal · 5 g Eiweiß 15 g Fett · 27 g Kohlenhydrate

Vorbereitungszeit: 20 Minuten
Ruhezeit: 30 Minuten
Backzeit: 40 Minuten

Das Mehl mit den Mandeln, dem Backpulver, dem Zukker, dem Salz und dem Vanillezucker mischen. Die Butter in Flöckchen darübergeben, die Eier hinzufügen und alles mit den Knethaken des Handrührgerätes zu einem geschmeidigen Teig verarbeiten. Den Teig zu einer Kugel formen und im Kühlschrank 30 Minuten ruhen lassen. • Inzwischen den Rhabarber putzen, dabei die Enden der Rhabarberstangen abschneiden, die Fäden abziehen und den Rhabarber in 4 cm lange Stücke schneiden. • Den Backofen auf 200° vorheizen. Das Backblech einfetten. • Den Teig auf einer leicht bemehlten Arbeitsfläche ausrollen, auf das Blech geben und mit den Rhabarberstücken belegen. • Den Kuchen auf der mittleren Schiene 30 Minuten backen, dann mit den Mandelblättchen und dem Zucker bestreuen und in weiteren 10 Minuten fertig backen. • Den Rhabarberkuchen etwas abkühlen lassen und mit einem in lauwarmes Wasser getauchten Messer in 20 Stücke schneiden.

Verschiedene Rhabarberkuchen

Rhabarber, das köstlich herbe und besonders saftige Gemüse, ist aus dem Freilandanbau Ende Mai bis Ende Juni erhältlich

Rhabarber-Streuselkuchen

im Bild hinten

Zutaten für 1 Backblech:
Für den Teig:
500 g Mehl
1 Würfel Hefe (42 g)
100 g Zucker · ¼ l Milch
100 g Butter · 1 Prise Salz
1 Teel. abgeriebene Zitronenschale · 1 Ei
Zum Belegen:
1½ kg Rhabarber
250 g Zucker
Für die Streusel:
300 g Mehl · 150 g Zucker
1 Eßl. Vanillezucker
1 Prise Salz
1 Messerspitze Zimtpulver
150 g Butter
Zum Bestreuen:
50 g gemahlene Haselnüsse
50 g Semmelbrösel

Braucht etwas Zeit

Bei 20 Stücken pro Stück etwa 1680 kJ/400 kcal · 8 g Eiweiß 13 g Fett · 62 g Kohlenhydrate

Vorbereitungszeit: 1½ Stunden
Backzeit: 40 Minuten

Das Mehl in eine Schüssel sieben. Die Hefe hineinbröckeln und mit 1 Teelöffel Zucker, ½ Tasse Milch und etwas Mehl verrühren, den Hefevorteig 20 Minuten zugedeckt gehen lassen. • Die Butter schmelzen und mit der übrigen Milch, dem restlichen Zucker, dem Salz, der Zitronenschale und dem Ei mischen. • Von den Rhabarberstangen die Enden abschneiden und die Fäden abziehen. Den Rhabarber in 3 cm lange Stücke schneiden, mit dem Zucker und 4 Eßlöffeln Wasser in 10 Minuten garen, dann in einem Sieb abkühlen lassen. • Den Hefevorteig mit dem Mehl und der Butter-Milch-Mischung gut verkneten; 30 Minuten gehen lassen. • Das Mehl bis auf 1 Eßlöffel mit dem Zucker, dem Vanillezucker, dem Salz und dem Zimt mischen. Die Butter zerlassen, darübergießen und alles zerreiben. Das restliche Mehl darüberstreuen, die Streusel durchschütteln. • Die Fettpfanne des Backofens gut mit Butter ausstreichen. Den Hefeteig darauf ausrollen, mit den Nüssen und den Semmelbröseln bestreuen, den Rhabarber darauf verteilen und die Streusel darübergeben. Den Kuchen noch 10 Minuten gehen lassen. • Den Backofen auf 200° vorheizen. • Den Kuchen in 40 Minuten goldbraun backen.

Versunkener Rhabarberkuchen

im Bild vorne

Zutaten für 1 Backblech:
500 g Weizen-Vollkornmehl
1 Päckchen Backpulver
abgeriebene Schale von 1 ungespritzten Zitrone
300 g weiche Butter
250 g Honig
6 Eier
150 g Mandelblättchen
750 g Rhabarber

Vollwertrezept • Schnell

Bei 24 Stücken pro Stück etwa 1130 kJ/270 kcal · 7 g Eiweiß 13 g Fett · 23 g Kohlenhydrate

Vorbereitungszeit: 25 Minuten
Backzeit: 30 Minuten

Das Mehl mit dem Backpulver und der Zitronenschale mischen. Die Butter mit dem Honig schaumig rühren, die Eier und das Mehl unterrühren. • Den Backofen auf 200° vorheizen. • Den Teig auf ein Blech streichen und mit den Mandeln bestreuen. • Den Rhabarber putzen, in 5 cm lange Stücke schneiden, diese auf den Teig verteilen und etwas eindrücken. • Den Kuchen 30 Minuten backen.

Sommerliche Obstkuchen

Rhabarber und Beerenobst garantieren den erfrischenden Genuß

Beerenkuchen

im Bild links

Zutaten für 1 Obstkuchenform von 24 cm Durchmesser:
250 g Mehl
1 Messerspitze Backpulver
1 Ei · 75 g Zucker
1 Prise Salz · 125 g Butter
100 g Marzipan-Rohmasse
75 g Puderzucker
250 g Erdbeeren
200 g Himbeeren
je 125 g Brombeeren und rote Johannisbeeren
100 g schwarze Johannisbeeren
2 Päckchen klarer Tortenguß
je ¼ l roter Obstsaft und Wasser
4 gestrichene Eßl. Zucker

Gelingt leicht

Bei 8 Stücken pro Stück etwa 1890 kJ/450 kcal · 8 g Eiweiß 18 g Fett · 65 g Kohlenhydrate

Vorbereitungszeit: 45 Minuten
Backzeit: 25 Minuten

Das Mehl mit dem Backpulver, dem Ei, dem Zucker, dem Salz und der Butter in Flöckchen verkneten. Den Mürbeteig 30 Minuten kühl stellen. • Das Marzipan mit 50 g Puderzucker verkneten und auf dem restlichen Puderzucker in Größe der Form ausrollen. • Alle Beeren waschen, abtropfen lassen, große Erdbeeren halbieren, die Johannisbeeren von den Rispen zupfen. Die Früchte mischen. • Den Backofen auf 200° vorheizen. • Den Teig ausrollen. Die Form damit auskleiden, den Boden mit einer Gabel mehrmals einstechen. Überstehenden Teig am Rand abschneiden. Die Mürbeteigkruste in 25 Minuten hellbraun backen; abgekühlt auf eine Tortenplatte setzen. Die Marzipanplatte hineinlegen, die Früchte darauf verteilen. • Aus den übrigen Zutaten einen Guß bereiten, auf die Früchte geben und erstarren lassen.

Rhabarberkuchen mit Mandelbaiser

im Bild rechts

Zutaten für 1 Springform von 26 cm Durchmesser:
150 g weiche Butter
125 g Zucker
1 Eßl. Vanillezucker · 5 Eier
150 g Mehl · 75 g Speisestärke
1½ Teel. Backpulver
600 g Rhabarber
1 Prise Salz · 175 g Zucker
50 g gemahlene Mandeln
1 Eßl. Zitronensaft

Gelingt leicht • Preiswert

Bei 12 Stücken pro Stück etwa 1380 kJ/330 kcal · 7 g Eiweiß 15 g Fett · 43 g Kohlenhydrate

Vorbereitungszeit: 30 Minuten
Backzeit: 45 Minuten

Die Butter mit dem Zucker und dem Vanillezucker schaumig rühren. 3 Eier in Eigelbe und Eiweiße trennen. Die ganzen Eier und die Eigelbe nach und nach unter die Buttermasse rühren. Das Mehl mit der Speisestärke und dem Backpulver mischen, unter den Teig ziehen. • Den Backofen auf 180° vorheizen. Die Form mit Butter ausstreichen. • Den Rhabarber waschen. Die Enden der Stangen abschneiden und die Fäden abziehen. Die Rhabarberstangen in 4 cm lange Stücke schneiden. • Den Teig in die Form füllen. Den Rhabarber darauf verteilen, die Fruchtstücke leicht in den Teig drücken. Den Kuchen 25 Minuten auf der mittleren Schiene backen. • Die Eiweiße mit dem Salz halbsteif schlagen. Den Zucker einrieseln lassen und den Schnee schlagen, bis er schnittfest ist. Die gemahlenen Mandeln und den Zitronensaft untermischen. • Den Eischnee mit einem Spritzbeutel auf den vorgebackenen Kuchen spritzen oder auf den Kuchen streichen. • Den Kuchen in weiteren 20 Minuten fertig backen.

Johannisbeerkuchen vom Blech

Ein Rührteigkuchen mit zarter Biskuithaube

Zutaten für 1 Backblech:
1 kg rote Johannisbeeren
200 g weiche Butter
250 g Zucker
abgeriebene Schale von
½ ungespritzten Zitrone
225 g Mehl
150 g Speisestärke
2 Teel. Backpulver
5 Eier
2 Eßl. Vanillezucker
2 Eßl. Puderzucker

Gelingt leicht

Bei 20 Stücken pro Stück etwa 1090 kJ/260 kcal · 5 g Eiweiß 11 g Fett · 34 g Kohlenhydrate

Vorbereitungszeit: 45 Minuten
Backzeit: 45 Minuten

Die Johannisbeeren waschen, auf einem Küchentuch abtropfen lassen und entstielen. • Die Butter mit 150 g Zucker und der Zitronenschale schaumig rühren. 200 g Mehl mit 100 g Speisestärke und dem Backpulver mischen. 3 Eier nacheinander und die Mehlmischung eßlöffelweise unter die Buttermasse mengen. • Den Backofen auf 200° vorheizen. • Das Backblech gut mit Butter einfetten. Den Teig daraufgeben und glattstreichen. Die Johannisbeeren darüberstreuen. Den Kuchen im Backofen auf der mittleren Schiene 30 Minuten backen. • Die restlichen Eier in Eigelbe und Eiweiße trennen. Die Eiweiße zu steifem Schnee schlagen. Die Eigelbe mit dem übrigen Zucker und dem Vanillezucker cremig rühren. Die übrige Speisestärke mit dem restlichen Mehl mischen und mit dem Eischnee unter die Eigelbmasse heben. • Den Biskuitteig auf den Kuchen streichen und diesen in weiteren 15 Minuten fertig backen. • Den Johannisbeerkuchen mit dem Puderzucker besieben und in 20 Stücke schneiden.

Johannisbeer-Schokoladenkuchen

Ein »beschwipster Kuchen«, den man auch mit Saft tränken kann

Zutaten für 1 Springform von
26 cm Durchmesser:
100 g weiche Butter
125 g Zucker
4 Eier
125 g Blockschokolade
150 g gemahlene Haselnüsse
100 g Mehl
3 Eßl. Kakaopulver
2 Teel. Backpulver
500 g rote Johannisbeeren
0,1 l Cassis (Johannisbeerlikör)
2 Eßl. Zucker
0,2 l Sahne
1 Eßl. Vanillezucker
2 Eßl. Puderzucker

Gelingt leicht

Bei 12 Stücken pro Stück etwa 1890 kJ/450 kcal · 8 g Eiweiß 27 g Fett · 39 g Kohlenhydrate

Vorbereitungszeit: 1 Stunde
Backzeit: 40 Minuten

Die Butter mit dem Zucker schaumig rühren. Die Eier in Eigelbe und Eiweiße trennen. Die Eiweiße zu steifem Schnee schlagen. Die Schokolade im Wasserbad schmelzen, mit den Eigelben unter die Buttermasse ziehen. Die Nüsse hinzufügen, das Mehl mit dem Kakao und dem Backpulver mischen und mit dem Eischnee unter den Teig heben. • Den Backofen auf 180° vorheizen. Die Form buttern und mit Semmelbröseln ausstreuen. • Den Teig in die Form füllen, glattstreichen und 40 Minuten backen. • Die Johannisbeeren waschen, trockentupfen und von den Stielen zupfen. • Vom kalten Kuchen einen dünnen Deckel abschneiden und zerkrümeln. Den Kuchenboden mit dem Likör beträufeln, die Beeren darauf verteilen und mit dem Zucker bestreuen. Die Sahne mit dem Vanillezucker steif schlagen, über die Johannisbeeren verteilen, die Kuchenkrümel darüberstreuen und mit dem Puderzucker besieben.

Johannisbeerkuchen mit Baiser

Ein zarter Blitzkuchen für den überraschenden Besuch

- 3 Eier
- 150 g Zucker
- 1 Eßl. Vanillezucker
- 250 g Mehl
- 2 Teel. Backpulver
- 50 g Butter
- 5 Eßl. Milch
- 1 Prise Salz
- 1 kg rote Johannisbeeren
- 200 g Zucker

Schnell • Gelingt leicht

Bei 20 Stücken pro Stück etwa 710 kJ/170 kcal · 4 g Eiweiß 4 g Fett · 30 g Kohlenhydrate

Vorbereitungszeit: 30 Minuten
Backzeit: 30–35 Minuten

Die Eier in Eigelbe und Eiweiße trennen. Für den Teig die Eigelbe mit 3 Eßlöffeln heißem Wasser schaumig rühren, nach und nach den Zucker und den Vanillezucker einrieseln lassen. Das Mehl mit dem Backpulver mischen. Die Butter zerlassen und lauwarm mit der Milch und dem Mehl unter die Eigelbmasse rühren. • Den Backofen auf 200° vorheizen. Die Fettpfanne des Backofens gut mit Butter bestreichen. • Den Teig mit einem Spatel auf die Fettpfanne verteilen. Den Kuchen 15 Minuten vorbakken. • Inzwischen die Johannisbeeren waschen, gut abtropfen lassen und von den Stielen zupfen. Die Eiweiße mit dem Salz sehr steif schlagen, nach und nach den Zucker hinzufügen. Die Johannisbeeren unter den Eischnee ziehen. • Den Backofen auf 150° schalten. • Die Baisermasse auf den Kuchen verteilen und im Backofen auf der mittleren Schiene in 15 bis 20 Minuten überkrusten. • Den kalten Kuchen in 20 Stücke schneiden und frisch servieren.

Unser Tip: Statt der Johannisbeeren kann man auch Heidelbeeren, Stachelbeeren oder saftige, entsteinte Süßkirschen unter die Baisermasse ziehen.

Schwarze Beeren in Mürbeteigkruste oder auf Hefeteig

Bei Heidelbeeren und Brombeeren kann man außerhalb der Saison auch auf tiefgefrorene Früchte ausweichen

Heidelbeer-Pie

im Bild vorne

Zutaten für 1 Pie- oder Obstkuchenform von 24 cm Durchmesser:

Für den Mürbeteig:
- 250 g Mehl · 125 g kalte Butter
- 50 g Zucker · 1 Prise Salz
- 1 Eigelb

Zum Füllen:
- 2 Eiweiße · 1 Banane
- 2 Eßl. Zitronensaft
- 500 g Heidelbeeren
- 50 g Mandelblättchen
- 50 g Zucker
- ½ Teel. Zimtpulver

Zum Bestreichen:
- 1 Eigelb · 2 Eßl. Milch

Spezialität aus England

Bei 8 Stücken pro Stück etwa 1680 kJ/400 kcal · 8 g Eiweiß 20 g Fett · 50 g Kohlenhydrate

Vorbereitungszeit: 1½ Stunden
Backzeit: 40 Minuten

Rasch das Mehl mit der Butter, dem Zucker, dem Salz und dem Eigelb verkneten. Den Teig 1 Stunde kühl stellen. • Die Eiweiße steif schlagen. Die Banane schälen, in dünne Scheiben schneiden und mit dem Zitronensaft beträufeln. Die Heidelbeeren waschen. Die Mandelblättchen mit dem Zucker, dem Zimt, den Bananenscheiben und dem Eischnee unter die Beeren heben. • Den Backofen auf 200° vorheizen. • Den Mürbeteig in eine größere und eine kleinere Portion teilen. Zuerst den größeren Teil ausrollen und die Form damit auskleiden. Den Teigrand mit kaltem Wasser bepinseln. Die Fruchtmasse einfüllen. Einen Deckel ausrollen, auf die Farce legen und den Rand festdrücken. Löcher aus der Teigdecke ausstechen. Das Eigelb mit der Milch verquirlen. Aus übrigem Teig Ornamente ausstechen. Die Pie mit Eigelb bestreichen und auf der unteren Schiene in 40 Minuten goldgelb backen.

Brombeerkuchen

im Bild hinten

Zutaten für 1 Backblech:

Für den Hefeteig:
- 400 g Mehl · 200 ml Milch
- 1 Päckchen Trockenhefe
- je 50 g Butter und Zucker
- 1 Ei · 1 Prise Salz
- abgeriebene Schale von ½ ungespritzten Zitrone

Zum Belegen:
- 1 kg Brombeeren
- 5 Eier · 500 g Magerquark
- 150 g Crème fraîche
- 150 g Zucker
- 1 Päckchen Vanille-Puddingpulver
- 50 g Mandelblättchen
- 2 Eßl. Puderzucker
- ½ Teel. Zimtpulver

Braucht etwas Zeit

Bei 20 Stücken pro Stück etwa 1210 kJ/290 kcal · 11 g Eiweiß 11 g Fett · 34 g Kohlenhydrate

Vorbereitungszeit: 1½ Stunden
Backzeit: 1 Stunde

Für den Hefeteig die gesamten Zutaten gut verkneten; 30 Minuten gehen lassen. • Die Brombeeren waschen und trockentupfen. • Den Hefeteig auf einem gebutterten Backblech ausrollen, die Brombeeren darüber verteilen. • Die Eier in Eigelbe und Eiweiße trennen. Die Eigelbe mit dem Quark, der Crème fraîche, dem Zucker und dem Puddingpulver verrühren. Die Eiweiße steif schlagen und unter den Quark ziehen. Die Quarkmasse über die Beeren streichen. • Den Backofen auf 180° vorheizen. • Die Mandelblättchen über den Quark streuen. Den Kuchen 1 Stunde backen. • Den Puderzucker mit dem Zimt mischen und über den Kuchen sieben.

Himbeeren auf Biskuit

Mit diesem Kuchen dürfen auch Kalorienbewußte einmal sündigen

Zutaten für 1 Springform von 28 cm Durchmesser:
2 Eier · 75 g Zucker
1 Eßl. Vanillezucker
1 Prise Salz
je 50 g Mehl und Speisestärke
400 g Himbeeren · 0,2 l Sahne
3 Eßl. Zucker
1 Päckchen roter Tortenguß
¼ l Wasser

Gelingt leicht • Schnell

Bei 12 Stücken pro Stück etwa 670 kJ/160 kcal · 3 g Eiweiß 7 g Fett · 20 g Kohlenhydrate

Vorbereitungszeit: 40 Minuten
Backzeit: 20 Minuten

Die Eier in Eigelbe und Eiweiße trennen. Die Eigelbe mit 2 Eßlöffeln warmem Wasser schaumig rühren, dabei den Zukker und den Vanillezucker einrieseln lassen. Die Eiweiße mit dem Salz steif schlagen. Das Mehl mit der Speisestärke mischen und mit dem Eischnee unter die Eigelbmasse ziehen. • Den Backofen auf 180° vorheizen. Die Springform gut einfetten und mit Biskuit- oder Semmelbröseln ausstreuen. Den Teig einfüllen und den Kuchen in 20 Minuten auf der unteren Schiene goldgelb backen; noch 15 Minuten im ausgeschalteten Backofen stehen lassen, dann stürzen. • Die Himbeeren waschen und gut abtropfen lassen. Die Sahne mit 1 Eßlöffel Zucker steif schlagen, etwa ein Viertel davon in einen Spritzbeutel mit Sterntülle füllen und in den Kühlschrank legen. • Den abgekühlten Tortenboden mit der restlichen Sahne bestreichen. Die Himbeeren darauflegen. • Aus dem Tortenguß-Pulver, dem übrigen Zucker und dem Wasser einen Guß bereiten, einmal aufkochen, dann etwas abkühlen lassen und von der Mitte aus auf die Himbeeren geben. Den Tortenguß in etwa 30 Minuten erstarren lassen. Den Kuchen garnieren und sofort servieren.

Erdbeerkuchen mit Rührteig

Ein feiner Sommerkuchen, an den sich auch Ungeübte wagen können

Zutaten für 1 Springform von 28 cm Durchmesser:
je 75 g Butter und Zucker
1 Eßl. Vanillezucker
2 Eier
150 g Mehl
1 Teel. Backpulver
1 Prise Salz
4 Eßl. Milch
2 Blätter Gelatine
125 g Speisequark (20% Fett)
5 Eßl. Zucker
0,2 l Sahne
500 g Erdbeeren

Gelingt leicht

Bei 12 Stücken pro Stück etwa 1000 kJ/240 kcal · 6 g Eiweiß 13 g Fett · 24 g Kohlenhydrate

Vorbereitungszeit: 15 Minuten
Backzeit: 20 Minuten
Zeit zum Fertigstellen: 30 Minuten

Die Butter mit dem Zucker, dem Vanillezucker und den Eiern schaumig rühren. Das Mehl mit dem Backpulver und dem Salz mischen; abwechselnd mit der Milch unter die Butter-Eier-Masse ziehen. • Den Backofen auf 200° vorheizen. • Den Teig in die gefettete Form füllen. Den Kuchen auf der unteren Schiene in 20 Minuten goldgelb backen und stürzen. • Die Gelatine in kaltem Wasser einweichen. • Den Quark mit 3 Eßlöffeln Zucker verrühren. Die Gelatine ausdrükken, erwärmen, bis sie sich gelöst hat, dann den Quark eßlöffelweise unterziehen. • Die Sahne mit dem restlichen Zucker steif schlagen, die Hälfte der Schlagsahne unter den Quark ziehen. • Die Erdbeeren waschen, trockentupfen, die Kelche abzupfen und große Früchte halbieren. • Den Quark auf den Kuchenboden streichen, die Erdbeeren darauf verteilen und mit Sahnetupfen verzieren.

Käsekuchen mit Erdbeeren

Ein besonders leckerer und dekorativer Kuchen, für den man sich ein bißchen Zeit nehmen muß

Zutaten für 1 Springform von 28 cm Durchmesser:

Für den Mürbeteig:
- 200 g Mehl
- 1 Messerspitze Backpulver
- 100 g Zucker
- 1 Eßl. Vanillezucker
- 1 Eigelb · 100 g Butter

Zum Belegen:
- 500 g Schichtkäse, ersatzweise Magerquark
- 3 Eier · 1 Eiweiß
- 100 g Butter · 150 g Zucker
- ½ ungespritzte Zitrone
- 150 g Crème fraîche
- 50 g Speisestärke
- 500 g Erdbeeren
- 1 Päckchen roter Tortenguß
- ⅛ l Sahne
- 1 Eßl. Vanillezucker

Braucht etwas Zeit

Bei 16 Stücken pro Stück etwa 1590 kJ/380 kcal · 9 g Eiweiß 22 g Fett · 32 g Kohlenhydrate

Vorbereitungszeit: 1 Stunde
Backzeit: 1¼ Stunden
Zeit zum Fertigstellen: 20 Minuten

Aus den Zutaten für den Mürbeteig einen geschmeidigen Teig kneten und diesen im Kühlschrank ruhen lassen. • Den Schichtkäse oder den Quark gut abtropfen lassen. Die Eier trennen. Die Butter mit dem Zucker schaumig rühren, die Eigelbe hinzufügen. Die Zitronenschale in die Buttermasse reiben, den Saft hineinpressen. Mit der Crème fraîche und dem Quark unterrühren. Die Eiweiße steif schlagen und mit der Speisestärke unter die Quarkmasse ziehen. • Den Backofen auf 180° vorheizen. • Den Mürbeteig ausrollen und die leicht gefettete Form damit auslegen. Die Teigkruste 15 Minuten vorbacken. • Die Quarkmasse hineinfüllen und den Käsekuchen auf der unteren Schiene 1 Stunde backen. • Die Erdbeeren waschen und halbieren. • Den Tortenguß zubereiten. • Die Erdbeeren auf den Käsekuchen verteilen und mit dem Guß bedekken. Den Guß erstarren lassen. • Die Sahne mit dem Vanillezucker steif schlagen und auf den Kuchen spritzen.

Feine Kuchen mit Stachelbeeren

Nach Belieben kann man mit Zimt-Zucker gesüßte Schlagsahne dazu reichen

Stachelbeerkuchen vom Blech

im Bild vorne

Zutaten für 1 Backblech:

Für den Teig:
250 g Mehl · 2 Eßl. Zucker
1 Prise Salz · abgeriebene Schale von 1 ungespritzten Zitrone · 20 g Hefe
⅛ l lauwarme Milch · 1 Ei

Zum Belegen:
2 Scheiben Zwieback
1 kg Stachelbeeren

Für den Guß:
150 g weiche Butter
100 g Zucker · 4 Eier
50 g Mehl · 1 Prise Salz
⅛ l Sahne

Braucht etwas Zeit

Bei 20 Stücken pro Stück etwa 1000 kJ/240 kcal · 6 g Eiweiß 13 g Fett · 26 g Kohlenhydrate

Vorbereitungszeit: 1½ Stunden
Backzeit: 45 Minuten

Das Mehl in eine Schüssel sieben, in die Mitte eine Mulde drücken. Den Zucker, das Salz und die Zitronenschale auf den Mehlrand geben. Die Hefe in der Mulde mit etwas Milch glattrühren; 30 Minuten gehen lassen. • Die Zwiebäcke in einem Plastikbeutel mit einem Nudelholz zerdrücken. Die Stachelbeeren waschen und gut abtropfen lassen. • Für den Guß die Butter mit dem Zucker und den Eiern verrühren. Das Mehl, das Salz und die Sahne untermischen. • Den Hefevorteig mit dem Mehl, der übrigen Milch und dem Ei verkneten; 15 Minuten gehen lassen. • Die Fettpfanne des Backofens gut mit Butter bestreichen. Den Teig darin ausrollen und nochmals 15 Minuten gehen lassen. • Den Backofen auf 200° vorheizen. • Zuerst die Zwiebackbrösel, dann die Beeren auf den Hefeteig streuen. Den Guß über die Beeren geben. • Den Kuchen auf der unteren Schiene 45 Minuten backen.

Aprikosen-Stachelbeer-Kuchen

im Bild hinten

Zutaten für 1 Springform von 28 cm Durchmesser:
150 g Speisequark (20% Fettgehalt)
125 g Zucker
abgeriebene Schale von 1 ungespritzten Zitrone
1 Prise Salz
6 Eßl. Öl
4 Eßl. Milch
300 g Mehl
1 Päckchen Backpulver
500 g vollreife Aprikosen
250 g Stachelbeeren

Gelingt leicht • Schnell

Bei 16 Stücken pro Stück etwa 670 kJ/160 kcal · 4 g Eiweiß 4 g Fett · 27 g Kohlenhydrate

Vorbereitungszeit: 30 Minuten
Backzeit: 45 Minuten

Den Quark gut abtropfen lassen, dann mit dem Zucker, der Zitronenschale, dem Salz, dem Öl und der Milch verrühren. Das Mehl mit dem Backpulver mischen, eßlöffelweise unter den Teig ziehen, zuletzt unterkneten. • Den Backofen auf 200° vorheizen. Die Springform gut mit Butter ausfetten und mit Semmelbröseln ausstreuen. • Den Teig auf einer bemehlten Arbeitsfläche ausrollen, in die Form legen und einen 2 cm hohen Rand formen. • Die Aprikosen waschen, abtrocknen, halbieren und entsteinen. Die Hälften mit der Wölbung nach oben in die Form geben. Die Stachelbeeren ebenfalls waschen, abtrocknen, in die Zwischenräume verteilen und leicht in den Teig drücken. • Den Kuchen 45 Minuten backen.

Aprikosenkuchen vom Blech

Sie schmecken frisch gebacken am köstlichsten, man sollte sie in Stücke geschnitten auf einem Kuchengitter erkalten lassen

Aprikosen-Quark-Schnitten

im Bild vorne

Zutaten für 1 Backblech:
Für den Hefeteig:
500 g Mehl
1 Päckchen Trockenhefe
¼ l lauwarme Milch
75 g Zucker · 2 Eier
75 g zerlassene Butter
Zum Belegen:
750 g vollreife Aprikosen
750 g Schichtkäse, ersatzweise Magerquark
100 g weiche Butter
150 g Zucker · 3 Eier
abgeriebene Schale von 1 ungespritzten Zitrone
1 Eßl. Zitronensaft
1 Päckchen Vanille-Puddingpulver
1 Eßl. Speisestärke
Für die Streusel:
125 g Mehl · 50 g Zucker
50 g Butter · 1 Eßl. Vanillezucker

Braucht etwas Zeit

Bei 20 Stücken pro Stück etwa 1590 kJ/380 kcal · 12 g Eiweiß 15 g Fett · 41 g Kohlenhydrate

Vorbereitungszeit: 1¼ Stunden
Backzeit: 1 Stunde

Das Mehl mit der Trockenhefe, der Milch, dem Zucker, den Eiern und der Butter verkneten, und den Teig zugedeckt 30 Minuten gehen lassen. • Die Aprikosen waschen, trockentupfen, halbieren und entsteinen. Den Schichtkäse oder den Quark gut abtropfen lassen. • Den Hefeteig ausrollen, auf ein gefettetes Blech legen und 20 Minuten gehen lassen. • Die Butter mit dem Zucker verrühren. Die Eier trennen. Die Eigelbe unter die Buttermasse mischen. Die Eiweiße steif schlagen. Die Zitronenschale und den -saft, das Puddingpulver und die Speisestärke mit dem Schichtkäse oder dem Quark unter die Buttermasse mischen. Den Eischnee unterheben. • Den Backofen auf 200° vorheizen. • Die Quarkmasse auf den Hefeteig streichen, die Aprikosenhälften leicht in den Quark drücken. • Den Kuchen 40 Minuten backen. • Aus den übrigen Zutaten Streusel herstellen, den Kuchen damit bedecken und in weiteren 20 Minuten fertig backen.

Aprikosenkuchen mit Mandelsahne

im Bild hinten

Zutaten für 1 Backblech:
500 g Mehl · 1 Teel. Backpulver
150 g Zucker
2 Eßl. Vanillezucker
1 Prise Salz · 2 Eigelbe · 1 Ei
250 g Butter · 1½ kg Aprikosen
¼ l Sahne · 100 g Zucker
200 g abgezogene Mandeln

Braucht etwas Zeit

Bei 24 Stücken pro Stück etwa 1510 kJ/360 kcal · 7 g Eiweiß 18 g Fett · 42 g Kohlenhydrate

Vorbereitungszeit: 1 Stunde
Backzeit: 45 Minuten

Für den Mürbeteig das Mehl mit dem Backpulver, dem Zucker, dem Vanillezucker, dem Salz, 1 Eigelb und dem ganzen Ei sowie der Butter in Flöckchen rasch verkneten, 30 Minuten kühl stellen. • Die Aprikosen waschen, abtrocknen, halbieren und entsteinen. • Die Sahne sehr steif schlagen, dabei langsam den Zucker einrieseln lassen. 100 g Mandeln mahlen und mit dem restlichen Eigelb unter die Sahne ziehen. • Den Backofen auf 200° vorheizen. • Den Teig ausrollen, auf das Blech legen und mit einer Gabel mehrmals einstechen. Die Aprikosenhälften mit der Wölbung nach unten leicht in den Teig drücken. In die Aprikosen jeweils 1 Mandel geben. • Die Mandelsahne über die Früchte verteilen und den Kuchen auf der unteren Schiene 45 Minuten backen.

Delikate Obstkuchen für jeden Geschmack

Mit Marzipancreme und Mandeln harmoniert die Fruchtfarce vorzüglich

Aprikosenkuchen mit Marzipan

im Bild hinten

Zutaten für 1 Backblech:
125 g Magerquark
5 Eßl. Milch
5 Eßl. Öl
75 g Zucker
250 g Mehl
3 Teel. Backpulver
¼ l Milch
½ Päckchen Vanille-Puddingpulver
1 Teel. Speisestärke
50 g Marzipan-Rohmasse
750 g Aprikosen
100 g Aprikosenmarmelade
50 g Mandelblättchen

Gelingt leicht

Bei 20 Stücken pro Stück etwa 710 kJ/170 kcal · 4 g Eiweiß 5 g Fett · 20 g Kohlenhydrate

Vorbereitungszeit: 45 Minuten
Backzeit: 40 Minuten

Den gut abgetropften Quark mit der Milch, dem Öl und dem Zucker (bis auf 1 Eßlöffel) verrühren. Das Mehl mit dem Backpulver mischen, die Hälfte davon unter die Quarkmasse rühren, den Rest unterkneten. • 4 Eßlöffel Milch mit dem Puddingpulver, dem übrigen Zucker und der Speisestärke verrühren. Die übrige Milch zum Kochen bringen. Das angerührte Puddingpulver hineingießen, einmal aufkochen lassen, den Pudding vom Herd nehmen und die Marzipanmasse darin auflösen. • Den Backofen auf 200° vorheizen. Ein Backblech mit Öl bestreichen. • Den Teig auf dem Blech ausrollen, mit dem abgekühlten Pudding bestreichen. • Die Aprikosen entsteinen und auf den Kuchen legen. Den Aprikosenkuchen auf der unteren Schiene 45 Minuten backen. • Den Kuchen mit der erhitzten Marmelade bestreichen und die Mandelblättchen darüberstreuen.

Kirschkuchen mit Mandeln

im Bild vorne

Zutaten für 1 Obstkuchenform von 24 cm Durchmesser:
300 g Mehl · 1 Teel. Backpulver
150 g weiche Butter
150 g Zucker
1 Eßl. Vanillezucker
750 g Süßkirschen
2 Eßl. Speisestärke
⅜ l Kirschsaft · 2 Eßl. Kirschlikör
100 g gehackte Mandeln
1 Eigelb

Preiswert • Etwas schwierig

Bei 12 Stücken pro Stück etwa 1590 kJ/380 kcal · 7 g Eiweiß 18 g Fett · 50 g Kohlenhydrate

Vorbereitungszeit: 1½ Stunden
Backzeit: 45 Minuten

Aus dem Mehl, dem Backpulver, der Butter, 100 g Zucker und dem Vanillezucker rasch einen geschmeidigen Teig kneten und diesen 1 Stunde kühl stellen. • Die Kirschen waschen, abtrocknen und entsteinen. Die Speisestärke mit dem übrigen Zucker und 5 Eßlöffeln Saft verrühren. Den restlichen Saft zum Kochen bringen, vom Herd nehmen, die Speisestärke und die Kirschen untermischen, unter Rühren 1 Minute kochen, dann abkühlen lassen. • Den Backofen auf 200° vorheizen. • Den Teig ausrollen. Die gefettete Form damit auskleiden. Den Teigboden mehrmals einstechen und 20 Minuten backen. • Den Likör unter die Kirschen rühren. Die Masse in die Teigkruste füllen, die Mandeln darüberstreuen. Restlichen Teig dünn ausrollen und 1½ cm breite Streifen ausrädeln, gitterartig auf die Kirschfülle legen und mit dem verquirlten Eigelb bestreichen. • Den Kuchen in weiteren 25 Minuten goldgelb backen. • Den Kirschkuchen vor dem Anschneiden 4 Stunden ruhen lassen.

Kirsch-Nuß-Kuchen

Eine Spezialität ganz ohne Mehl und Backpulver

Zutaten für 1 Springform von 28 cm Durchmesser:
500 g Kirschen
150 g weiche Butter
150 g Zucker
4 Eier
100 g Zartbitter-Schokolade
200 g gemahlene Haselnüsse
1 Eßl. Puderzucker

Gelingt leicht

Bei 12 Stücken pro Stück etwa 1590 kJ/380 kcal · 7 g Eiweiß 27 g Fett · 26 g Kohlenhydrate

Vorbereitungszeit: 25 Minuten
Backzeit: 1 Stunde

Die Kirschen waschen, abtrocknen und entsteinen. • Die Butter mit dem Zucker schaumig rühren. Die Eier in Eigelbe und Eiweiße trennen. Die Schokolade reiben. Die Eiweiße steif schlagen. Die Eigelbe nacheinander unter die Buttermasse rühren. Die Schokolade und die gemahlenen Nüsse hinzufügen und den Eischnee unterheben. • Den Backofen auf 180° vorheizen. Die Form mit Butter ausstreichen und mit Biskuit- oder Semmelbröseln ausstreuen. • Den Teig in die Springform füllen, die Kirschen darauf verteilen. Den Kuchen im Backofen auf der unteren Schiene 1 Stunde backen. • Den Kirschkuchen 10 Minuten im ausgeschalteten Backofen auskühlen lassen. • Den erkalteten Kuchen mit dem Puderzucker besieben.

Unser Tip: Biskuitbrösel lassen sich leicht herstellen: Übriggebliebenen Biskuitkuchen wie Tortenboden oder zum Beispiel Ausschneidereste vom Geburtstagsbaum (Rezept Seite 73) unverschlossen in einigen Tagen trocknen lassen und zwischen Frischhaltefolie mit dem Nudelholz zerdrücken.

Kirschkuchen mit Kiwis

Vor dem Anschneiden sollte man den Kuchen 2 Stunden kühl stellen

Zutaten für 1 Springform von 28 cm Durchmesser:
500 g Kirschen
1 Eßl. Zitronensaft
2 Eier · 75 g Zucker
1 Eßl. Vanillezucker
je 50 g Mehl und Speisestärke
2 Blätter Gelatine
150 g Crème fraîche
2 Eßl. Milch · 50 g Zucker
3–4 Kiwis
1 Päckchen klarer Tortenguß
2 Eßl. Zucker
¼ l Apfelsaft

Gelingt leicht

Bei 12 Stücken pro Stück etwa 880 kJ/210 kcal · 4 g Eiweiß 7 g Fett · 31 g Kohlenhydrate

Vorbereitungszeit: 20 Minuten
Backzeit: 20 Minuten
Zeit zum Fertigstellen: 35 Minuten

Die Kirschen entsteinen und mit dem Zitronensaft in 1 Tasse Wasser 5 Minuten dünsten, dann abtropfen lassen. • Die Eier trennen. Die Eigelbe mit 2 Eßlöffeln warmem Wasser, dem Zucker und dem Vanillezucker schaumig rühren. Die Eiweiße steif schlagen, mit dem Mehl und der Speisestärke unter die Eigelbmasse heben. • Den Backofen auf 180° vorheizen. • Den Teig in die Form füllen und 20 Minuten backen, im ausgeschalteten Backofen noch 10 Minuten ruhen lassen. • Die Gelatine in kaltem Wasser einweichen. Die Crème fraîche mit der Milch und dem Zucker mischen. Die ausgedrückte Gelatine erhitzen, bis sie sich auflöst, eßlöffelweise die Crème fraîche untermengen. Die Creme auf dem Biskuit glattstreichen. Die Kirschen als äußeren Ring darauf anordnen. Die Kiwis schälen, in Scheiben schneiden, den Kuchen damit bedecken. • Den Tortenguß mit dem Zucker und dem Apfelsaft einmal aufkochen lassen, dann über das Obst gießen.

Beliebte Kirschkuchen

Im Juni beginnt die Ernte von Süßkirschen; Sauerkirschen werden ein paar Wochen später reif

Quark-Kirsch-Kuchen

im Bild links

Zutaten für 1 Springform von 28 cm Durchmesser:

Für den Rührteig:
- 100 g weiche Butter
- 125 g Zucker
- 1 Eßl. Vanillezucker
- 2 Eier
- 150 g Mehl
- 50 g Speisestärke
- 1 Teel. Backpulver

Zum Belegen:
- 500 g Süßkirschen
- 4 Eier
- 150 g weiche Butter
- 150 g Zucker
- 2 Eßl. Vanillezucker
- 750 g Magerquark
- 100 g Speisestärke

Gelingt leicht • Preiswert

Bei 12 Stücken pro Stück etwa 2010 kJ/480 kcal · 17 g Eiweiß 22 g Fett · 53 g Kohlenhydrate

Vorbereitungszeit: 45 Minuten
Backzeit: 1 Stunde

Den Backofen auf 180° vorheizen. Die Springform mit Butter ausstreichen. • Die Butter mit dem Zucker und dem Vanillezucker schaumig schlagen, die Eier unterrühren, das Mehl mit der Speisestärke und dem Backpulver mischen und unter den Teig mengen. • Den Rührteig in die Springform füllen und 20 Minuten backen. • Die Kirschen waschen, abtrocknen und entsteinen. Für die Quarkmasse die Eier trennen. • Die Butter mit dem Zucker, dem Vanillezucker und den Eigelben verrühren. Die Eiweiße steif schlagen. Den Quark unter die Buttermasse mischen. Den Eischnee, die Speisestärke und die Kirschen unterheben. • Die Quarkmasse auf den Kuchen streichen und diesen weitere 50 Minuten backen; im abgeschalteten Backofen noch 10 Minuten stehen lassen.

Kirsch-Streuselkuchen

im Bild rechts

Zutaten für 1 Springform von 26 cm Durchmesser:
- 300 g Butter
- 500 g Kirschen
- 225 g Zucker
- 500 g Mehl
- 1 Päckchen Backpulver
- ½ Teel. abgeriebene Zitronenschale
- 1 Prise Salz
- 1 Teel. Zimtpulver
- 1 Ei
- 50 g abgezogene gemahlene Mandeln

Gelingt leicht

Bei 12 Stücken pro Stück etwa 1380 kJ/330 kcal · 3 g Eiweiß 24 g Fett · 27 g Kohlenhydrate

Vorbereitungszeit: 30 Minuten
Backzeit: 40 Minuten

Die Butter bei schwacher Hitze schmelzen und wieder etwas abkühlen lassen. • Die Kirschen waschen, abtrocknen, entsteinen und mit 25 g Zucker bestreuen. • Das Mehl, das Backpulver, den restlichen Zucker, die Zitronenschale, das Salz und den Zimt in einer Schüssel mischen. Die flüssige Butter und das Ei hinzufügen und mit dem Knethaken des Handrührgeräts zu einem krümeligen Teig verarbeiten. • Den Backofen auf 200° vorheizen. Die Springform gut mit Butter ausstreichen. • Die Hälfte des Teiges in die Form geben und festdrücken. Die Mandeln darüberstreuen. Die Kirschen auf dem Teigboden verteilen. Den restlichen Teig darüberkrümeln. • Den Kuchen auf der mittleren Schiene in 40 Minuten goldbraun backen. • Den Springformrand vom Kuchen lösen. Den Kuchen abkühlen lassen. • Der Kuchen schmeckt frisch, aber auch nach 1 bis 2 Tagen sehr gut.

Kirschkuchen aus Vollkornmehl

Sie schmecken am besten am nächsten Tag, bleiben aber 2 bis 3 Tage frisch

Kirschkuchen mit Schokolade

im Bild links

Zutaten für 1 Springform von 28 cm Durchmesser:
- 150 g Weizen-Vollkornmehl
- 50 g Roggen-Vollkornmehl
- 25 g Kakaopulver
- 1 Teel. Backpulver
- je ½ Teel. Zimtpulver und gemahlener Koriander
- 200 g abgezogene Mandeln
- 200 g weiche Butter
- 200 g flüssiger Honig
- 4 Eier
- 2 Eßl. Rum
- 500 g Sauerkirschen
- 200 g honiggesüßte Schokolade
- 50 g Mandelblättchen

Vollwertrezept • Schnell

Bei 12 Stücken pro Stück etwa 2310 kJ/550 kcal · 12 g Eiweiß 35 g Fett · 44 g Kohlenhydrate

Vorbereitungszeit: 30 Minuten
Backzeit: 45 Minuten

Das gesamte Mehl mit dem Kakao, dem Backpulver, dem Zimt und dem Koriander mischen. Die Mandeln feinreiben und untermengen. • Die Butter mit dem Honig schaumig rühren. Die Mehlmischung, die Eier und den Rum nach und nach unterrühren. • Den Backofen auf 180° vorheizen. Die Form mit Butter ausstreichen. • Den Teig in die Form geben und glattstreichen. • Die Kirschen waschen, von den Stielen zupfen, abtropfen lassen, entsteinen, auf den Teig verteilen und leicht hineindrücken. • Den Kuchen auf der mittleren Schiene 45 Minuten backen, dann noch 10 Minuten im ausgeschalteten Backofen stehen lassen. • Die Schokolade im Wasserbad schmelzen. Den Kuchen damit bestreichen und mit den Mandelblättchen bestreuen.

Kirsch-Haferflocken-Kuchen

im Bild rechts

Zutaten für 1 Backblech:
- 1 kg Süßkirschen
- 300 g weiche Butter
- 200 g Zucker
- 1 Eßl. Vanillezucker
- 4 Eier
- abgeriebene Schale von 1 ungespritzten Zitrone
- 250 g feine Haferflocken
- 200 g Weizen-Vollkornmehl
- 1 Teel. Backpulver
- 1 Schnapsglas Rum (2 cl)
- 2 Eßl. grobe Haferflocken
- 50 g Zucker
- 50 g Kokosraspel

Schnell • Gelingt leicht

Bei 20 Stücken pro Stück etwa 1630 kJ/390 kcal · 13 g Eiweiß 36 g Fett · 59 g Kohlenhydrate

Vorbereitungszeit: 15 Minuten
Backzeit: 35–40 Minuten

Den Backofen auf 200° vorheizen. Das Backblech mit Butter ausstreichen. • Die Kirschen waschen, abtrocknen und entsteinen. • Die Butter mit dem Zukker und dem Vanillezucker schaumig rühren. Nacheinander die Eier und die Zitronenschale unter die Buttermasse mischen. Die Haferflocken mit dem Mehl und dem Backpulver vermengen und eßlöffelweise mit dem Rum unter die Eier-Butter-Masse rühren. • Den Teig auf das Backblech geben und glattstreichen. Die Kirschen darauf verteilen. Die groben Haferflocken mit dem Zucker und den Kokosraspeln mischen und über die Kirschen streuen. • Den Kuchen im Backofen auf der mittleren Schiene in 35 bis 40 Minuten goldgelb backen. • Den Kirschkuchen noch warm mit einem in kaltes Wasser getauchten Messer in 20 Stücke schneiden, auf einem Kuchengitter auskühlen lassen. • Dazu schmeckt cremig geschlagene Vanillesahne.

Zarte Teigkrusten mit Pfirsichfüllung

Die Kuchen schmecken auch mit Aprikosen, Kiwis oder Mango

Pfirsich-Mürbeteigkuchen

im Bild links

Zutaten für 1 Obstkuchenform von 24 cm Durchmesser:
- 3 Eier · 250 g Mehl
- 1 Messerspitze Backpulver
- 150 g Butter · 125 g Zucker
- 100 g gemahlene Mandeln
- 1 Eßl. Zitronensaft · 3 Eßl. Rum
- 500 g vollreife Pfirsiche
- 50 g gehackte Mandeln
- 3 Eßl. Aprikosenmarmelade

Gelingt leicht

Bei 8 Stücken pro Stück etwa 2310 kJ/550 kcal · 12 g Eiweiß 30 g Fett · 52 g Kohlenhydrate

Vorbereitungszeit: 50 Minuten
Backzeit: 1 Stunde

Die Eier in Eigelbe und Eiweiße trennen. • Aus dem Mehl, dem Backpulver, der Butter, 50 g Zucker und 1 Eigelb mit kalten Händen rasch einen geschmeidigen Teig kneten und diesen 30 Minuten kühl stellen. • Die Eiweiße zu steifem Schnee schlagen. Die gemahlenen Mandeln mit den übrigen Eigelben, dem restlichen Zucker, dem Zitronensaft und 2 Eßlöffeln Rum verrühren. Den Eischnee unterheben. • Den Backofen auf 180° vorheizen. Die Form buttern. • Den Mürbeteig ausrollen, die Form damit auskleiden. Die Teigkruste 25 Minuten vorbacken. • Die Pfirsiche häuten, halbieren und entsteinen. • Die Mandelmasse in die Teigkruste füllen und den Kuchen 15 Minuten backen. • Die Pfirsiche leicht in die Mandelmasse drücken und den Kuchen in weiteren 20 Minuten fertig backen. • Die gehackten Mandeln in einer trockenen Pfanne goldbraun rösten. • Die Marmelade mit dem übrigen Rum verrühren, unter Rühren erhitzen und den warmen Kuchen damit bepinseln. Die Mandeln darüberstreuen.

Pfirsich-Quarkkuchen

im Bild rechts

Zutaten für 1 Springform von 26 cm Durchmesser:
- 500 g Speisequark (20% Fett)
- je 3 Eßl. Milch und Öl
- 125 g Zucker · 200 g Mehl
- 2 Teel. Backpulver
- 0,1 l Sahne · 2 Eßl. Vanillezucker
- 3 Eier · 1 Eßl. Speisestärke
- 2 Eßl. Grieß · 500 g Pfirsiche
- 2 Eßl. Puderzucker

Braucht etwas Zeit

Bei 12 Stücken pro Stück etwa 1090 kJ/260 kcal · 11 g Eiweiß 10 g Fett · 34 g Kohlenhydrate

Vorbereitungszeit: 1 Stunde
Backzeit: 1 Stunde

Den Quark abtropfen lassen. 75 g Quark mit der Milch, dem Öl und 25 g Zucker verrühren. Das Mehl mit dem Backpulver mischen, unter die Quarkmasse rühren, zuletzt unterkneten. • Die Form gut ausfetten. Den Teig ausrollen und die Form damit auskleiden, einen 3 cm hohen Rand bilden. • Die Sahne mit dem übrigen Zucker und dem Vanillezucker mischen. Die Eier in Eigelbe und Eiweiße trennen. Die Eigelbe unter die Sahne rühren. Die Eiweiße steif schlagen. Die Speisestärke mit dem Grieß mischen und mit dem übrigen Quark unter die Eigelbmasse mengen. Den Eischnee unterziehen. • Den Backofen auf 200° vorheizen. • Die Pfirsiche kurz in kochendheißes Wasser legen, häuten, halbieren und entsteinen. • Ein Drittel der Quarkmasse in die Springform füllen. Die Pfirsichhälften daraufgeben und mit der übrigen Quarkmasse bedecken. • Den Kuchen auf der unteren Schiene 1 Stunde backen, im abgeschalteten Backofen 10 Minuten stehen lassen. • Den Kuchen abgekühlt mit dem Puderzucker besieben.

Pfirsichkuchen mit Mandeln

Nach Belieben den Kuchen vor dem Servieren mit Puderzucker besieben

Zutaten für 1 Springform von 26 cm Durchmesser:
- 250 g Mehl · 100 g Speisestärke
- 50 g gemahlene Mandeln
- 3 Eier · 175 g weiche Butter
- 1 Prise Salz · 250 g Zucker
- 2 Eßl. Vanillezucker
- 1 kg Pfirsiche
- 50 g Mandelblättchen
- 200 g Crème fraîche
- abgeriebene Schale von ½ ungespritzten Zitrone

Braucht etwas Zeit

Bei 12 Stücken pro Stück etwa 2100 kJ/500 kcal · 8 g Eiweiß 26 g Fett · 54 g Kohlenhydrate

Vorbereitungszeit: 1 Stunde
Backzeit: 40 Minuten

Das Mehl mit 50 g Speisestärke und den Mandeln in eine Schüssel geben. 1 Ei, die Butter, das Salz, 100 g Zucker und 1 Eßlöffel Vanillezucker hinzufügen. Alles schnell zu einem glatten Teig kneten und diesen 30 Minuten in den Kühlschrank legen. • Die Pfirsiche kurz in kochendheißes Wasser tauchen, häuten, halbieren und entsteinen. ¼ l Wasser mit 50 g Zucker zum Kochen bringen. Die Pfirsichhälften darin 15 Minuten köcheln, dann gut abtropfen lassen. • Den Backofen auf 180° vorheizen. Die Form einfetten. • Den Teig auf den Boden der Form verteilen und den Rand etwa 2 cm hoch andrücken. Die Teigkruste im Backofen 15 Minuten vorbacken. • Die Pfirsichhälften in die Teigkruste füllen und mit den Mandelblättchen bestreuen. Die restlichen Eier in Eigelbe und Eiweiße trennen. Die Eigelbe mit dem übrigen Zucker und Vanillezucker schaumig rühren. Die Crème fraîche, die Zitronenschale und die restliche Speisestärke untermischen. Die Eiweiße steif schlagen und unter die Biskuitmasse ziehen. • Den Teig über die Pfirsiche verteilen, glattstreichen und den Kuchen in weiteren 25 Minuten fertig backen. • Den Pfirsichkuchen kurz abkühlen lassen, dann aus der Form lösen und auf einem Kuchengitter völlig erkalten lassen.

Zwetschgenwähe

Eine knusprige Mürbeteigkruste, gefüllt mit saftigen Früchten und bedeckt mit zartem Sahneguß

Zutaten für 1 Springform von 28 cm Durchmesser:	
250 g Mehl	
50 g Zucker	
1 Messerspitze Salz	
100 g Butter	
8 Eßl. kaltes Wasser	
2 Teel. Essig	
1 kg Zwetschgen	
⅛ l Sahne	
2 Eier	
1 Messerspitze Zimtpulver	

Gelingt leicht
Berühmtes Rezept

Bei 12 Stücken pro Stück etwa 1090 kJ/260 kcal · 5 g Eiweiß 12 g Fett · 33 g Kohlenhydrate

Vorbereitungszeit: 50 Minuten
Backzeit: 35 Minuten

Das Mehl mit 1 Eßlöffel Zucker, dem Salz, der Butter in Flöckchen, dem Wasser und dem Essig mit den Knethaken des Handrührgerätes vermengen, dann mit möglichst kühlen Händen rasch zu einem glatten Mürbeteig kneten. Den Teig in Folie gewickelt 30 Minuten kühl stellen. • Die Zwetschgen waschen, abtrocknen, halbieren und entsteinen. • Die Springform mit Butter ausstreichen. Den Backofen auf 220° vorheizen. • Den Teig auf einer mit Mehl bestäubten Arbeitsfläche rund ausrollen. Den Boden der Form damit auskleiden, einen 2 cm hohen Rand formen. Die Zwetschgen mit der Wölbung nach unten gleichmäßig dicht und rosettenförmig auf den Teig legen. • Den Kuchen im Backofen auf der mittleren Schiene 10 Minuten backen. • Die Sahne mit den Eiern, dem restlichen Zucker und dem Zimt verrühren, über die Zwetschgen gießen und den Kuchen in weiteren 25 Minuten fertig backen. Die abgekühlte Zwetschgenwähe nach Belieben kurz vor dem Servieren mit Hagelzucker bestreuen.

Saftige Kuchen mit Zwetschgen

Genießen Sie »Datschi« und Pflaumenkuchen im Frühherbst, wenn Zwetschgen und Pflaumen Saison haben

Zwetschgendatschi

im Bild links

Zutaten für 1 Backblech:
- 20 g Hefe
- 1 Eßl. Zucker
- 0,2 l lauwarme Milch
- 400 g Mehl
- 1 Prise Salz
- 1 Ei
- 100 g Zucker
- 75 g zerlassene Butter
- 1250 g Zwetschgen
- 50 g gehackte Mandeln
- ½ Teel. Zimtpulver

Berühmtes Rezept

Bei 20 Stücken pro Stück etwa 790 kJ/190 kcal · 4 g Eiweiß 6 g Fett · 31 g Kohlenhydrate

Vorbereitungszeit: 45 Minuten
Zeit zum Gehenlassen: 45 Minuten
Backzeit: 30 Minuten

Die Hefe mit dem Zucker in der Milch auflösen und 15 Minuten zugedeckt stehen lassen. • Die Hälfte des Mehls, das Salz, das Ei, 75 g Zucker mit der Hefemilch und der zerlassenen Butter mischen. Das restliche Mehl nach und nach unterkneten. Der Teig sollte sich vom Schüsselrand lösen; ist er noch etwas klebrig, fügt man wenig Mehl hinzu. Den Hefeteig zugedeckt 30 Minuten gehen lassen. • Die Zwetschgen waschen, abtrocknen, entsteinen und noch zweimal einschneiden. • Den Teig kräftig durchkneten. 1 Backblech mit Butter bestreichen und den Teig darauf ausrollen. • Die Zwetschgen auf den Teig legen. Die Mandeln darüberstreuen. • Den Backofen auf 220° vorheizen. • Den Datschi auf der unteren Schiene 30 Minuten backen. • Den restlichen Zucker mit dem Zimt mischen und den Zwetschgendatschi gleichmäßig damit bestreuen. • Gezuckerte Schlagsahne dazu servieren.

Gestürzter Pflaumenkuchen

im Bild rechts

Zutaten für 1 Springform von 26 cm Durchmesser:
- 500 g Pflaumen
- 100 g weiche Butter
- 150 g Zucker
- 1 Eßl. Vanillezucker
- 3 Eier
- je 100 g Mehl und Speisestärke
- 3 Teel. Backpulver
- 50 g gehackte Mandeln
- 3 Eßl. Hagelzucker

Schnell • Gelingt leicht

Bei 12 Stücken pro Stück etwa 1210 kJ/290 kcal · 5 g Eiweiß 12 g Fett · 36 g Kohlenhydrate

Vorbereitungszeit: 30 Minuten
Backzeit: 30 Minuten

Die Pflaumen waschen, abtrocknen, halbieren und entsteinen. • Den Backofen auf 180° vorheizen. Ein Stück Alufolie über die umgestülpte Springform legen, überstehende Ränder andrücken. Die Folie dann in die Form geben und gut mit Butter einfetten. • Die Butter mit dem Zucker und dem Vanillezucker schaumig rühren. Nach und nach die Eier hinzufügen. Das Mehl mit der Speisestärke und dem Backpulver mischen, eßlöffelweise unter den Teig ziehen. • Die Pflaumen mit der Schnittfläche nach oben in die Springform legen, den Teig darüber verteilen, glattstreichen und den Kuchen im Backofen auf der mittleren Schiene 30 Minuten backen. • Den Springformrand abnehmen, den Kuchen 10 Minuten abkühlen lassen, dann auf eine Platte stürzen. Die Folie abziehen. • Die Mandeln in einer trockenen Pfanne hellbraun rösten und abgekühlt mit dem Hagelzucker über den Kuchen streuen.

Traubencreme in knuspriger Hülle

Füllungen aus Eierschaum oder italienischem Frischkäse sind von zarter Konsistenz

Trauben-Vollkornkuchen

im Bild links

Zutaten für 1 Springform von 26 cm Durchmesser:

- 75 g weiche Butter
- 3 Eßl. Honig · 2 Eigelbe
- 200 g Weizen-Vollkornmehl
- 75 g gemahlene Haselnüsse
- 2 Eßl. Sesamsamen
- 500 g helle Weintrauben
- 4 Eier
- 250 g Mascarpone, ersatzweise Crème fraîche
- 1 Eßl. Vollkorn-Weizengrieß
- 100 g Zuckerrübensirup
- Saft und abgeriebene Schale von 1 ungespritzten Zitrone

Vollwertrezept

Bei 12 Stücken pro Stück etwa 1510 kJ/360 kcal · 10 g Eiweiß 22 g Fett · 29 g Kohlenhydrate

Vorbereitungszeit: 1¼ Stunden
Backzeit: 50 Minuten

Die Butter mit dem Honig und den Eigelben verrühren. Das Mehl mit den Nüssen und dem Sesam mischen, eßlöffelweise unter die Buttermasse rühren, zuletzt unterkneten; der Teig soll geschmeidig und fest sein. Den Mürbeteig zugedeckt 1 Stunde kühl stellen. • Die Trauben waschen, abtrocknen und abzupfen. • Die Eier in Eigelbe und Eiweiße trennen. Die Eigelbe mit dem Mascarpone, dem Grieß, dem Sirup, dem Zitronensaft und der -schale verrühren. Die Eiweiße steif schlagen und unterziehen. • Den Backofen auf 180° vorheizen. Die Form leicht mit Butter ausstreichen. • Den Mürbeteig ausrollen und die Form damit auskleiden; einen 3 cm hohen Rand bilden. Die Käsecreme einfüllen und die Weintrauben hineinstreuen. Den Kuchen 50 Minuten backen.

Traubenkuchen

im Bild rechts

Zutaten für 1 Springform von 26 cm Durchmesser:

Für den Mürbeteig:

- 225 g Mehl
- 125 g Butter
- 1 Eigelb
- 75 g Zucker
- abgeriebene Schale von ½ ungespritzten Zitrone
- 1 Eßl. Rum

Zum Füllen:

- 500 g helle Weintrauben
- 5 Eigelbe
- 50 g Zucker
- 1 Vanilleschote
- 150 g gemahlene Mandeln
- 6 Eiweiße
- 50 g Mehl

Braucht etwas Zeit

Bei 12 Stücken pro Stück etwa 1890 kJ/450 kcal · 12 g Eiweiß 23 g Fett · 46 g Kohlenhydrate

Vorbereitungszeit: 1½ Stunden
Backzeit: 1 Stunde

Die Zutaten für den Mürbeteig rasch verkneten; die Teigkugel zugedeckt im Kühlschrank 1 Stunde ruhen lassen. • Die Trauben waschen, abzupfen, halbieren und entkernen. • Die Eigelbe mit dem Zucker schaumig rühren. Die Vanilleschote längs aufschlitzen, das Mark herauskratzen und mit den Mandeln unter die Eischaummasse rühren. Die Eiweiße steif schlagen und mit dem Mehl unter den Teig heben. • Den Backofen auf 180° vorheizen. • Den Mürbeteig auf einer bemehlten Arbeitsfläche ausrollen, die Form damit auskleiden und einen 3 cm hohen Rand bilden. • Die Trauben unter die Teigmasse mischen, in die Mürbeteigkruste füllen und den Kuchen auf der mittleren Schiene 1 Stunde backen. • Den Kuchen nach Belieben mit Zuckerguß bestreichen und mit Trauben garnieren.

Kuchen, mit Bananen gebacken oder belegt

Zum Belegen braucht man schöne feste Bananen, zum Backen weiche vollreife Früchte

Bananenkuchen mit Vanillecreme

im Bild links

Zutaten für 1 Springform von 28 cm Durchmesser:
3 Eier · 100 g Zucker
1 Eßl. Vanillezucker
je 75 g Mehl und Speisestärke
1 Prise Salz
½ Päckchen Vanille-Puddingpulver
1 Eßl. Zucker · ¼ l Milch
3 große feste Bananen
1 Eßl. Zitronensaft
½ Päckchen klarer Tortenguß
1 Eßl. Zucker
⅛ l Wasser

Schnell • Preiswert

Bei 12 Stücken pro Stück etwa 710 kJ/170 kcal · 5 g Eiweiß 4 g Fett · 3 g Kohlenhydrate

Vorbereitungszeit: 45 Minuten
Backzeit: 20 Minuten

Die Eier in Eigelbe und Eiweiße trennen. Die Eigelbe mit 2 Eßlöffeln warmem Wasser schaumig schlagen, den Zucker und den Vanillezucker langsam hinzufügen. Das Mehl mit der Speisestärke mischen. Die Eiweiße mit dem Salz zu steifem Schnee schlagen, mit dem gesiebten Mehl auf die Eigelbmasse geben und unterziehen. • Den Backofen auf 180° vorheizen. Den Boden der Springform mit Butter bestreichen und mit Biskuit- oder Semmelbröseln bestreuen. Den Teig einfüllen und 20 Minuten auf der unteren Schiene backen. Den Kuchen im abgeschalteten Backofen noch 15 Minuten ruhen, dann in der Form abkühlen lassen und stürzen. • Das Puddingpulver mit dem Zucker und 3 Eßlöffeln Milch verrühren. Die übrige Milch zum Kochen bringen, das Puddingpulver hineinrühren, nochmals aufkochen lassen und etwas abgekühlt auf den Tortenboden streichen. Die Bananen schälen, in Scheiben schneiden, auf dem Pudding verteilen und mit dem Zitronensaft beträufeln. • Aus den übrigen Zutaten einen Guß bereiten und diesen gleichmäßig über die Bananen geben.

Bananen-Rührkuchen

im Bild rechts

Zutaten für 1 Napfkuchen- oder Kranzform:
100 g Butter
4 mittelgroße vollreife Bananen
0,1 l Sahne
3 Eier · 250 g Zucker
1 Vanilleschote · 400 g Mehl
100 g gemahlene Haselnüsse
1 Päckchen Backpulver
100 g Zartbitter-Kuvertüre

Gelingt leicht • Preiswert

Bei 16 Stücken pro Stück etwa 1510 kJ/360 kcal · 7 g Eiweiß 15 g Fett · 48 g Kohlenhydrate

Vorbereitungszeit: 30 Minuten
Backzeit: 1¼ Stunden

Die Butter zerlassen. Die Bananen schälen, mit einer Gabel zerdrücken und mit der Sahne mischen. Die Eier mit dem Zucker schaumig rühren. Die Vanilleschote längs aufschlitzen, das Mark herauskratzen und zu der Eiermasse geben. Das Mehl mit den gemahlenen Nüssen und dem Backpulver mischen und eßlöffelweise mit der flüssigen Butter unter die Eiermasse rühren. Das Bananenpüree unter den Teig mengen. • Den Backofen auf 180° vorheizen. • Eine Napfkuchen- oder Kranzform gut mit Butter einfetten und mit Semmelbröseln ausstreuen. Den Teig einfüllen, glattstreichen und den Kuchen 1 Stunde und 15 Minuten backen. • Die Kuvertüre im Wasserbad schmelzen lassen und den Bananenkuchen damit überziehen, nach Belieben mit gehackten Pistazien bestreuen.

Feine Ananaskuchen

Einen Tag Ruhezeit sollte man diesen Kuchen vor dem Anschneiden schon gönnen, damit das Aroma gut durchziehen kann

Ananas-Marzipan-Kuchen

im Bild links

Zutaten für 1 Kastenkuchenform von 28 cm Länge:
- 200 g Marzipan-Rohmasse
- 150 g weiche Butter
- 150 g Zucker
- 1 Teel. Vanillezucker
- 3 Eier
- 300 g Mehl
- 50 g Speisestärke
- 2 Teel. Backpulver
- 2 Scheiben Ananas
- 1 Eßl. Kokosfett
- 100 g Zartbitter-Schokolade
- 1 Scheibe kandierte Ananas

Gelingt leicht • Etwas teurer

Bei 16 Stücken pro Stück etwa 1300 kJ/310 kcal · 6 g Eiweiß 15 g Fett · 38 g Kohlenhydrate

Vorbereitungszeit: 30 Minuten
Backzeit: 50 Minuten

Den Backofen auf 200° vorheizen. Die Kuchenform mit Butter ausstreichen und mit Semmelbröseln ausstreuen. • Die Marzipanmasse in Stückchen schneiden, mit der Butter, dem Zucker und dem Vanillezucker schaumig rühren und nach und nach die Eier hinzufügen. Das Mehl mit der Speisestärke und dem Backpulver mischen und eßlöffelweise unter den Teig mengen. Die Ananasscheiben kleinschneiden und unterheben. • Den Teig in die Form füllen und den Kuchen auf der mittleren Schiene in 50 Minuten goldbraun backen, 10 Minuten im abgeschalteten Backofen stehen lassen. • Den Ananaskuchen auf ein Kuchengitter stürzen und abkühlen lassen. • Das Kokosfett zerlassen und die Schokolade in Stückchen darin schmelzen lassen. Den Kuchen damit glasieren. Die kandierte Ananasscheibe in Stückchen schneiden und den Kuchen damit garnieren.

Versunkener Ananaskuchen

im Bild rechts

Zutaten für 1 Springform von 28 cm Durchmesser:
- 150 g Weizen-Vollkornmehl
- je 50 g Hirse- und Buchweizenmehl
- 25 g Maisstärkepuder
- 1 gestrichener Teel. gemahlener Anis · 2 Teel. Backpulver
- 100 g geschälte Sesamsamen
- 100 g Zartbitter-Schokolade
- je 150 g weiche Butter und flüssiger Honig · 4 Eier
- 1 Ananas von knapp 1 kg
- 3 Eßl. Ahornsirup
- Saft von ½ Limette

Vollwertrezept • Schnell

Bei 12 Stücken pro Stück etwa 1700 kJ/400 kcal · 9 g Eiweiß 21 g Fett · 44 g Kohlenhydrate

Vorbereitungszeit: 40 Minuten
Backzeit: 40 Minuten

Das gesamte Mehl mit dem Stärkepuder, dem Anis, dem Backpulver und 50 g Sesam mischen. Die Schokolade grob raspeln und zum Mehl geben. Die Butter mit dem Honig schaumig rühren. Die Eier und die Mehlmischung abwechselnd nach und nach darunterrühren. • Die Springform mit Butter ausstreichen. Den Teig einfüllen, glattstreichen und mit dem restlichen Sesam bestreuen. • Den Backofen auf 180° vorheizen. • Die Ananas vierteln, schälen, den harten Strunk in der Mitte herausschneiden und das Fruchtfleisch in Stücke schneiden, diese auf dem Teig verteilen und etwas hineindrücken. • Den Kuchen auf der mittleren Schiene 40 Minuten backen, dann noch 10 Minuten im abgeschalteten Backofen stehen lassen. • Den Ahornsirup mit dem Limettensaft verrühren. Die Sirupmischung gleichmäßig über den Kuchen verteilen. • In der Form auskühlen lassen.

Ananaskuchen mit Sahneguß

Eine dünne Kruste aus Quark-Öl-Teig umhüllt die feine Fruchtfarce

Zutaten für 1 Obstkuchenform von 26 cm Durchmesser:

- 75 g Magerquark
- 2 Eßl. Milch
- 3 Eßl. Öl
- 125 g Zucker
- 1 Prise Salz
- 200 g Mehl
- 2 Teel. Backpulver
- 1 Ananas von knapp 1 kg
- 2 Eier
- ½ Teel. abgeriebene Zitronenschale
- ¼ l saure Sahne

Schnell • Gelingt leicht

Bei 12 Stücken pro Stück etwa 920 kJ/220 kcal · 6 g Eiweiß 6 g Fett · 35 g Kohlenhydrate

Vorbereitungszeit: 30 Minuten
Backzeit: 40 Minuten

Den Backofen auf 200° vorheizen. Die Springform mit Butter ausstreichen. • Den abgetropften Quark mit der Milch, dem Öl, 50 g Zucker, dem Salz, 150 g Mehl und dem Backpulver zuerst mit den Knethaken des Handrührgerätes und später mit den Händen zu einem glatten Teig kneten. • Zwei Drittel des Teigs auf einer bemehlten Arbeitsfläche ausrollen, den Springformboden damit auslegen, aus dem restlichen Teig eine Rolle drehen und den Kuchenrand daraus formen. • Die Ananas vierteln, schälen, den harten Strunk in der Mitte entfernen und das Fruchtfleisch in Stücke schneiden. • Die Eier in Eigelbe und Eiweiße trennen. Die Eigelbe mit dem restlichen Zucker und der Zitronenschale schaumig schlagen, abwechselnd das restliche Mehl und die saure Sahne untermischen. Die Eiweiße zu steifem Schnee schlagen und unter die Eigelbcreme ziehen. • Die Ananasstücke auf dem Kuchenboden verteilen. Den Guß darübergeben. • Den Ananaskuchen auf der mittleren Schiene des Backofens 40 Minuten backen. • Den Kuchen 5 Minuten abkühlen lassen, dann aus der Form lösen und auf einem Kuchengitter erkalten lassen.

Apfel-Rhabarber-Schnitten mit Vanillecreme

Rhabarber wird von Ende Mai bis Ende Juni geerntet – man sollte die Saison nutzen

Zutaten für 1 Backblech:
Für den Teig:
400 g Mehl
1 Teel. Backpulver
1 Ei
125 g Zucker
1 Prise Salz
250 g Butter
Zum Belegen:
1 Eßl. Semmelbrösel
2 kg Rhabarber · 1 kg Äpfel
250 g Zucker
je ½ Teel. Zimtpulver und gemahlener Koriander
⅛ l Wasser
Für den Guß:
2 Päckchen roter Tortenguß
4 gestrichene Eßl. Zucker
Für die Vanillecreme:
4 Blätter Gelatine
½ l Milch
1½ Päckchen Vanille-Puddingpulver
3 Eßl. Zucker
¼ l Sahne

Braucht etwas Zeit

Bei 24 Stücken pro Stück etwa 1200 kJ/290 kcal · 4 g Eiweiß 12 g Fett · 43 g Kohlenhydrate

Vorbereitungszeit: 1½ Stunden
Backzeit: 35 Minuten
Zeit zum Fertigstellen: 1 Stunde

Das Mehl mit dem Backpulver, dem Ei, dem Zucker, dem Salz und der Butter in Flöckchen mit den Knethaken des Handrührgeräts vermengen, dann mit den Händen rasch zu einem glatten Teig verkneten. Den Teig zu einer Kugel formen, in Folie wikkeln und 1 Stunde kühl stellen. • Die Rhabarberstangen von den Enden befreien, die Fäden abziehen, die Stangen waschen und in 2 cm lange Stücke schneiden. Die Äpfel vierteln, schälen, vom Kerngehäuse befreien und in Scheibchen schneiden. • Das vorbereitete Obst in einem Topf mit dem Zucker, dem Zimt und dem Koriander mischen. Das Wasser hinzufügen und das Obst im geschlossenen Topf etwa 5 Minuten dünsten. • Das Kompott in einem Sieb abtropfen lassen, den Saft auffangen. • Ein Blech mit Butter einfetten. Den Backofen auf 225° vorheizen. • Den Teig auf einer bemehlten Arbeitsfläche in Backblechgröße ausrollen, mit etwas Mehl bestäuben, zusammenrollen und auf das Backblech legen. Mit einer Gabel mehrmals einstechen. Die offene Seite des Backblechs mit einem doppelt gefalteten Streifen Alufolie abschließen. Den Teig 5 Minuten auf der mittleren Schiene vorbacken, danach mit den Semmelbröseln bestreuen. Das Kompott auf den Mürbeteig verteilen. • Den Kuchen auf der mittleren Schiene etwa 30 Minuten backen und abkühlen lassen. Den aufgefangenen Obstsaft mit Wasser auf ½ l Flüssigkeit auffüllen und den Tortenguß nach Anweisung auf der Packung mit dem Zucker und dem Saft zubereiten. • Den Guß gleichmäßig über das Kompott verteilen und erstarren lassen. • Für die Vanillecreme die Gelatine 10 Minuten in kaltem Wasser einweichen. • 6 Eßlöffel Milch mit dem Puddingpulver und dem Zucker verrühren. Die restliche Milch zum Kochen bringen. Das angerührte Puddingpulver untermischen, den Pudding nochmals aufwallen und unter Rühren abkühlen lassen. Die Sahne steif schlagen. Die Gelatine gut ausdrücken und in einem Töpfchen bei sehr schwacher Hitze unter Rühren auflösen, 2 Eßlöffel Schlagsahne untermengen und diese Mischung unter die übrige Schlagsahne ziehen. • Die Schlagsahne mit dem Schneebesen unter den Vanillepudding heben. Die Creme in einen Spritzbeutel mit großer Sterntülle füllen, diagonal ein Gitter auf den Kuchen spritzen und diesen in 24 Stücke schneiden.

Tortelettes zum Kaffee oder als Dessert

Die Mürbeteigtörtchen lassen sich ungefüllt in einer Blechdose gut verschlossen einige Wochen aufbewahren

Elsässer Apfeltörtchen

im Bild vorne

Zutaten für
12 Tortelettesförmchen von
12 cm Durchmesser:
Für den Mürbeteig:
250 g Mehl · 125 g Butter
100 g Puderzucker · 1 Prise Salz
Schale von ½ ungespritzten
Zitrone
50 g gemahlene Haselnüsse
1 Eigelb
Zum Füllen:
500 g kleine säuerliche Äpfel
150 g Crème fraîche
2 Eier · 50 g Zucker
1 Eßl. Vanillezucker
2 Eßl. Zitronensaft
2 Eßl. Puderzucker

Gelingt leicht • Preiswert

Pro Stück etwa 1510 kJ/
360 kcal · 7 g Eiweiß
20 g Fett · 37 g Kohlenhydrate

Vorbereitungszeit: 1½ Stunden
Backzeit: 25 Minuten

Alle Zutaten für den Mürbeteig rasch mit kühlen Händen verkneten, den Teig zu einer Kugel formen und zugedeckt 1 Stunde kühl stellen. • Die Äpfel schälen, vierteln, entkernen und in Spalten schneiden. • Die Crème fraîche mit den Eiern, dem Zucker, dem Vanillezucker und dem Zitronensaft verrühren. • Den Backofen auf 225° vorheizen. Die Förmchen leicht mit Butter ausstreichen. • Den Mürbeteig dünn ausrollen, die Förmchen damit auskleiden und mit den Äpfeln füllen. Die Törtchen 5 Minuten backen. Die Hitze des Backofens dann auf 180° zurückschalten. Die Sahnecreme über die Äpfel gießen und die Törtchen in weiteren 20 Minuten fertig backen. • Die Törtchen mit dem Puderzucker besieben.

Rhabarbertörtchen

im Bild hinten

Zutaten für 8 Tortelettesförmchen
von 12 cm Durchmesser:
125 g Mehl · 150 g Zucker
1 Teel. Vanillezucker
2 Prisen Salz · 1 Eigelb
50 g kalte Butter
250 g Rhabarber
1 Messerspitze Zimtpulver
4 Blätter rote Gelatine
100 g Zartbitter-Kuvertüre
¼ l Sahne
1 Eßl. gehackte Pistazien

Braucht etwas Zeit

Pro Stück etwa 1680 kJ/
400 kcal · 7 g Eiweiß
24 g Fett · 40 g Kohlenhydrate

Vorbereitungszeit: 1¼ Stunden
Backzeit: 20 Minuten

Das Mehl mit 50 g Zucker, dem Vanillezucker, 1 Prise Salz, dem Eigelb und der Butter rasch zu einem glatten Mürbeteig verkneten und diesen 1 Stunde kühl stellen. • Den Rhabarber waschen und putzen, dabei die Fäden abziehen, in kleine Stücke schneiden und mit dem restlichen Zucker, 1 Prise Salz und dem Zimt mit 3 Eßlöffeln Wasser 10 Minuten köcheln lassen. • Die Gelatine 10 Minuten in kaltem Wasser einweichen, dann ausdrücken und unter das heiße Rhabarberkompott rühren. Das Kompott erkalten lassen. • Den Backofen auf 220° vorheizen. Den Teig 3 mm dick ausrollen und die gebutterten Förmchen damit auskleiden. Die Böden mehrmals mit einer Gabel einstechen. • Die Teigkrusten auf der unteren Schiene in 20 Minuten hellbraun backen. • Die Kuvertüre im Wasserbad schmelzen lassen und mit einem Pinsel in die Tortelettes streichen. Die Sahne steif schlagen und unter das halbfeste Rhabarberkompott ziehen. Die Creme in die Törtchen füllen; mit den Pistazien bestreuen.

Erdbeer-Mandeltörtchen

Gut vorzubereiten, weil die Törtchen ungefüllt lange frisch bleiben

Zutaten für
12 Tortelettesförmchen von
12 cm Durchmesser:
250 g Mehl
1 Messerspitze Backpulver
100 g gemahlene Mandeln
150 g Butter
100 g Zucker
1 Prise Salz
1 Eigelb
750 g Erdbeeren
5 Eßl. Erdbeerkonfitüre
1 Eßl. Himbeergeist
0,2 l Sahne
100 g Zartbitter-Schokolade
2 Eßl. Sahne
1 Eßl. gehackte Pistazien

Schnell • Gelingt leicht

Pro Stück etwa 1890 kJ/
450 kcal · 7 g Eiweiß
27 g Fett · 44 g Kohlenhydrate

Vorbereitungszeit: 1½ Stunden
Backzeit: 15–20 Minuten

Das Mehl mit dem Backpulver, den Mandeln, der Butter in Stückchen, dem Zucker, dem Salz und dem Eigelb rasch zu einem geschmeidigen Teig verkneten. Den Mürbeteig zugedeckt 1 Stunde kühl stellen. • Den Backofen auf 180° vorheizen. • Die Erdbeeren waschen, trockentupfen und von den Stielen zupfen, große Früchte halbieren. Die Konfitüre durch ein Sieb streichen, mit dem Himbeergeist verrühren und kurz erhitzen. Die Sahne steif schlagen. • Den Teig dünn ausrollen, die gefetteten Förmchen damit auskleiden. Die Tortelettes in 15 bis 20 Minuten goldbraun backen. • Die Schokolade im Wasserbad schmelzen lassen, mit der Sahne verrühren. Die abgekühlten Tortelettes innen mit der flüssigen Schokolade ausstreichen. Die Erdbeeren einfüllen, mit der Konfitüre überglänzen. Die Schlagsahne auf die Törtchen spritzen, mit den Pistazien bestreuen.

Baisertörtchen mit Erdbeeren

Man sollte sie frisch gefüllt sofort servieren

Zutaten für 8 Törtchen:
3 Eiweiße
200 g Zucker
½ Teel. Zitronensaft
500 g kleine Erdbeeren
20 g Zartbitter-Schokolade
¼ l Schlagsahne
1 Eßl. Vanillezucker

Braucht Zeit • Gelingt leicht

Pro Stück etwa 1210 kJ/
290 kcal · 6 g Eiweiß
12 g Fett · 36 g Kohlenhydrate

Vorbereitungszeit: 30 Minuten
Backzeit: 2 Stunden

In einer fettfreien Rührschüssel die Eiweiße zu so steifem Schnee schlagen, daß ein Messerschnitt sichtbar bleibt. Nach und nach drei Viertel des Zuckers einrieseln lassen, den Zitronensaft hinzufügen und weiterschlagen, bis sich der Zucker gelöst hat und die Baisermasse feste Spitzen bildet. Den restlichen Zucker dazugeben und kurz unterschlagen. • Ein Backblech mit Backtrennpapier auslegen und 8 Kreise von 8 cm Durchmesser mit Bleistift darauf markieren. Die Baisermasse in einen Spritzbeutel mit Sterntülle füllen und schneckenförmig von innen nach außen 8 Kreise auf das Papier spritzen. Auf den Rand der Kreise kleine Tupfen setzen. • Die Törtchen auf der mittleren Schiene in den kalten Backofen schieben und bei 80 bis 100° in 2 Stunden mehr trocknen als backen. • Die Törtchen vom Papier lösen. • Die Erdbeeren waschen, abtropfen lassen und von den Stielen zupfen. Die Schokolade reiben. Die Sahne mit dem Vanillezucker steif schlagen und die Schokolade unterheben. Die Schlagsahne in einen Spritzbeutel mit Sterntülle füllen, auf die Baisertörtchen spritzen, die Erdbeeren halbieren und rosettenförmig auf der Sahne anordnen.

Törtchen mit »beeriger« Füllung

Die Basis bilden Böden oder Krusten aus Quark-Öl-Teig oder Vollkorn-Mürbeteig

Himbeertörtchen mit Pistaziensahne

im Bild links

Zutaten für 8 Törtchen:
250 g Magerquark
5 Eßl. Milch
5 Eßl. Öl · 100 g Zucker
1 Eßl. Vanillezucker
1 Prise Salz · 250 g Mehl
3 Teel. Backpulver
2 Blätter Gelatine
1 Eigelb · 0,2 l Sahne
400 g Himbeeren
2 Eßl. gehackte Pistazien

Gelingt leicht

Pro Stück etwa 1680 kJ/
400 kcal · 12 g Eiweiß
19 g Fett · 43 g Kohlenhydrate

Vorbereitungszeit: 20 Minuten
Backzeit: 20 Minuten
Zeit zum Fertigstellen: 30 Minuten

Den Quark abtropfen lassen. Die Hälfte vom Quark mit der Milch, dem Öl, 50 g Zucker, dem Vanillezucker und dem Salz glattrühren. Das Mehl mit dem Backpulver unter die Quarkmasse kneten, den Teig ½ cm dick ausrollen. 8 Scheiben von 10 cm Durchmesser ausstechen. • Den Backofen auf 200° vorheizen. Die Törtchen auf dem gefetteten Blech in 20 Minuten goldgelb backen. • Die Gelatine einweichen. Das Eigelb mit dem restlichen Zucker schaumig rühren. Den übrigen Quark hinzufügen. Die Gelatine ausdrücken, in einem Töpfchen langsam erwärmen, 2 Eßlöffel der Quarkmasse in die geschmolzene Gelatine rühren und diese unter den Quark mengen. • Die Sahne steif schlagen, die Hälfte davon unter den Quark ziehen; auf die abgekühlten Teigscheiben streichen. Die Himbeeren auf die Törtchen geben. Die übrige Schlagsahne um die Himbeeren spritzen und mit den Pistazien bestreuen.

Tortelettes mit Johannisbeeren

im Bild rechts

Zutaten für 8 Tortelettesförmchen von 10 cm Durchmesser:
200 g Weizen-Vollkornmehl
je 25 g Buchweizen- und Hirsemehl
1 Teel. Backpulver
1 Messerspitze Zimtpulver
100 g kalte Butter
175 g flüssiger Honig
1 Ei
250 g rote Johannisbeeren
50 g Nußmus
0,2 l Sahne

Vollwertrezept
Gelingt leicht

Pro Stück etwa 1680 kJ/
400 kcal · 7 g Eiweiß
23 g Fett · 42 g Kohlenhydrate

Vorbereitungszeit: 25 Minuten
Backzeit: 15–20 Minuten
Zeit zum Fertigstellen: 20 Minuten

Für den Mürbeteig das gesamte Mehl mit dem Backpulver, dem Zimt, der Butter in Flöckchen, 100 g Honig und dem Ei verkneten. Den Teig 15 Minuten ruhen lassen. • Den Backofen auf 200° vorheizen. Die Förmchen mit Butter ausstreichen. • Den Teig in 8 gleich große Stükke teilen, Kugeln formen und ausrollen. Die Förmchen damit auslegen. Die Teigränder abschneiden. • Die Törtchen in 15 bis 20 Minuten goldbraun backen. • Die Johannisbeeren waschen und von den Rispen zupfen. Das Nußmus mit dem übrigen Honig glattrühren, die Beeren unterheben; einige Beeren zum Garnieren zurückbehalten. Die Sahne steif schlagen, drei Viertel davon mit den Beeren vermengen. • Die Teigkrusten mit der Beerensahne füllen; mit übrigen Johannisbeeren und Sahnetupfen garnieren.

Kuchen mit Himbeeren und Zitrusfrüchten

Kleine süße Versuchungen zu duftendem Kaffee

Orangenschnitten

im Bild links

Zutaten für 1 Backblech:
200 g weiche Butter
150 g Zucker
1 Eßl. Vanillezucker
1 Prise Salz
3 Eier
250 g Mehl
2 Teel. Backpulver
1 ungespritzte Zitrone
1 ungespritzte Orange
200 g Puderzucker

Preiswert • Gelingt leicht

Bei 24 Schnitten pro Schnitte etwa 630 kJ/150 kcal · 2 g Eiweiß 8 g Fett · 17 g Kohlenhydrate

Vorbereitungszeit: 40 Minuten
Backzeit: 20 Minuten

Die Butter schaumig rühren, nach und nach den Zucker, den Vanillezucker, das Salz und die Eier hinzufügen. Das Mehl mit dem Backpulver mischen. Die Zitrone lauwarm waschen. Die Schale abreiben und den Saft auspressen. • Das Mehl mit der Zitronenschale und dem -saft unter die Buttermischung rühren. • Den Backofen auf 200° vorheizen. Ein Backblech gut mit Butter ausstreichen. • Drei Viertel des Backblechs mit dem Teig bestreichen. Am Ende und an der offenen Seite mit einem doppelt gefalteten Streifen Alufolie abschließen, damit der Teig nicht auseinanderläuft. • Den Kuchen im Backofen auf der mittleren Schiene in 20 Minuten goldgelb backen. • Die Orange lauwarm waschen, abtrocknen, die Schale abreiben und den Saft auspressen. Den Puderzucker mit dem Orangensaft verrühren. • Den noch warmen Kuchen mit dem Guß bestreichen. Die Orangenschale darüberstreuen. Den Guß trocknen lassen. • Den Kuchen in 24 schmale Streifen oder Rhomben schneiden.

Beerenschiffchen

im Bild rechts

Zutaten für 12 Schiffchenformen:
Für den Mürbeteig:
250 g Mehl
100 g Puderzucker
50 g gemahlene Mandeln
100 g Butter · 1 Eigelb
Zum Füllen:
250 g Himbeeren · ⅛ l Milch
1 gehäufter Teel. Speisestärke
1½ Eßl. Zucker
2 Eigelbe
½ Vanilleschote
2 Schnapsgläser Eierlikör (4 cl)
⅛ l Sahne

Braucht etwas Zeit

Pro Stück etwa
1510 kJ/360 kcal · 7 g Eiweiß
20 g Fett · 33 g Kohlenhydrate

Vorbereitungszeit: 10 Minuten
Kühlzeit: 1 Stunde
Backzeit: 15–20 Minuten
Zeit zum Fertigstellen: 1 Stunde

Aus den Zutaten für den Mürbeteig rasch einen geschmeidigen Teig kneten und diesen zugedeckt 1 Stunde kühl stellen. • Die Beeren waschen und trockentupfen. • Den Backofen auf 180° vorheizen. Den Mürbeteig dünn ausrollen. Die Förmchen leicht mit Butter ausfetten und mit dem Teig auskleiden. Die Schiffchen im Backofen auf der mittleren Schiene in 15 bis 20 Minuten goldbraun backen. • Die Milch zum Kochen bringen. Die Speisestärke kalt anrühren, mit 1 Eßlöffel Zucker mischen und in die Milch rühren. Die Creme kurz aufkochen lassen, dann vom Herd nehmen und die Eigelbe untermengen. Die Vanilleschote längs aufschlitzen, das Mark herauskratzen und mit dem Eierlikör unter die Creme rühren. Die Creme abkühlen lassen. • Die Sahne mit dem restlichen Zucker steif schlagen. • Die Creme und die Beeren in die Schiffchen füllen, Sahnetupfen darauf setzen.

Traubentörtchen

Damit die sehr mürben Teigkrusten nach dem Backen nicht brechen, muß man die Förmchen gut einfetten

Zutaten für 8 Tortelettesförmchen von 12 cm Durchmesser:
Für den Mürbeteig:
300 g Mehl · 150 g Butter
100 g Zucker
1 Eßl. Vanillezucker
1 Prise Salz · 1 Eigelb
Zum Füllen:
3 Blätter Gelatine
3 Eier · 100 g Puderzucker
⅛ l Marsalawein
2 Eßl. Zitronensaft
je 300 g blaue und helle Weintrauben
50 g geröstete Mandelblättchen

Braucht etwas Zeit

Pro Stück etwa 2310 kJ/ 550 kcal · 12 g Eiweiß 25 g Fett · 68 g Kohlenhydrate

Vorbereitungszeit: 1¾ Stunden
Backzeit: 20 Minuten

Die Zutaten für den Mürbeteig rasch verkneten. 1 Stunde kühl stellen. • Die Gelatine 10 Minuten in kaltem Wasser einweichen. Die Eier in Eigelbe und Eiweiße trennen. Für das Wasserbad in einem Topf reichlich Wasser erhitzen, das Wasser soll nicht kochen. Eine Rührschüssel hineinstellen und die Eigelbe darin mit dem Puderzucker schaumig rühren. Den Wein untermischen. Den Zitronensaft erhitzen. Die gut ausgedrückte Gelatine darin auflösen und in die Eigelbmasse rühren. Die Eiweiße zu steifem Schnee schlagen und mit dem Schneebesen unter die Eigelbmasse ziehen. Die Creme 1 Stunde im Kühlschrank stocken lassen, dabei gelegentlich durchrühren. • Den Backofen auf 200° vorheizen. Die Förmchen gut mit Butter ausstreichen. Den Teig in 8 Stücke teilen und ausrollen. Die Förmchen damit auskleiden. Die Böden mit einer Gabel mehrmals einstechen, die Ränder abschneiden. Die Tortelettes in 20 Minuten goldbraun backen. • Die Weintrauben waschen, trockentupfen und von den Stielen zupfen. • Die Weincreme in die abgekühlten Törtchen füllen. Die Trauben daraufhäufeln und die Ränder der Törtchen mit den Mandelblättchen bestreuen.

Kuchen vom Blech und aus der Form

Rezepte, auf die man nicht verzichten möchte und die man gerne entdeckt

Bienenstich-Varianten

Die klassische Version und ein Vollwertrezept für dieses traditionelle Gebäck

Bienenstich alte Art

im Bild links

Zutaten für 1 Backblech:

Für den Teig:
- 1 Würfel Hefe (42 g) · 75 g Zucker
- gut ¼ l lauwarme Milch
- 500 g Mehl · 50 g weiche Butter
- 1 Prise Salz

Für die Mandelkruste:
- 100 g zerlassene Butter
- 200 g Mandelblättchen
- 150 g Zucker · 3 Eßl. Milch

Für die Creme:
- 4 Blätter Gelatine
- ½ l Milch · 75 g Zucker
- 1 Eßl. Vanillezucker
- 50 g Speisestärke · 1 Ei

Braucht etwas Zeit

Bei 16 Stücken pro Stück etwa 1590 kJ/380 kcal · 8 g Eiweiß 17 g Fett · 50 g Kohlenhydrate

Vorbereitungszeit: 30 Minuten
Zeit zum Gehenlassen: 1 Stunde
Backzeit: 30 Minuten
Zeit zum Fertigstellen: 20 Minuten

Die Hefe mit etwas Zucker und Milch verrühren und 15 Minuten gehen lassen. • Das Mehl mit der übrigen Milch, der Butter, dem restlichen Zucker und dem Salz unterkneten; 30 Minuten gehen lassen. • Die Butter mit den Mandeln, dem Zucker und der Milch mischen. • Den Teig auf einem leicht gefetteten Backblech ausrollen. Die Mandelmasse daraufstreichen und den Hefeteig nochmals 15 Minuten gehen lassen. • Den Backofen auf 200° vorheizen. • Den Bienenstich 30 Minuten backen. • Die Gelatine einweichen. Aus den übrigen Zutaten bis auf das Ei einen Pudding bereiten. Das Eigelb und die ausgedrückte Gelatine untermischen, das Eiweiß steif schlagen und unterziehen. • Die Teigplatte vierteln, quer durchschneiden und mit der Creme füllen. Die Teigdeckel vierteln.

Bienenstich mit Honig

im Bild rechts

Zutaten für 1 Backblech:

Für den Teig:
- 600 g Weizen-Vollkornmehl
- 50 g Sojamehl
- ½ Teel. Zimtpulver
- 1 Würfel Hefe (42 g)
- ⅜ l lauwarme Milch
- 50 g flüssiger Honig
- 50 g weiche Butter

Für die Mandelkruste:
- 200 g Mandelblättchen
- 200 g Honig · 100 g Butter

Für die Creme:
- 75 g Honig · ½ l Milch
- 40 g Maisstärkepuder oder Arrowroot (Pfeilwurzelmehl)
- ½ Teel. gemahlene Vanille
- 250 g weiche Butter

Vollwertrezept

Bei 16 Stücken pro Stück etwa 2180 kJ/520 kcal · 10 g Eiweiß 30 g Fett · 48 g Kohlenhydrate

Vorbereitungszeit: 30 Minuten
Zeit zum Gehenlassen: 1 Stunde
Backzeit: 25 Minuten
Zeit zum Fertigstellen: 30 Minuten

Das gesamte Mehl mit dem Zimt mischen, in der Mitte die Hefe mit der Milch, dem Honig und etwas Mehl verrühren; 15 Minuten gehen lassen. • Den Teig mit der Butter verkneten und 30 Minuten gehen lassen. • Auf einem gefetteten Backblech ausrollen, 15 Minuten gehen lassen. • Die Mandeln mit dem Honig und der Butter erhitzen, auf den Teig streichen. • Den Backofen auf 220° vorheizen. • Den Bienenstich 25 Minuten backen. • Den Honig erhitzen. Die Milch mit dem Stärkepuder und der Vanille verquirlen, zum Honig gießen, aufkochen, dann abkühlen lassen; eßlöffelweise unter die Butter mischen. • Den Bienenstich wie nebenstehend beschrieben fertigstellen.

Kuchen für Geburtstagskinder

Der gute alte Marmorkuchen aus Großmutters Backstube und ein »vollwertiger« moderner Verwandter

Marmorkuchen mit Mohn

im Bild links

Zutaten für 1 Kastenkuchenform von 26 cm Länge:
- 300 g Weizen-Vollkornmehl
- 2 Teel. Backpulver
- ½ Teel. gemahlene Vanille
- 200 g weiche Butter
- 175 g Honig
- 4 Eier
- 50 g gewürfeltes Zitronat
- 150 g frisch gemahlener Mohn
- 1 Eßl. Rosenwasser
- ½ Teel. Zimtpulver
- 2 Teel. Kakaopulver
- je 2 Eßl. Rum und Zitronensaft

Vollwertrezept

Bei 12 Stücken pro Stück etwa 1590 kJ/380 kcal · 10 g Eiweiß 23 g Fett · 29 g Kohlenhydrate

Vorbereitungszeit: 45 Minuten
Backzeit: 1 Stunde

Das Mehl mit dem Backpulver und der Vanille mischen. Die Butter mit 150 g Honig schaumig schlagen. Die Eier und die Mehlmischung abwechselnd nach und nach unterrühren. Das Zitronat hinzufügen. • Den Backofen auf 180° vorheizen. Die Form gut mit Butter ausstreichen und mit der Hälfte des Teiges füllen. Unter den restlichen Teig den Mohn, das Rosenwasser, den Zimt, den Kakao und den übrigen Honig rühren. Den dunklen Teig auf dem hellen verteilen und mit einer Gabel spiralförmig untermischen. • Den Marmorkuchen auf der mittleren Schiene 1 Stunde backen. Den Kuchen noch 5 Minuten im ausgeschalteten Backofen stehen lassen. • Den Rum mit dem Zitronensaft mischen und gleichmäßig über den Kuchen gießen. Den Marmorkuchen in der Form auskühlen lassen. • Nach 2 Tagen hat sich das Aroma des Kuchens erst richtig entfaltet.

Klassischer Marmorkuchen

im Bild rechts

Zutaten für 1 Gugelhupf:
- 250 g weiche Butter
- 250 g Zucker
- 1 Eßl. Vanillezucker
- 4 Eier
- 400 g Mehl
- 100 g Speisestärke
- 1 Päckchen Backpulver
- 1 Prise Salz
- 0,1 l Milch
- 30 g Kakaopulver
- 1 Eßl. Puderzucker

Berühmtes Rezept

Bei 20 Stücken pro Stück etwa 1210 kJ/290 kcal · 5 g Eiweiß 13 g Fett · 33 g Kohlenhydrate

Vorbereitungszeit: 30 Minuten
Backzeit: 1 Stunde

Die Butter schaumig rühren, dabei nach und nach den Zucker und den Vanillezucker hinzufügen. Die Eier einzeln aufschlagen und untermischen. Das Mehl mit der Speisestärke, dem Backpulver und dem Salz mischen, abwechselnd mit der Milch in die Schaummasse rühren. • Den Backofen auf 180° vorheizen. Die Form gut mit Butter ausstreichen. • Die Hälfte des Teiges in die Form füllen. Den Kakao unter den restlichen Teig mischen. Den dunklen Teig über den hellen füllen. Mit einer Gabel leicht mischen, so daß das »Marmormuster« entsteht. • Den Kuchen im Backofen auf der mittleren Schiene 1 Stunde backen; mit einem Holzspießchen die Garprobe machen (bleibt noch Teig haften, muß man den Kuchen noch einige Minuten backen). • Den etwas abgekühlten Kuchen aus der Form stürzen und mit dem Puderzucker besieben.

Spezialitäten aus Italien und England

Kuchen mit langer Backzeit muß man eventuell die letzten 15 Minuten mit Alufolie abdecken, damit sie nicht zu sehr bräunen

Panettone

im Bild vorne

Zutaten für 1 Panettoneform oder
1 hohen Topf von
1,4 l Fassungsvermögen:
1 Würfel Hefe (42 g)
125 g Zucker · ⅛ l lauwarme Milch
500 g Mehl · 4 Eigelbe
1 Eßl. Vanillezucker
abgeriebene Schale von
1 ungespritzten Zitrone
½ Teel. Salz · 125 g weiche Butter
100 g Rosinen
100 g gewürfeltes Zitronat
50 g gewürfeltes Orangeat
50 g gehackte Mandeln

Spezialität aus Italien

Bei 12 Stücken pro Stück etwa 2010 kJ/480 kcal · 12 g Eiweiß 23 g Fett · 54 g Kohlenhydrate

Vorbereitungszeit: 30 Minuten
Zeit zum Gehenlassen:
1¼ Stunden
Backzeit: 1½ Stunden

Die Hefe zerbröckeln und mit 1 Teelöffel Zucker in der Milch auflösen, 15 Minuten zugedeckt gehen lassen. • Das Mehl mit der Hefemilch, dem übrigen Zucker, den Eigelben, dem Vanillezucker, der Zitronenschale und dem Salz verkneten und die Butter hinzufügen. Den Teig weitere 5 Minuten kneten, eventuell noch etwas Mehl untermischen. Den Hefeteig noch 30 Minuten gehen lassen. • Die Rosinen heiß waschen, trockentupfen und mit dem Zitronat, dem Orangeat und den Mandeln unter den Teig kneten. Den Teig nochmals 20 Minuten gehen lassen. • Die Form mit Backtrennpapier auslegen oder mit Butter ausstreichen. Den Teig in der Form nochmals 10 Minuten gehen lassen. • Den Backofen auf 200° vorheizen. Die Oberfläche des Teigs mit flüssiger Butter bestreichen und mit einem scharfen Messer kreuzweise einschneiden. • Auf der unteren Schiene 1½ Stunden backen.

Englischer Kuchen

im Bild hinten

Zutaten für 1 Kastenkuchenform
von 30 cm Länge:
250 g weiche Butter
4 Eier · 250 g Zucker
1 Vanilleschote · 2 Eßl. Rum
je 50 g Zitronat und Orangeat
abgeriebene Schale von
½ ungespritzten Zitrone
2 Eßl. Zitronensaft
1 Prise Salz · 150 g Rosinen
250 g Mehl
125 g Speisestärke
2 Teel. Backpulver
50 g gehackte Mandeln
100 g Puderzucker
2 Eßl. Zitronensaft

Berühmtes Rezept

Bei 20 Stücken pro Stück etwa 1300 kJ/310 kcal · 5 g Eiweiß 18 g Fett · 41 g Kohlenhydrate

Vorbereitungszeit: 30 Minuten
Backzeit: 1–1¼ Stunden

Die Butter schaumig rühren. Die Eier in Eigelbe und Eiweiße trennen. Nach und nach die Eigelbe mit dem Zucker in die Butter mengen. Die Eiweiße steif schlagen. Die Vanilleschote aufschlitzen, das Mark herauskratzen und mit dem Rum in die Buttermasse rühren. Das Zitronat und das Orangeat feinhacken und mit der Zitronenschale, dem -saft und dem Salz untermischen. Die Rosinen heiß waschen, abtropfen lassen. Das Mehl mit der Speisestärke und dem Backpulver mischen und abwechselnd mit dem Eischnee unter den Teig mengen. Die Rosinen und die Mandeln hinzufügen. • Den Backofen auf 180° vorheizen. Die Kuchenform gut mit Butter ausstreichen und mit Semmelbröseln ausstreuen. • Den Teig in die Form füllen, auf der unteren Schiene 60 bis 75 Minuten backen. • Aus dem Puderzucker und dem Zitronensaft einen Guß rühren. Den Kuchen damit überziehen.

Savarin

Diesen berühmten Hefekranz können Sie je nach Lust und Laune tränken und mit den verschiedensten Früchten kombinieren

Zutaten für 1 Savarinform:
Für den Hefekranz:
1 Würfel Hefe (42 g)
50 g Zucker
⅛ l lauwarme Milch
125 g weiche Butter
1 Eßl. Vanillezucker
1 Prise Salz · 4 Eier
350 g Mehl
Für den Pfirsichsavarin:
750 g Pfirsiche
¼ l Maracuja- oder Pfirsichsaft
Saft von 1 Zitrone
2 Schnapsgläser Aprikosenlikör
⅛ l Sahne · Eßl. Eierlikör
1 Eßl. gehackte Pistazien
Für den Preiselbeersavarin:
100 g Zucker
je ⅛ l Madeirawein und Wasser
200 g Aprikosenmarmelade
½ Vanilleschote
1 Teel. Zucker · ⅛ l Sahne
400 g Preiselbeerkompott
Für den Orangensavarin:
6 Orangen
5 Eßl. Cointreau (Orangenlikör)
Saft von 1 Zitrone
6 Eßl. weißer Rum
75 g Zucker · ⅛ l Wasser
200 g Orangenmarmelade
⅛ l Sahne
25 g Blockschokolade

Spezialität aus Frankreich

Bei 20 Stücken pro Stück etwa
1680 kJ/400 kcal · 6 g Eiweiß
15 g Fett · 59 g Kohlenhydrate

Vorbereitungszeit: 20 Minuten
Zeit zum Gehenlassen: 1 Stunde
Backzeit: 40 Minuten
Zeit zum Fertigstellen:
jeweils etwa 30 Minuten

Die Hefe zerbröckeln und mit 1 Teelöffel Zucker und wenig Milch anrühren; zugedeckt 15 Minuten gehen lassen. • Die Butter mit dem übrigen Zucker, dem Vanillezucker, dem Salz, der restlichen Milch und den Eiern verrühren, mit dem Mehl mischen und den Hefeansatz unterkneten. Den Hefeteig zugedeckt 30 Minuten gehen lassen, dann in die gebutterte Form füllen und nochmals zugedeckt 15 Minuten gehen lassen. • Den Backofen auf 200° vorheizen. Den Hefekranz auf der unteren Schiene 40 Minuten backen. • Für den Pfirsichsavarin die Früchte in kochendheißes Wasser tauchen, häuten, achteln und entsteinen. Den Maracuja- oder Pfirsichsaft mit dem Zitronensaft und dem Aprikosenlikör aufkochen lassen. • Den Pfirsichsaft in die Savarinform gießen. Den Hefekranz hineingeben und stürzen, wenn der gesamte Saft aufgesogen ist. • Die Sahne mit dem Eierlikör steif schlagen. Die Pfirsichachtel in den Savarin füllen, die Sahne daraufspritzen; mit den Pistazien bestreuen. • Für den Preiselbeersavarin den Zucker karamelisieren lassen, mit dem Madeira und dem Wasser ablöschen. Die Flüssigkeit in die Savarinform gießen, den Hefekranz darin tränken, dann stürzen, mit der erwärmten Aprikosenmarmelade bestreichen. Das Mark der Vanilleschote mit dem Zucker in die Sahne geben und diese steif schlagen. Den Savarin mit dem Preiselbeerkompott füllen; die Sahne daraufspritzen. • Für den Orangensavarin 4 Orangen dick schälen, die weiße Haut mit entfernen. Die Orangen in Scheiben schneiden, diese vierteln und mit dem Cointreau übergießen. Die restlichen Orangen auspressen. Den Saft mit dem Zitronensaft, dem Rum, dem Zucker und dem Wasser aufkochen lassen, in die Savarinform gießen und den Hefekranz darin tränken. Die Marmelade durch ein Sieb streichen und erhitzen. Den gestürzten Savarin damit bestreichen. Die Sahne steif schlagen. Die Schokolade raspeln und untermischen. Die Orangen in den Savarin füllen; mit der Schokosahne bedecken.

Maronenkuchen

Wenn Sie diese Spezialität auch einmal zu einer anderen Jahreszeit als im Herbst genießen wollen, bietet sich Maronenpüree aus der Dose an

Zutaten für 1 Springform von 24 cm Durchmesser:
Für den Mürbeteig:
200 g Mehl · 100 g Butter
75 g Puderzucker · 1 Eigelb
Zum Füllen:
750 g Maronen (Eßkastanien)
150 g weiche Butter
150 g Zucker
2 Eßl. Vanillezucker
1 Teel. Zimtpulver
2 Eier · 2 Eiweiße
Zum Beträufeln: 2 Eßl. Amaretto (italienischer Mandellikör)

Etwas schwierig

Bei 12 Stücken pro Stück etwa 2100 kJ/500 kcal · 8 g Eiweiß 24 g Fett · 62 g Kohlenhydrate

Vorbereitungszeit: 1 Stunde
Backzeit: 1 Stunde

Das Mehl mit der Butter, dem Puderzucker und dem Eigelb rasch mit kalten Händen zu einem geschmeidigen Teig verkneten und zugedeckt 1 Stunde kühl stellen. • Den Backofen auf 200° vorheizen. • Die Eßkastanien am spitzen Ende kreuzweise einschneiden, auf ein Backblech legen und im Backofen 10 Minuten rösten. • Die etwas abgekühlten Maronen schälen und die darunterliegende braune Haut abziehen. Wenig Wasser in einem Topf zum Kochen bringen und die Maronen darin 20 Minuten dünsten. • Die Butter mit dem Zucker, dem Vanillezucker und dem Zimt schaumig rühren. Die Eier in Eigelbe und Eiweiße trennen. Die Eigelbe und die Buttermasse mischen. Alle Eiweiße zu steifem Schnee schlagen. • Die Maronen abgießen, etwas abkühlen lassen und im Mixer pürieren. Das Püree mit dem Eischnee unter die Buttermasse mengen. • Den Backofen auf 180° vorheizen. • Den Mürbeteig ausrollen. Die Springform damit auslegen und einen etwa 3 cm hohen Rand bilden. Die Teigkruste im Backofen 10 Minuten vorbacken. • Die Maronenmasse einfüllen und den Kuchen in weiteren 50 Minuten fertig backen. • Den Kuchen mit dem Mandellikör beträufeln. Gekühlte, gezuckerte Schlagsahne dazu reichen.

Wahrhaft »majestätische« Backwerke

Besonders feine Kuchen aus der Vollwert-Backstube mit reichlich getrockneten Früchten

Königskuchen

im Bild links

Zutaten für 1 Kastenform von 28 cm Länge:
- 400 g Weizen-Vollkornmehl
- 2 Teel. Backpulver
- ½ Teel. gemahlene Vanille
- abgeriebene Schale von 1 ungespritzten Zitrone
- je 200 g weiche Butter und Honig
- 4 Eier · 3 Eßl. Rum
- 100 g Rosinen · 50 g Korinthen
- je 50 g gewürfeltes Zitronat und Orangeat

Vollwertrezept
Gelingt leicht

Bei 14 Stücken pro Stück etwa 1380 kJ/330 kcal · 7 g Eiweiß 21 g Fett · 41 g Kohlenhydrate

Vorbereitungszeit: 45 Minuten
Backzeit: 1 Stunde und 10 Minuten

Das Mehl mit dem Backpulver, der Vanille und der Zitronenschale mischen. Die Butter mit dem Honig schaumig rühren. Die Eier, den Rum und das Mehl abwechselnd nach und nach untermischen. Den Teig gründlich rühren. • Die Rosinen und die Korinthen heiß waschen, trokkentupfen und mit dem Zitronat und dem Orangeat unter den Teig mischen. Den Teig etwa 30 Minuten ruhen lassen. • Den Backofen auf 180° vorheizen. Die Form gut mit Butter ausstreichen. • Den Teig in die Form füllen, glattstreichen und den Kuchen im Backofen auf mittlerer Schiene in 70 Minuten goldbraun backen. Mit einem Holzspießchen die Garprobe machen: Bleibt noch Teig am Spießchen haften, muß der Kuchen weitere 10 Minuten in den Backofen. • Den Kuchen in der Form abkühlen lassen. • Sein volles Aroma entfaltet sich erst am nächsten Tag. In einer geschlossenen Blechdose kühl aufbewahrt bleibt der Königskuchen gut 1 Woche frisch.

Kaiserkuchen

im Bild rechts

Zutaten für 1 Springform von 28 cm Durchmesser:
- 150 g entsteinte Trockenpflaumen
- 150 g Walnußkerne
- 75 g gewürfeltes Zitronat
- 5 Eßl. Armagnac
- 400 g Weizen-Vollkornmehl
- 2 Teel. Backpulver
- 1 Messerspitze gemahlene Vanille
- 7 Eier
- 125 g kalte Butter
- 75 g Honig
- 100 g Zuckerrohr-Granulat
- 50 g flüssige Butter

Vollwertrezept

Bei 12 Stücken pro Stück etwa 2100 kJ/500 kcal · 14 g Eiweiß 32 g Fett · 43 g Kohlenhydrate

Vorbereitungszeit: 1 Stunde
Backzeit: 50 Minuten

Die Pflaumen und die Nüsse feinhacken, mit dem Zitronat und dem Armagnac mischen. • 250 g Mehl mit 1 Teelöffel Backpulver und der Vanille vermengen. Die Eier in Eigelbe und Eiweiße trennen. 1 Eigelb mit der Butter in Flöckchen, dem Honig und der Mehlmischung verkneten. Den Teig kühl stellen. • Die übrigen Eigelbe mit dem Zuckerrohr-Granulat und 2 Eßlöffeln warmem Wasser schaumig schlagen. Das übrige Mehl und Backpulver untermischen. Die Eiweiße steif schlagen und unterziehen. • Den Backofen auf 180° vorheizen. Die Form mit Butter ausstreichen. • Den Mürbeteig dünn ausrollen, die Form damit auslegen, einen 3 cm hohen Rand formen. Die Trockenfrüchte mit dem Armagnac und die flüssige Butter unter den Teig mischen; in die Form geben. Aus restlichem Knetteig ein Gitter über den Biskuit legen. • Den Kuchen 50 Minuten backen.

Arrakkuchen

Ein einfacher Rührkuchen, getränkt mit würziger Saftmischung

Zutaten für 1 Kastenkuchenform von 26 cm Länge:

- 200 g Weizen-Vollkornmehl
- je 25 g Sojamehl und Kakaopulver
- 2 Teel. Backpulver
- je ½ Teel. Zimt- und Ingwerpulver
- 1 ungespritzte Orange
- 2 Eßl. Zuckerrohr-Granulat
- 150 g weiche Butter
- 225 g Honig
- 3 Eier
- 2 Schnapsgläser Arrak (4 cl)

Vollwertrezept
Gelingt leicht

Bei 12 Stücken pro Stück etwa 1210 kJ/290 kcal · 7 g Eiweiß 18 g Fett · 30 g Kohlenhydrate

Vorbereitungszeit: 30 Minuten
Backzeit: 50 Minuten

Das gesamte Mehl mit dem Kakao, dem Backpulver, dem Zimt und dem Ingwer mischen. Die Orange warm waschen, abtrocknen, die Schale abreiben und mit dem Zuckerrohr-Granulat zur Mehlmischung geben. • Die Butter mit 150 g Honig schaumig rühren. Die Eier, 1 Schnapsglas Arrak und die Mehlmischung abwechselnd nach und nach darunterrühren. • Den Backofen auf 180° vorheizen. Die Form gut mit Butter ausstreichen. • Den Teig in die Form füllen, glattstreichen und den Kuchen im Backofen auf der mittleren Schiene etwa 50 Minuten backen. Danach mit einem Holzspießchen die Garprobe machen. • Den Kuchen im abgeschalteten Backofen noch 10 Minuten stehen lassen. • Die Orange auspressen, den Saft mit dem restlichen Honig und dem übrigen Arrak mischen. • Den Kuchen gleichmäßig mit der Saftmischung überziehen und in der Form auskühlen lassen. • Der Arrakkuchen schmeckt am besten nach 1 Ruhetag und bleibt noch 2 bis 3 Tage frisch.

Gewürzkuchen

Der klassische Kuchen kann ebenso mit Vollkornmehl hergestellt werden

Zutaten für 1 Kastenkuchenform von 30 cm Länge:

- 200 g weiche Butter
- 250 g Zucker
- 2 Eßl. Vanillezucker
- 4 Eier
- 200 g gemahlene Haselnüsse
- 1 Teel. Zimtpulver
- je 1 Messerspitze gemahlene Gewürznelken und Ingwerpulver
- 250 g Mehl
- 3 Teel. Backpulver
- 2 Eßl. Rum

Gelingt leicht • Preiswert

Bei 20 Stücken pro Stück etwa 960 kJ/230 kcal · 4 g Eiweiß 17 g Fett · 15 g Kohlenhydrate

Vorbereitungszeit: 20 Minuten
Backzeit: 1 Stunde

Den Backofen auf 200° vorheizen. Die Form ausfetten und mit Semmelbröseln ausstreuen. • Die Butter mit dem Zucker und dem Vanillezucker schaumig rühren. Nach und nach die Eier und die gemahlenen Nüsse sowie die Gewürze untermischen. Das Mehl mit dem Backpulver mischen und eßlöffelweise mit dem Rum unter den Teig mengen. • Den Teig in die Kuchenform füllen, glattstreichen und im Backofen auf der mittleren Schiene 1 Stunde backen. • Der Gewürzkuchen sollte 1 Tag ruhen, bevor man ihn aufschneidet. Erst dann hat er sein Aroma voll entfaltet.

Unser Tip: Statt der Haselnüsse kann man auch gemahlene Mandeln verwenden. Statt Zimt-, Nelken- und Ingwerpulver verleiht auch ½ Päckchen Lebkuchengewürz den typischen Geschmack. – Gewürzkuchen ist ein idealer Vorratskuchen: Noch nicht aufgeschnitten kann man ihn in einer gut verschlossenen Blechdose oder in Alufolie gewikkelt 14 Tage aufbewahren.

Marmorierter Orangenkuchen

Er schmeckt am besten nach 1 bis 2 Tagen Ruhezeit

Zutaten für 1 Kastenkuchenform von 26 cm Länge:
- 250 g Weizen-Vollkornmehl
- 2 Teel. Backpulver
- ½ Teel. gemahlene Vanille
- 150 g weiche Butter
- 250 g Honig · 4 Eier
- je 100 g Haselnußkerne und abgezogene Mandeln
- 2 ungespritzte Orangen
- 2 Teel. Kakaopulver
- 2 Eßl. Cointreau (Orangenlikör)

Vollwertrezept

Bei 12 Stücken pro Stück etwa 1680 kJ/400 kcal · 10 g Eiweiß 24 g Fett · 36 g Kohlenhydrate

Vorbereitungszeit: 45 Minuten
Backzeit: 1 Stunde

Das Mehl mit dem Backpulver und der Vanille mischen. Die Butter mit 100 g Honig schaumig rühren. 3 Eier und das Mehl abwechselnd nach und nach daruntermischen. • Den Backofen auf 180° vorheizen. Die Form gut mit Butter ausstreichen. • Den Teig in die Form füllen und glattstreichen. • Die Haselnüsse und die Mandeln feinmahlen, die Orangen heiß waschen, abtrocknen, die Schale abreiben und mit den gemahlenen Nüssen, dem restlichen Honig, dem übrigen Ei und dem Kakao verrühren. Die Nußmasse auf den Teig geben und mit einer Gabel spiralförmig untermischen. • Den Kuchen auf der mittleren Schiene in etwa 1 Stunde goldbraun backen, danach mit einem Holzspießchen die Garprobe machen. • Den Kuchen noch 5 Minuten im abgeschalteten Backofen stehen lassen. • 1 Orange auspressen, den Saft mit dem Cointreau verrühren. Den Kuchen gleichmäßig mit dem Saft bepinseln und in der Form auskühlen lassen. • Der Orangenkuchen bleibt in einer geschlossenen Blechdose kühl gelagert etwa 1 Woche frisch.

Französischer Orangenkuchen

Den saftigen Kuchen mit eiskalter Schlagsahne servieren

Zutaten für 1 Springform von 26 cm Durchmesser:
- 6 Eier
- 250 g Zucker
- 1 ungespritzte Orange
- je 100 g Mehl und Speisestärke
- 1 Teel. Backpulver
- 100 g zerlassene Butter
- 50 g Mandelblättchen
- ¼ l frisch gepreßter Orangensaft
- Saft von 1 Zitrone
- 1 Eßl. Zucker
- 2 Eßl. Puderzucker

Schnell

Bei 16 Stücken pro Stück etwa 750 kJ/180 kcal · 4 g Eiweiß 8 g Fett · 22 g Kohlenhydrate

Zubereitungszeit: 30 Minuten
Backzeit: 50 Minuten
Zeit zum Fertigstellen: 10 Minuten

Die Eier in Eigelbe und Eiweiße trennen. Die Eigelbe mit dem Zucker schaumig rühren. • Die Orange heiß waschen, die Schale abreiben, mit dem Mehl, der Speisestärke und dem Backpulver mischen und unter die Schaummasse mengen. Die Eiweiße zu steifem Schnee schlagen und mit der lauwarmen Butter sorgfältig unter den Teig ziehen. • Den Backofen auf 180° vorheizen. Den Boden der Form einfetten, mit Pergamentpapier auslegen, dieses mit Butter bestreichen und mit den Mandelblättchen bestreuen. • Den Teig in die Form füllen und glattstreichen. Den Kuchen in 35–40 Minuten goldbraun backen. • Den Orangensaft durch ein Sieb gießen, mit dem Zitronensaft und dem Zucker mischen, den Saft erwärmen. • Den Kuchen stürzen das Papier abziehen. Mit einem Holzspießchen Löcher in den Kuchen stechen und den warmen Saft darüber verteilen. • Kurz vor dem Servieren mit dem Puderzucker besieben.

Beliebte Kuchen für jeden Tag

Quarkcreme und Aprikosen auf Hefe- und Rührteig

Schokoladenstreusel-Kuchen

im Bild links

Zutaten für 1 Springform von 26 cm Durchmesser:
je 75 g Butter und Zucker
1 Eßl. Vanillezucker · 1 Ei
abgeriebene Schale von 1 ungespritzten Zitrone
Saft von ½ Zitrone
150 g Mehl · 50 g Speisestärke
2 Teel. Backpulver
3–4 Eßl. Milch
3 Eßl. Aprikosenmarmelade
500 g vollreife Aprikosen
150 g Mehl · 25 g Kakaopulver
100 g Zucker
1 Eßl. Vanillezucker
100 g weiche Butter
1 Eßl. Puderzucker

Gelingt leicht • Schnell

Bei 12 Stücken pro Stück etwa 1380 kJ/330 kcal · 5 g Eiweiß 14 g Fett · 49 g Kohlenhydrate

Vorbereitungszeit: 40 Minuten
Backzeit: 50 Minuten

Die Butter schaumig rühren. Den Zucker, den Vanillezucker, das Ei, die Zitronenschale und den -saft hinzufügen. Das Mehl mit der Speisestärke und dem Backpulver mischen, mit der Milch in die Schaummasse rühren. • Die Form mit Butter ausstreichen, den Teig hineingeben. • Die Aprikosenmarmelade mit 1 Eßlöffel heißem Wasser glatt rühren und auf den Teig streichen. Die Aprikosen waschen, abtrocknen, halbieren, entsteinen und auf den Kuchen geben. • Den Backofen auf 200° vorheizen. • Für die Streusel alle übrigen Zutaten bis auf den Puderzucker vermengen. Die Streusel über die Früchte streuen. • Den Kuchen 50 Minuten backen, noch 10 Minuten im abgeschalteten Backofen stehen lassen. • Den abgekühlten Kuchen mit dem Puderzucker besieben.

Streuselkuchen mit Quarkcreme

im Bild rechts

Zutaten für 1 Backblech:
½ Würfel Hefe (20 g)
75 g Zucker · ¼ l Milch
500 g Mehl · 75 g weiche Butter
1 Prise Salz · 2 Eier
500 g Magerquark
100 g Zucker
25 g Speisestärke
100 g Rosinen · 200 g Mehl
50 g gemahlene Mandeln
100 g Zucker · 150 g Butter

Braucht etwas Zeit

Bei 20 Stücken pro Stück etwa 1380 kJ/330 kcal · 10 g Eiweiß 13 g Fett · 46 g Kohlenhydrate

Vorbereitungszeit: 50 Minuten
Zeit zum Gehenlassen: 1 Stunde
Backzeit: 30 Minuten

Die Hefe zerbröckeln, mit 1 Teelöffel Zucker und etwas Milch verrühren und 15 Minuten gehen lassen. • 250 g Mehl in einer Schüssel mit dem Hefeansatz, der übrigen Milch, der Butter, dem restlichen Zucker und dem Salz mischen. Den Rest des Mehls unterkneten; eventuell etwas Mehl hinzufügen. Den Teig 45 Minuten zugedeckt gehen lassen. • Die Eier in Eigelbe und Eiweiße trennen. Den Quark mit dem Zucker, den Eigelben und der Speisestärke mischen. Die Eiweiße steif schlagen, mit den gewaschenen Rosinen unter die Quarkmasse ziehen. • Den Hefeteig nochmals gut durchkneten und auf ein gefettetes Backblech rollen. Die Quarkmasse daraufstreichen. • Den Backofen auf 200° vorheizen. • Das Mehl mit den Mandeln, dem Zucker und der Butter vermengen, zu Streuseln reiben und darüberstreuen. • Den Kuchen 30 Minuten backen, im abgeschalteten Backofen noch 10 Minuten stehen lassen.

Mohnkuchen mit Streuseln

Am besten schmeckt der Kuchen, wenn Sie frisch gemahlenen Mohn verwenden

Zutaten für 1 Backblech:
Zum Belegen:
250 g gemahlener Mohn
3/8 l Milch · 100 g Zucker
abgeriebene Schale von
1 ungespritzten Zitrone
25 g Butter · 1 Ei
50 g Speisestärke
100 g Marzipan-Rohmasse
Für die Streusel:
200 g weiche Butter · 250 g Mehl
50 g abgezogene gemahlene
Mandeln · 200 g Zucker
1 Prise Salz · 1/2 Teel. Zimtpulver
Für den Teig: 150 g Magerquark
5 Eßl. Milch · 6 Eßl. Öl
75 g Zucker · 1 Prise Salz
1 Eßl. Vanillezucker · 300 g Mehl
1 Päckchen Backpulver

Gelingt leicht

Bei 20 Stücken pro Stück etwa
1680 kJ/400 kcal · 8 g Eiweiß
20 g Fett · 47 g Kohlenhydrate

Vorbereitungszeit: 1 Stunde
Backzeit: 45 Minuten

Den Mohn mit 1/4 l Milch, dem Zucker, der Zitronenschale und der Butter aufkochen und in 10 Minuten bei schwacher Hitze ausquellen lassen. • Das Ei in Eigelb und Eiweiß trennen. Die Speisestärke mit dem Eigelb und der restlichen Milch verrühren, unter die Mohnmasse mischen und einmal aufkochen lassen. • Das Marzipan würfeln, mit dem Eiweiß zu einer glatten Paste vermengen und unter den Mohn rühren. Die Mohnmasse abkühlen lassen. • Für die Streusel alle Zutaten mischen und zerreiben. • Ein Backblech gut mit Butter ausstreichen. Den Backofen auf 200° vorheizen. • Für den Teig den abgetropften Quark und die Milch mit dem Öl, dem Zucker, dem Salz, dem Vanillezucker und der Hälfte des Mehls verrühren. Das restliche Mehl mit dem Backpulver mischen und unterkneten. • Den Quarkteig auf dem Backblech ausrollen, die Ränder etwas hochziehen. Die Mohnmasse darauf glattstreichen. Die Streusel darüberstreuen. • Den Kuchen in 45 Minuten goldbraun backen und im abgeschalteten Backofen noch 10 Minuten stehen lassen.

Exquisites Gebäck für unangemeldete Gäste

Kuchen aus Rührteig und allerlei feinen Ingredienzen

Marzipan-Mandelschnitten

im Bild vorne

Zutaten für 1 Backblech:
Für den Teig:
150 g Butter · 6 Eier
250 g Zucker · 1 Prise Salz
abgeriebene Schale von
1 ungespritzten Zitrone
350 g Mehl
1 Päckchen Backpulver
6 Eßl. Milch
Zum Belegen:
150 g Butter
100 g Crème fraîche
150 g Zucker
1 Eßl. Vanillezucker
200 g Marzipan-Rohmasse
2 Eßl. Cognac
400 g Mandelblättchen

Etwas teurer • Schnell

Bei 24 Stücken pro Stück etwa 1800 kJ/430 kcal · 9 g Eiweiß 26 g Fett · 36 g Kohlenhydrate

Vorbereitungszeit: 45 Minuten
Backzeit: 30 Minuten

Die Butter schmelzen und wieder abkühlen lassen. Die Eier mit dem Zucker, dem Salz und der Zitronenschale schaumig schlagen. Die Butter, das Mehl, das Backpulver und die Milch unterrühren. • Den Backofen auf 200° vorheizen. • Die Fettpfanne des Backofens gut mit Butter ausstreichen. Den Teig darauf verteilen, glattstreichen und den Kuchen 15 Minuten backen. • Die Butter mit der Crème fraîche, dem Zucker, dem Salz und dem Vanillezucker kurz aufkochen lassen. Die Marzipan-Rohmasse würfeln und mit dem Cognac mischen. Die Butter-Zucker-Masse unterrühren, zuletzt die Mandelblättchen unterheben. • Die Mandelmasse auf den vorgebackenen Kuchen streichen und den Kuchen in weiteren 15 Minuten fertig backen. • Den Kuchen abgekühlt in 24 Stücke schneiden.

Weißweinkuchen

im Bild hinten

Zutaten für 1 Springform von 24 cm Durchmesser:
200 g weiche Butter
200 g Zucker
1 Eßl. Vanillezucker
3 Eier
1 ungespritzte Zitrone
0,2 l Weißwein
3 Eßl. weißer Rum
300 g Mehl
50 g Speisestärke
3 gestrichene Teel. Backpulver
Für den Guß:
150 g Puderzucker
3 Eßl. Zitronensaft

Schnell • Gelingt leicht

Bei 12 Stücken pro Stück etwa 1450 kJ/345 kcal · 6 g Eiweiß 12 g Fett · 52 g Kohlenhydrate

Vorbereitungszeit: 15 Minuten
Backzeit: 45 Minuten
Zeit zum Fertigstellen: 10 Minuten

Den Backofen auf 180° vorheizen. Die Form mit Butter ausstreichen und mit Semmelbröseln ausstreuen. • Die Butter mit dem Zucker und dem Vanillezucker schaumig rühren. Nach und nach die Eier untermischen. Die Zitrone warm waschen, halbieren und den Saft auspressen. Die Zitronenschale abreiben und mit dem Saft unter die Buttermasse mischen. Das Mehl mit der Speisestärke und dem Backpulver mischen, eßlöffelweise mit knapp der Hälfte des Weißweins und dem Rum unter die Buttermasse rühren. • Den Teig in die Form füllen und den Kuchen auf der mittleren Schiene 45 Minuten backen. • Den Kuchen mit einem Holzspießchen mehrmals einstechen und den übrigen Wein darüberträufeln. Den Weißweinkuchen etwas abkühlen lassen. • Den Puderzucker mit dem Zitronensaft verrühren. • Den Kuchen mit dem Guß überziehen, nach Belieben garnieren.

Eierschecke

Das Rezept für den bekannten und geschätzten Hefeteigkuchen stammt aus Dresden

Zutaten für 1 Backblech:
Für den Hefeteig:
500 g Mehl · 1 Würfel Hefe
100 g Zucker
knapp ¼ l lauwarme Milch
100 g weiche Butter · 1 Prise Salz
Zum Belegen:
7 Eier · 125 g weiche Butter
100 g Zucker
2 Eßl. Vanillezucker
300 g Sahnequark
50 g Speisestärke
150 g Sultaninen
100 g Mandelblättchen
abgeriebene Schale von
½ ungespritzten Zitrone

Berühmtes Rezept

Bei 20 Stücken pro Stück etwa 1510 kJ/360 kcal · 11 g Eiweiß 18 g Fett · 38 g Kohlenhydrate

Vorbereitungszeit: 40 Minuten
Zeit zum Gehenlassen: 1 Stunde
Backzeit: 45 Minuten

Das Mehl in eine Schüssel sieben, eine Mulde hineindrücken, die Hefe hineinbröckeln und mit 1 Teelöffel Zucker sowie etwas Milch und Mehl verrühren. Den Hefevorteig zugedeckt 15 Minuten gehen lassen. • Die Butter, das Salz, den restlichen Zucker, die übrige Milch mit dem Mehl und dem Hefevorteig verkneten. Den Hefeteig wiederum zugedeckt 30 Minuten gehen lassen. • Den Hefeteig ausrollen, auf ein gebuttertes Backblech geben und die offene Seite des Blechs mit doppelt gefalteter Alufolie abschließen. • Den Backofen auf 200° vorheizen. • Die Eier in Eigelbe und Eiweiße trennen. Die Butter mit dem Zucker und dem Vanillezucker schaumig rühren, nach und nach die Eigelbe, den Quark und die Speisestärke hinzufügen. Die Sultaninen heiß waschen und trockentupfen. Die Eiweiße steif schlagen. 50 g Mandelblättchen, die Sultaninen und die Zitronenschale unter die Quarkmasse rühren, den Eischnee unterheben. • Die Masse auf den Hefeteig geben, glattstreichen und mit den übrigen Mandelblättchen bestreuen. Den Kuchen auf der unteren Schiene in 45 Minuten goldbraun backen.

Gefüllter Nußkranz

Das richtige Gebäck für den österlichen Frühstückstisch

Zutaten für 1 Kranz:
250 g Schichtkäse, ersatzweise Speisequark
6 Eßl. Milch · 1 Ei
⅛ l Öl · 100 g Zucker
1 Eßl. Vanillezucker
1 Prise Salz · 425 g Mehl
1 Päckchen Backpulver
100 g Orangeat
250 g gehackte Haselnüsse
abgeriebene Schale von ½ ungespritzten Zitrone
50 g Zucker · 5 Eßl. Sahne
100 g Marzipan-Rohmasse
1 Eigelb

Gelingt leicht

Bei 16 Stücken pro Stück etwa 1590 kJ/380 kcal · 9 g Eiweiß 24 g Fett · 39 g Kohlenhydrate

Vorbereitungszeit: 40 Minuten
Backzeit: 50 Minuten

Den Schichtkäse etwas abtropfen lassen, dann mit der Milch, dem Ei, dem Öl, dem Zukker, dem Vanillezucker und dem Salz verrühren. Das Mehl mit dem Backpulver mischen, löffelweise unter die Quarkmasse mengen, zuletzt den Teig gut durchkneten. • Für die Füllung das Orangeat feinhacken und mit den Nüssen, der Zitronenschale, dem Zucker und 4 Eßlöffeln Sahne mischen. Das Marzipan in dünne Scheiben schneiden. • Den Backofen auf 180° vorheizen. Ein Backblech mit Butter ausstreichen. • Auf einer bemehlten Arbeitsfläche den Teig zu einem 80×20 cm langen Streifen ausrollen. Das Marzipan der Länge nach auf die Mitte des Teigstreifens legen, die Nußmasse darauf verteilen. Den Teig von beiden Seiten über der Füllung zusammenklappen und andrükken. Die Teigrolle mit der »Naht« nach unten auf das Backblech legen, einen Kranz formen und die Enden fest zusammendrükken. Das Eigelb mit der restlichen Sahne verquirlen, den Kranz damit bestreichen und zickzackförmig mit einer Küchenschere einschneiden. • Den Nußkranz im Backofen auf der mittleren Schiene in etwa 50 Minuten goldgelb backen.

Nußkuchen mit besonderer Note

Haselnüsse und Walnüsse geben den Ton an bei diesen Kuchen mit und ohne Mehl

Nuß-Sandkuchen

im Bild vorne

Zutaten für 1 Kastenkuchenform von 30 cm Länge:

- 175 g weiche Butter
- 250 g Zucker
- 1 Eßl. Vanillezucker
- 4 Eier
- 150 g Mehl
- 100 g Speisestärke
- 1 Teel. Backpulver
- 100 g gemahlene Haselnüsse
- 75 g gemahlene Walnüsse
- 1 Eßl. Zitronensaft

Gelingt leicht

Bei 15 Stücken pro Stück etwa 1380 kJ/330 kcal · 6 g Eiweiß 20 g Fett · 32 g Kohlenhydrate

Zubereitungszeit: 30 Minuten
Backzeit: 1 Stunde und 10 Minuten

Die Butter schaumig rühren. 150 g Zucker mit dem Vanillezucker untermischen. 2 Eier in Eigelbe und Eiweiße trennen. Das Mehl mit der Speisestärke und dem Backpulver mischen. Die Eigelbe mit den ganzen Eiern unter die Buttermasse rühren. Die Mehlmischung hinzufügen. Den Backofen auf 180° vorheizen. Die Form mit Backtrennpapier auslegen. • Den Teig in die Form füllen. • Die Eiweiße zu steifem Schnee schlagen. Den restlichen Zucker dabei einrieseln lassen. Die gemahlenen Nüsse und den Zitronensaft untermengen. • In den Rührteig der Länge nach eine breite Rille ziehen und die Nußmasse hineingeben. • Den Kuchen im Backofen auf der unteren Schiene 70 Minuten backen, eventuell nach 45 Minuten mit Alufolie abdecken, damit er nicht zu braun wird. • Mit einem Holzspießchen die Garprobe machen. Den Nußkuchen im abgeschalteten Backofen noch 10 Minuten stehen lassen, dann aus der Form nehmen und auf einem Kuchengitter auskühlen lassen.

Walliser Nußkuchen

im Bild hinten

Zutaten für 1 Kastenkuchenform von 30 cm Länge:

- 250 g Walnußkerne
- ½ Eßl. Butter · 200 g Zucker
- 150 g Haselnußkerne
- 50 g Zwieback · 6 Eier
- 2 gestrichene Teel. Backpulver
- 1 Becher Haselnuß-Kuvertüre

Gelingt leicht • Schnell

Bei 15 Stücken pro Stück etwa 1510 kJ/360 kcal · 10 g Eiweiß 24 g Fett · 23 g Kohlenhydrate

Vorbereitungszeit: 50 Minuten
Backzeit: 50 Minuten

Zum Garnieren 8 Walnußkernhälften beiseite legen. 100 g Walnüsse feinhacken. Die Butter in einer Pfanne erhitzen. Die gehackten Walnüsse hinzufügen und unter Wenden rösten, mit ½ Eßlöffel Zucker bestreuen, leicht karamelisieren, dann aus der Pfanne nehmen und abkühlen lassen. • Die übrigen Walnüsse und die Haselnüsse durch die Mandelmühle drehen. Die Zwiebäcke zwischen Folie mit einem Nudelholz zerdrücken. • Die Form mit Backtrennpapier auslegen. Den Backofen auf 180° vorheizen. • Die Eier schaumig rühren. Den übrigen Zucker dabei einrieseln lassen, die gemahlenen Nüsse dazugeben. Das Zwiebackmehl mit dem Backpulver mischen und mit den gehackten Nüssen unter den Teig mengen. Den Teig in die Form füllen, glattstreichen, den Kuchen auf der mittleren Schiene 50 Minuten backen. Danach die Garprobe mit einem Holzspießchen machen. • Den Nußkuchen im abgeschalteten Backofen noch 10 Minuten stehen lassen, dann aus der Form stürzen und abkühlen lassen. • Die Kuvertüre im Wasserbad auflösen. Den Kuchen damit überziehen und mit den Walnußhälften garnieren.

Ottilienkuchen

Ein überliefertes Rezept aus Großmutters Zeiten

Zutaten für 1 Kastenkuchenform von 30 cm Länge:
- 250 g weiche Butter
- 200 g Zucker
- 1 Eßl. Vanillezucker
- 1 Prise Salz
- 4 Eier
- 1 Eßl. Rum
- 200 g Mehl
- 50 g Speisestärke
- 1 gestrichener Teel. Backpulver
- 100 g Zartbitter-Schokolade
- 100 g gehackte Mandeln
- 50 g gewürfeltes Zitronat
- 3 Eßl. Aprikosenkonfitüre
- 100 g Schokoladenkuvertüre
- 2 Eßl. Mandelblättchen

Gelingt leicht

Bei 20 Stücken pro Stück etwa 1300 kJ/310 kcal · 6 g Eiweiß 21 g Fett · 30 g Kohlenhydrate

Vorbereitungszeit: 40 Minuten
Backzeit: 1 Stunde
Zeit zum Fertigstellen: 15 Minuten

Die Butter schaumig rühren. Nach und nach den Zucker, den Vanillezucker, das Salz, die Eier und den Rum unterrühren. Das Mehl mit der Speisestärke und dem Backpulver mischen und unter die Schaummasse mengen. Den Teig gut verrühren. • Den Backofen auf 180° vorheizen. Die Form mit Butter ausstreichen und mit Semmelbröseln ausstreuen. • Die Schokolade grobraspeln und mit den Mandeln und dem Zitronat unter den Teig ziehen. • Den Teig in die Form füllen, glattstreichen und den Kuchen auf der unteren Schiene des Backofens 1 Stunde backen. • Den Kuchen etwas abkühlen lassen, dann auf ein Kuchengitter stürzen. • Die Aprikosenkonfitüre durch ein Sieb streichen, erwärmen und den Kuchen damit bestreichen. Die Kuvertüre schmelzen, den Kuchen damit überziehen und auf die weiche Glasur die Mandelblättchen streuen.

Rehrücken

Die spezielle Backform ist der Originalität wegen nötig

Zutaten für 1 Rehrückenform:
- 100 g Mandeln
- 125 g Zwieback
- 100 g weiche Butter
- 150 g Zucker
- 4–5 Eier (je nach Größe)
- 2 Eßl. Mehl
- ½ Päckchen Backpulver
- 200 g Zartbitter-Schokolade
- 2 Eßl. Rum
- 25 g Kokosfett
- 50 g Mandelstifte

Berühmtes Rezept
Gelingt leicht

Bei 15 Stücken pro Stück etwa 1380 kJ/330 kcal · 8 g Eiweiß 21 g Fett · 27 g Kohlenhydrate

Vorbereitungszeit: 45 Minuten
Backzeit: 1 Stunde
Zeit zum Fertigstellen: 15 Minuten

Die Mandeln durch die Mandelmühle drehen. Die Zwiebäcke zwischen Folie mit einem Nudelholz fein zerdrücken oder ebenfalls in der Mandelmühle feinmahlen. • Die Butter schaumig rühren. Den Zucker langsam einrieseln lassen. Die Eier nacheinander untermischen. Die gemahlenen Mandeln, das Zwiebackmehl, das Mehl und das Backpulver hinzufügen. 100 g Schokolade feinraspeln und mit dem Rum unter den Teig ziehen. • Den Backofen auf 180° vorheizen. Die Form gut mit Butter ausstreichen und mit Semmelbröseln ausstreuen. • Den Teig in die Form füllen und den Kuchen im Backofen auf der mittleren Schiene 1 Stunde backen, danach die Garprobe mit einem Holzstäbchen machen. Den Rehrücken auf ein Kuchengitter stürzen und abkühlen lassen. • Die übrige Schokolade mit dem Kokosfett schmelzen, den Kuchen mit der Glasur überziehen und mit den Mandelstiften bestecken. Den Guß fest werden lassen.

Komteßkuchen

Edel und dekorativ für den sonntäglichen Kaffeetisch

Zutaten für 1 Kastenkuchenform von 30 cm Länge:
1 ungespritzte Orange
250 g weiche Butter
200 g Zucker · 5 Eier
250 g Mehl · 100 g Speisestärke
3 Teel. Backpulver
3 Schnapsgläser Aprikosenlikör (6 cl) oder Cointreau
200 g Blockschokolade
100 g Zartbitter-Schokoladen-Fettglasur

Etwas schwierig

Bei 20 Stücken pro Stück etwa 1300 kJ/310 kcal · 5 g Eiweiß 17 g Fett · 31 g Kohlenhydrate

Vorbereitungszeit: 1 Stunde
Backzeit: 1 Stunde
Ruhezeit: 1 Tag

Den Backofen auf 200° vorheizen. Die Kuchenform gut einfetten und mit Semmelbröseln ausstreuen. • Die Orange heiß waschen, abtrocknen und die Schale abreiben. Die Butter schaumig rühren. Den Zucker, die Orangenschale und nach und nach die Eier hinzufügen. Das Mehl mit der Speisestärke und dem Backpulver mischen; eßlöffelweise unter den Teig mengen. • Den Teig in die Kuchenform füllen, glattstreichen und den Kuchen auf der unteren Schiene etwa 1 Stunde backen. • Den Kuchen auf ein Kuchengitter stürzen und 24 Stunden ruhen lassen. • Die Orange auspressen. Den Saft mit dem Likör mischen. • Den Kuchen der Länge nach 5mal durchschneiden. Die Kuchenscheiben mit der Flüssigkeit tränken. • Die Blockschokolade mit der Fettglasur im Wasserbad schmelzen lassen und jede Kuchenscheibe damit bestreichen. Den Kuchen wieder zusammenfügen und die Oberfläche mit der restlichen Schokoladenglasur überziehen. Den Kuchen auf einer Seite liegen lassen, bis die Glasur ganz fest geworden ist.

Tiroler Schokoladenkuchen

Ein feiner Rührteigkuchen mit ganz wenig Mehl

Zutaten für 1 Kastenkuchenform von 30 cm Länge:
200 g Mandeln
150 g Zartbitter-Schokolade
200 g weiche Butter
200 g Zucker
6 Eier
125 g Mehl
1 Teel. Backpulver
2 Eßl. Rum
200 g Schokoladen-Fettglasur

Gelingt leicht • Etwas teurer

Bei 15 Stücken pro Stück etwa 1800 kJ/430 kcal · 9 g Eiweiß 30 g Fett · 29 g Kohlenhydrate

Vorbereitungszeit: 45 Minuten
Backzeit: 1 Stunde

Die Mandeln durch die Mandelmühle drehen. Die Schokolade grobraspeln. • Die Butter schaumig rühren, dabei langsam den Zucker einrieseln lassen. Die Eier in Eigelbe und Eiweiße trennen. Die Eigelbe nach und nach unter die Buttermasse mischen. Das Mehl mit dem Backpulver vermengen, auf die Schaummasse sieben, mit den gemahlenen Mandeln und der geraspelten Schokolade unterrühren. Die Eiweiße zu steifem Schnee schlagen und mit dem Rum unter den Teig ziehen. • Den Backofen auf 180° vorheizen. Die Form mit Butter ausstreichen und mit Semmelbröseln ausstreuen. • Den Teig in die Form füllen, glattstreichen und im Backofen auf der mittleren Schiene 1 Stunde backen; danach die Garprobe mit einem Holzspießchen machen: Bleibt noch Teig am Spießchen haften, braucht der Kuchen noch einige Minuten Backzeit. Den Kuchen im abgeschalteten Backofen 10 Minuten stehen lassen. • Den Schokoladenkuchen auf ein Kuchengitter stürzen. Die Fettglasur im Wasserbad auflösen und den Kuchen damit überziehen.

Feine Blechkuchen mit Mandeln

Beide Kuchen gelingen auch mit Vollkornmehl

Einfacher Butterkuchen

im Bild hinten

Zutaten für ein Backblech:
300 g Magerquark
6 Eßl. Milch · 7 Eßl. Öl
50 g Zucker
1 Teel. abgeriebene Schale von
1 ungespritzten Zitrone
1 Prise Salz
400 g Mehl
1 Päckchen Backpulver
0,1 l Sahne
200 g Zucker
2 Teel. Zimtpulver
100 g Butter
100 g grobgemahlene Mandeln

Spezialität aus Sachsen
Gelingt leicht

Bei 16 Stücken pro Stück etwa 1300 kJ/310 kcal · 7 g Eiweiß 14 g Fett · 36 g Kohlenhydrate

Zubereitungszeit: 45 Minuten
Backzeit: 30 Minuten

Den Backofen auf 200° vorheizen. Das Backblech mit Butter ausstreichen. • Den Quark abtropfen lassen, dann mit der Milch, dem Öl, dem Zucker, der Zitronenschale und dem Salz in einer Schüssel verrühren. Das Mehl mit dem Backpulver über die Quarkmasse sieben, unter den Quark mischen, zuletzt unterkneten. • Den Teig auf einer leicht bemehlten Arbeitsfläche in Größe des Backblechs ausrollen und auf das Blech legen. Mit dem Kochlöffelstiel in gleichmäßigen Abständen kleine Vertiefungen in den Teig drücken. Den Teig mit der Sahne bestreichen. Den Zukker mit dem Zimt mischen und über den Teig streuen. Die Butter in Flöckchen in die Vertiefungen geben und die Mandeln über den Kuchen streuen. • Den Kuchen auf der mittleren Schiene 30 Minuten backen. • Noch auf dem Blech in 16 Stücke schneiden und diese auf einem Kuchengitter abkühlen lassen.

Butter-Mandel-Kuchen

im Bild vorne

Zutaten für ein Backblech:
200 g Sahne
100 g Zucker
350 g Mehl
1 Päckchen Backpulver
3 Eier
1 Teel. Zimtpulver
200 g Butter
150 g Zucker
6 Eßl. Sahne
150 g Mandelblättchen

Gelingt leicht

Bei 16 Stücken pro Stück etwa 1590 kJ/380 kcal · 7 g Eiweiß 23 g Fett · 34 g Kohlenhydrate

Zubereitungszeit: 30 Minuten
Backzeit: 25 Minuten

Die Sahne mit dem Zucker so lange rühren, bis der Zucker sich fast aufgelöst hat. Das Mehl mit dem Backpulver in ein Sieb schütten und über das Sahne-Zucker-Gemisch sieben, mit einem Rührlöffel untermischen. Die Eier nach und nach mit dem Zimt unter den Teig rühren. • Den Backofen auf 180° vorheizen. Das Backblech mit Butter ausstreichen. • Den Teig auf das Backblech geben, mit einem Teigspatel gleichmäßig verteilen. Das offene Ende des Backblechs mit doppelt gefalteter Alufolie abschließen, damit der Teig nicht heruntertropft. • Den Teigboden im Backofen auf der mittleren Schiene 10 Minuten backen. • Die Butter bei schwacher Hitze schmelzen lassen. Den Zucker, die Sahne und die Mandelblättchen unter die Butter mischen und diese Mischung auf den vorgebackenen Teigboden streichen. • Den Kuchen in weiteren 15 Minuten goldgelb backen. • Den Butter-Mandel-Kuchen noch auf dem Backblech in 16 Stücke schneiden und diese auf einem Kuchengitter abkühlen lassen.

Für die Kakaorunde beim Kinderfest

Schon das gemeinsame Backen und Vorbereiten macht großen Spaß

Kalter Hund

im Bild links

Zutaten für 1 Kastenkuchenform von 26 cm Länge:
250 g Kokosfett
2 Eier
100 g Zucker
1 Eßl. Vanillezucker
50 g Instant-Kakaopulver
4 Eßl. Milch
50 g grobgemahlene Mandeln
300 g Butterkekse

Gelingt leicht

Bei 26 Stücken pro Stück etwa 750 kJ/180 kcal · 4 g Eiweiß 13 g Fett · 13 g Kohlenhydrate

Zubereitungszeit: 45 Minuten
Kühlzeit: 4 Stunden

Das Kokosfett bei schwacher Hitze zerlassen. Die Eier verquirlen. Den Zucker, den Vanillezucker und den Kakao mit der Milch hinzufügen. Das lauwarme Fett mit den Mandeln untermischen. • Die Form mit Alufolie oder Backtrennpapier auslegen und mit Schokocreme bedecken, eine Lage Butterkekse hineingeben, mit Schokocreme bestreichen, wiederum eine Schicht Kekse daraufgeben und so fortfahren, bis alle Zutaten aufgebraucht sind. Die Masse mit einem Teller beschweren und im Kühlschrank in 4 Stunden fest werden lassen. • Den Kekskuchen aus der Form nehmen, das Papier oder die Folie abziehen und den »kalten Hund« in 1 cm dicke Scheiben schneiden. • Den Kekskuchen zum Aufbewahren in den Kühlschrank stellen, er bleibt dann mindestens 1 Woche frisch.

Unser Tip: Statt mit Butterkeksen kann man den »kalten Hund« auch mit Zwieback bereiten: Dafür 9 Zwiebäcke verwenden, für Erwachsene in die Creme statt Milch Rum geben, den Zucker durch 200 g Puderzucker ersetzen, die Mandeln weglassen.

Geburtstagsbaum

im Bild rechts

3 Eier · 1 Prise Salz
100 g Zucker
1 Eßl. Vanillezucker
75 g Mehl
50 g Speisestärke
250 g Erdbeermarmelade
1 Eiweiß
200 g Puderzucker
bunter Streuzucker

Gelingt leicht • Preiswert

Bei 8 Stücken pro Stück etwa 1510 kJ/360 kcal · 8 g Eiweiß 5 g Fett · 73 g Kohlenhydrate

Vorbereitungszeit: 1 Stunde
Backzeit: 12–15 Minuten

Den Backofen auf 180° vorheizen. • Die Eier in Eigelbe und Eiweiße trennen. Die Eiweiße mit dem Salz und 50 g Zukker steif schlagen. Die Eigelbe mit dem restlichen Zucker und dem Vanillezucker schaumig rühren. Das Mehl mit der Speisestärke und dem Eischnee unter den Teig heben. • Ein Backblech mit Backtrennpapier auslegen und dieses leicht mit Butter bestreichen. Den Teig darauffüllen und glattstreichen. • Den Biskuit in 15 Minuten goldbraun backen, dann erkalten lassen und das Papier abziehen. • Inzwischen die Schablone für den Baum vorbereiten: Aus Pergamentpapier einen Baum (fast runde Krone mit dickem Stamm) ausschneiden. Mit einem scharfen Messer 2 Bäume aus der Biskuitplatte schneiden. Einen Baum mit gut verrührter Marmelade bestreichen. Aus der Krone des zweiten Baumes mit Förmchen Löcher ausstechen, den Baum umdrehen und auf den bestrichenen Baum legen; in die ausgestochenen Öffnungen noch etwas Marmelade füllen. • Das Eiweiß mit so viel Puderzucker verrühren, daß eine dickflüssige Masse entsteht. Den Baum damit bepinseln und mit buntem Streuzucker garnieren.

Traditionelle Sonntagskuchen

Von diesen Käsekuchen – mit und ohne Boden – werden Ihre Gäste immer wieder aufs neue begeistert sein

Quarkkuchen mit Mohn

im Bild rechts

Zutaten für 1 Springform von 28 cm Durchmesser:

Für den Mürbeteig:
- 250 g Mehl
- 1 Messerspitze Backpulver
- 1 Eigelb · 150 g Butter
- 50 g Zucker · 1 Eßl. Vanillezucker

Für die Mohnmasse:
- 75 g Rosinen · 2 Eßl. Rum
- 250 g gemahlener Mohn
- 125 g Zucker
- abgeriebene Schale von ½ ungespritzten Zitrone
- ½ Teel. Zimtpulver
- 50 g weiche Butter · ⅛ l Milch

Für die Quarkmasse:
- 500 g Speisequark (20% Fett)
- 125 g Zucker · 2 Eier
- 2 Eßl. Zitronensaft
- 100 g Crème fraîche
- 2 gehäufte Eßl. Speisestärke

Zum Bepinseln: 1 Eigelb

Etwas schwierig

Bei 16 Stücken pro Stück etwa 1890 kJ/450 kcal · 12 g Eiweiß 25 g Fett · 38 g Kohlenhydrate

Vorbereitungszeit: 1 Stunde
Backzeit: 1¼ Stunden

Das Mehl mit dem Backpulver, dem Eigelb, der Butter, dem Zucker und dem Vanillezucker rasch zu einem geschmeidigen Mürbeteig verkneten und diesen kühl stellen. • Die Rosinen heiß waschen, trockentupfen und mit dem Rum übergießen. • Den Mohn mit dem Zucker, der Zitronenschale, dem Zimt und der Butter mischen. Die Milch erhitzen und den Mohn damit überbrühen. Die Masse zugedeckt quellen lassen. • Den Quark mit dem Zucker verrühren. Die Eier in Eigelbe und Eiweiße trennen. Die Eiweiße zu steifem Schnee schlagen. Die Eigelbe mit dem Zitronensaft, der Crème fraîche und der Speisestärke unter den Quark mischen. Den Eischnee unterheben. • Den Backofen auf 180° vorheizen. • Den Mürbeteig dünn ausrollen. Die gebutterte Springform damit auslegen, einen 3 cm hohen Rand formen. • Die Rosinen unter die Mohnmasse mengen. Die Mohnmasse einfüllen, den Quark darüber verteilen. • Den Kuchen auf der unteren Schiene 75 Minuten backen. • Nach 30 Minuten das Eigelb mit 1 Eßlöffel Wasser verquirlen und den Kuchen damit bepinseln.

Käsekuchen ohne Boden

im Bild links

Zutaten für 1 Springform von 28 cm Durchmesser:
- 6 Eier · 125 g weiche Butter
- 250 g Zucker · 750 g Magerquark
- 500 g Mascarpone, ersatzweise Doppelrahm-Frischkäse
- 1 Päckchen Vanille-Puddingpulver
- 2 gehäufte Eßl. Speisestärke

Gelingt leicht

Bei 12 Stücken pro Stück etwa 1890 kJ/450 kcal · 20 g Eiweiß 28 g Fett · 30 g Kohlenhydrate

Vorbereitungszeit: 20 Minuten
Backzeit: 1½ Stunden

Die Eier in Eigelbe und Eiweiße trennen. • Die Butter mit dem Zucker schaumig rühren. Die Eigelbe nach und nach hinzufügen. Den etwas abgetropften Magerquark, den Mascarpone und das Puddingpulver unterrühren. Die Eiweiße zu steifem Schnee schlagen und mit der Speisestärke unter die Quarkmasse ziehen. • Den Backofen auf 180° vorheizen. Die Springform mit Butter ausstreichen und mit Semmelbröseln ausstreuen. • Die Quarkmasse einfüllen, glattstreichen und in 1 Stunde und 30 Minuten goldgelb backen.

Käsekuchen mit Quark oder Frischkäse

Streuselteig oder Zwiebackboden sind die Basis für die zarten Füllungen

Käsekuchen mit Streuseln

im Bild links

Zutaten für 1 Springform von 28 cm Durchmesser:

Für die Streusel:
- 250 g Mehl
- je 125 g Zucker und Butter
- 1 Eßl. Vanillezucker · 1 Eigelb
- abgeriebene Schale von ½ ungespritzten Zitrone

Für die Quarkmasse:
- 1 kg Schichtkäse oder Magerquark
- 125 g weiche Butter
- 150 g Zucker · 4 Eier
- 1 Eiweiß · 1 Eßl. Vanillezucker
- abgeriebene Schale von ½ ungespritzten Zitrone
- 2 Eßl. Grieß

Gelingt leicht

Bei 12 Stücken pro Stück etwa 2100 kJ/500 kcal · 19 g Eiweiß 23 g Fett · 52 g Kohlenhydrate

Vorbereitungszeit: 50 Minuten
Backzeit: 1 Stunde

Das Mehl mit dem Zucker, der Butter, dem Vanillezucker, dem Eigelb und der Zitronenschale rasch verkneten und zu Streuseln reiben. • Den Backofen auf 200° vorheizen. Die Springform buttern und mit Grieß ausstreuen. • Zwei Drittel der Streusel auf den Boden der Springform geben und leicht andrücken. Die restlichen Streusel kühl stellen. • Den Schichtkäse oder den Quark etwas auspressen. Die Butter mit dem Zucker schaumig rühren. Die Eier trennen. Die Eigelbe unter die Buttermasse mischen. Die Eiweiße steif schlagen. Den Vanillezucker, die Zitronenschale, den Quark und den Grieß unter die Buttermasse rühren. Den Eischnee unterheben. Die Quarkmasse in die Form geben und glattstreichen, mit den restlichen Streuseln bedecken. • Den Kuchen 1 Stunde backen.

Amerikanischer Käsekuchen

im Bild rechts

Zutaten für 1 Springform von 26 cm Durchmesser:
- 10 Scheiben Zwieback (100 g)
- 2 Eßl. Zucker
- 40 g Butter
- 600 g Doppelrahm-Frischkäse
- 200 g saure Sahne
- 5 Eier · 175 g Zucker
- abgeriebene Schale von ½ ungespritzten Zitrone
- 2 Eßl. Zitronensaft
- 50 g Speisestärke
- 1 Teel. Backpulver

Gelingt leicht
Braucht etwas Zeit

Bei 12 Stücken pro Stück etwa 1680 kJ/400 kcal · 12 g Eiweiß 25 g Fett · 28 g Kohlenhydrate

Vorbereitungszeit: 45 Minuten
Backzeit: 1½ Stunden

Die Zwiebäcke in Klarsichtfolie hüllen, mit dem Nudelholz zerdrücken und mit dem Zucker und der Butter zu einer fettigen, bröseligen Masse verkneten. Die Brösel in der Form zu einem glatten Boden drücken. • Den Frischkäse mit der sauren Sahne verrühren. Die Eier in Eigelbe und Eiweiße trennen. Die Eigelbe mit dem Zucker, der Zitronenschale und dem -saft unter die Käsemasse rühren. Die Eiweiße zu steifem Schnee schlagen. Die Speisestärke mit dem Backpulver mischen, über die Käsemasse sieben und mit dem Eischnee unterheben. • Den Backofen auf 150° vorheizen. • Die Käsemasse auf den Zwiebackboden füllen, glattstreichen und den Käsekuchen auf der unteren Schiene in 1½ Stunden goldbraun backen. • Den Rand des Kuchens sofort mit einem spitzen Messer lösen und den Kuchen abkühlen lassen.

Duftendes Adventszeit-Gebäck

Zu heißem Tee, Punsch oder Glühwein an frostigen Winternachmittagen

Honigkuchen

im Bild vorne

Zutaten für 1 Kastenkuchenform von 30 cm Länge:
- 250 g Honig
- 125 g Zucker
- 1 Eßl. Vanillezucker
- 1 Ei
- ⅛ l Milch
- ½ Teel. Zimtpulver
- je ½ Messerspitze gemahlene Gewürznelken und Kardamom
- 1 Teel. Pomeranzenschale oder getrocknete Zitronenschale
- je 250 g Weizen- und Roggen-Vollkornmehl
- 1 Päckchen Backpulver
- je 3 Eßl. Johannisbeer-, Kirsch- und Holunderbeergelee
- 200 g Schokoladen-Fettglasur

Preiswert • Gelingt leicht

Bei 15 Stücken pro Stück etwa 1210 kJ/290 kcal · 6 g Eiweiß 6 g Fett · 54 g Kohlenhydrate

Vorbereitungszeit: 30 Minuten
Backzeit: 1 Stunde

Den Honig mit dem Zucker, dem Vanillezucker, dem Ei und der Milch unter ständigem Rühren erhitzen. Die Masse erkalten lassen, dabei gelegentlich umrühren, danach die Gewürze, das Mehl und das Backpulver unter die Honigmasse mischen. • Den Backofen auf 180° vorheizen. Die Form mit Butter ausstreichen. • Den Teig in die Form füllen und 1 Stunde backen. Danach die Garprobe mit einem Holzspießchen machen. Den Kuchen im abgeschalteten Backofen 10 Minuten stehen lassen. • Den abgekühlten Kuchen zweimal waagerecht durchschneiden, die Gelees glattrühren, jeweils 1 Kuchenplatte mit einer Sorte bestreichen und wieder aufeinanderlegen. • Den Kuchen mit der geschmolzenen Glasur überziehen. • Sein volles Aroma entfaltet er erst nach einigen Tagen.

Früchtebrot

im Bild hinten

Zutaten für 1 Kastenkuchenform von 26 cm Länge:
- 100 g Zitronat
- 100 g getrocknete Feigen
- 50 g getrocknete Datteln
- je 75 g Korinthen und Rosinen
- 3 Eßl. Rum
- 125 g Haselnußkerne
- je 125 g Butter und Zucker
- 5 Eier · 100 g Mehl
- 3 Teel. Backpulver
- 125 g gehackte Mandeln
- 2 Messerspitzen Zimtpulver
- abgeriebene Schale von ½ ungespritzten Zitrone
- 200 g Puderzucker
- 3 Eßl. Zitronensaft
- 50 g kandierte Früchte

Spezialität

Bei 18 Stücken pro Stück etwa 1380 kJ/330 kcal · 7 g Eiweiß 21 g Fett · 39 g Kohlenhydrate

Vorbereitungszeit: 45 Minuten
Backzeit: 1 Stunde

Das Zitronat, die Feigen und die entsteinten Datteln in Würfel schneiden. Die Früchte mit den gewaschenen Korinthen und Rosinen in einer Schüssel mit dem Rum beträufeln und durchziehen lassen. • Die Haselnüsse mahlen. • Die Butter schaumig rühren. Den Zucker und nach und nach die Eier hinzufügen. Das Mehl mit dem Backpulver mischen und unter die Schaummasse ziehen. Die gehackten Mandeln, die gemahlenen Haselnüsse und die Rumfrüchte mit dem Zimt und der Zitronenschale unter den Teig mischen. • Den Backofen auf 180° vorheizen. Die Form mit Backtrennpapier auslegen. • Den Teig in die Form füllen, glattstreichen, 1 Stunde backen. • Den Puderzucker mit dem Zitronensaft verrühren. Das Früchtebrot damit überziehen, mit kandierten Früchten garnieren.

Napfkuchen für die gemütliche Kaffeetafel

Sie schaffen Atmosphäre, gute Stimmung und schmecken köstlich

Sand-Schokoladenkuchen

im Bild links

Zutaten für 1 Napfkuchenform:
- 175 g weiche Butter
- 200 g Zucker
- 1 Eßl. Vanillezucker
- 2 Eßl. Rum
- 1 Prise Salz
- 5 Eier
- 250 g Mehl
- 50 g Speisestärke
- 2 Teel. Backpulver
- 100 g Schokoladenpulver
- 2 Eßl. Aprikosenmarmelade
- 150 g Zartbitter-Schokoladen-Fettglasur

Preiswert • Gelingt leicht

Bei 16 Stücken pro Stück etwa
1380 kJ/330 kcal · 7 g Eiweiß
18 g Fett · 37 g Kohlenhydrate

Vorbereitungszeit: 20 Minuten
Backzeit: 1 Stunde

Den Backofen auf 180° vorheizen. Die Form mit Butter ausstreichen und mit Semmelbröseln ausstreuen. • Die Butter schaumig rühren. Den Zucker, den Vanillezucker, den Rum, das Salz und nach und nach die Eier untermischen. Das Mehl mit der Speisestärke, dem Backpulver und dem Schokoladenpulver mischen und eßlöffelweise unter den Teig rühren. • Den Schokoladenteig in die Form füllen und den Kuchen 1 Stunde backen. • Die Aprikosenmarmelade erhitzen. • Den Kuchen auf ein Kuchengitter stürzen, mit der Marmelade bestreichen und abkühlen lassen. • Die Schokoladenglasur im Wasserbad schmelzen lassen und den Kuchen damit überziehen.

Unser Tip: Wer den Kuchen mit fruchtigem Geschmack bevorzugt, mischt kleingeschnittene Cocktailkirschen unter den Schokoladenkuchen-Teig.

Gugelhupf

im Bild rechts

Zutaten für 1 große Gugelhupfform:
- 500 g Mehl · 1 Würfel Hefe (42 g)
- 125 g Zucker · ⅛ l lauwarme Milch
- 375 g Butter · 5 Eier · 1 Prise Salz
- abgeriebene Schale von 1 ungespritzten Zitrone
- 100 g Rosinen
- je 50 g Korinthen, gehackte Mandeln und gewürfeltes Zitronat
- 2 Eßl. Puderzucker

Berühmtes Rezept

Bei 20 Stücken pro Stück etwa
1510 kJ/360 kcal · 7 g Eiweiß
22 g Fett · 33 g Kohlenhydrate

Vorbereitungszeit: 40 Minuten
Zeit zum Gehenlassen: 50 Minuten
Backzeit: 1 Stunde

Das Mehl in eine Schüssel geben, eine Mulde hineindrücken, die Hefe hineinbröckeln, mit 1 Teelöffel Zucker, der Hälfte der Milch und etwas Mehl verrühren und zugedeckt 20 Minuten gehen lassen. • Die Butter bei schwacher Hitze schmelzen lassen. Die restliche Milch, den übrigen Zucker, die Eier, das Salz und die Zitronenschale hinzufügen. • Die Buttermischung und den Hefevorteig unter das Mehl schlagen und kneten. Die Rosinen und die Korinthen heiß waschen, trockentupfen und mit den Mandeln und dem Zitronat unter den Teig mengen. • Den Hefeteig in die gut gefettete Form füllen und zugedeckt noch einmal gehen lassen, bis er die Form fast ganz ausfüllt. • Den Backofen auf 180° vorheizen. Den Gugelhupf auf der unteren Schiene 1 Stunde backen. • Den fertigen Kuchen 10 Minuten im abgeschalteten Backofen stehen lassen. • Den Kuchen stürzen, ein feuchtes Tuch darüberlegen und die Form nach 10 Minuten entfernen. • Mit dem Puderzucker besieben.

Striezel und Stollen

Hefeteig und Quark-Öl-Teig bilden die Grundlage für allerlei würzendes Beiwerk

Mohn-Walnuß-Striezel

im Bild links

Zutaten für 1 Kastenkuchenform von 28 cm Länge:
200 g Weizen-Vollkornmehl
je 25 g Buchweizen- und Sojamehl
abgeriebene Schale von ½ ungespritzten Zitrone
½ Würfel Hefe (20 g)
175 g flüssiger Honig
⅛ l Milch · 150 g Walnußkerne
125 g frisch gemahlener Mohn
1 Messerspitze Zimtpulver
4 Eßl. Milch · 50 g Butter
3 Eßl. Aprikosenmarmelade

Vollwertrezept

Bei 16 Stücken pro Stück etwa 980 kJ/230 kcal · 6 g Eiweiß 13 g Fett · 23 g Kohlenhydrate

Vorbereitungszeit: 1¼ Stunden
Backzeit: 30 Minuten

Für den Teig das gesamte Mehl mit der Zitronenschale mischen, in die Mitte die Hefe bröckeln, mit 50 g Honig, der Milch und etwas Mehl verrühren. Den Hefevorteig 15 Minuten zugedeckt gehen lassen. • Das Mehl mit dem Hefevorteig verkneten und den Teig nochmals 30 Minuten gehen lassen. • Einige Walnüsse zum Garnieren beiseite legen. Die übrigen Walnüsse für die Füllung feinmahlen, mit dem Mohn und dem Zimt mischen und mit dem restlichen Honig und der Milch aufkochen lassen. Den Topf vom Herd nehmen und die Hälfte der Butter untermischen. Die Füllung unter gelegentlichem Rühren etwas abkühlen lassen. • Den Teig etwa 30×40 cm groß ausrollen, mit der Füllung bestreichen, von der schmalen Seite her aufrollen, einmal längs durchschneiden. • Den Backofen auf 200° vorheizen. Die Form gut ausfetten. • Die beiden Teigstükke umeinanderwickeln und mit der Teigseite nach unten in die Form legen. Den Kuchen mit der restlichen zerlassenen Butter bestreichen und 30 Minuten backen. Danach die Garprobe mit einem Holzspießchen machen. Den Striezel im abgeschalteten Backofen noch 10 Minuten stehen lassen, dann mit der Marmelade bestreichen, mit den Nüssen garnieren und in der Form auskühlen lassen.

Quarkstollen

im Bild rechts

Zutaten für 1 Stollen:
100 g Speisestärke · 500 g Mehl
1 Päckchen Backpulver
200 g Zucker · 3 Eier
250 g Magerquark
200 g Sultaninen
1 Eßl. Vanillezucker
50 g kleingewürfeltes Zitronat
abgeriebene Schale von 1 ungespritzten Zitrone
200 g kalte Butter
125 g Puderzucker · 1 Eßl. Rum

Berühmtes Rezept

Bei 30 Stücken pro Stück etwa 880 kJ/210 kcal · 4 g Eiweiß 8 g Fett · 32 g Kohlenhydrate

Vorbereitungszeit: 30 Minuten
Backzeit: 1 Stunde

Die Speisestärke mit dem Mehl, dem Backpulver, dem Zucker, den Eiern und dem abgetropften Quark mischen. Die Sultaninen heiß waschen, trockentupfen und mit dem Vanillezucker, dem Zitronat und der Zitronenschale unter den Teig mengen. Die Butter in Stückchen unterkneten. • Den Backofen auf 200° vorheizen. • Den Teig zu einem Rechteck ausrollen mit einer dickeren und einer dünneren Seite, die dickere Seite über die dünnere schlagen. • Den Stollen auf ein gefettetes Backblech legen und in 1 Stunde goldbraun backen. • Den Puderzucker mit dem Rum verrühren und den abgekühlten Stollen damit bestreichen.

Traditionelle Weihnachtsstollen

Man sollte sie 2 Wochen in Alufolie gewickelt in einem kühlen Raum aufbewahren, damit sie ihr volles Aroma entfalten können

Mandelstollen

im Bild links

Zutaten für 2 Stollen:
1 Würfel Hefe (42 g)
100 g Zucker
0,2 l lauwarme Milch · 500 g Mehl
400 g gehackte Mandeln
100 g weiche Butter · 1 Ei
1 Prise Salz
25 g geschmolzene Butter
50 g Puderzucker

Berühmtes Rezept

Bei 40 Stücken pro Stück etwa 630 kJ/150 kcal · 4 g Eiweiß 9 g Fett · 15 g Kohlenhydrate

Vorbereitungszeit: 50 Minuten
Zeit zum Gehenlassen: 1¾ Stunden
Backzeit: 45 Minuten

Die Hefe zerbröckeln, mit 1 Teelöffel Zucker und der Milch verrühren und 15 Minuten gehen lassen. • Die Hälfte des Mehls mit den Mandeln, der Butter, dem übrigen Zucker, dem Ei, dem Salz und dem Hefeansatz mischen. Das restliche Mehl unterkneten. Eventuell noch etwas Mehl hinzufügen. Den Hefeteig zugedeckt 1 Stunde gehen lassen. • Aus dem Teig zwei Rechtecke formen, dabei jeweils eine Seite etwas dünner und eine etwas dicker ausrollen. Die dickere Seite auf die dünne klappen. • Die zwei Stollen auf ein gefettetes Backblech legen und zugedeckt nochmals 30 Minuten gehen lassen. • Den Backofen auf 220° vorheizen. In einer feuerfesten Tasse heißes Wasser in den Backofen stellen. • Die Stollen 45 Minuten backen. Nach 10 Minuten das Wasser herausnehmen und den Backofen auf 200° schalten. Nach 45 Minuten die Garprobe mit dem Holzspießchen machen. Die Stollen 10 Minuten im abgeschalteten Ofen stehen lassen, mit der Butter bestreichen und dick mit dem Puderzucker besieben.

Dresdner Christstollen

im Bild rechts

Zutaten für 1 Stollen:
je 200 g Rosinen und Korinthen
je 100 g Zitronat und Orangeat
200 g gehackte Mandeln
6 Eßl. Rum · 2 Würfel Hefe (84 g)
750 g Mehl · 100 g Zucker
¼ l Milch · 2 Eßl. Vanillezucker
400 g Butter · 1 Prise Salz
100 g Puderzucker

Spezialität

Bei 40 Stücken pro Stück etwa 1000 kJ/240 kcal · 4 g Eiweiß 15 g Fett · 31 g Kohlenhydrate

Vorbereitungszeit: 40 Minuten
Zeit zum Gehenlassen: 1 ½ Stunden
Backzeit: 1 ¼ Stunden

Die Rosinen und die Korinthen heiß waschen, abtrocknen, mit dem kleingewürfelten Zitronat und Orangeat, den Mandeln und dem Rum mischen und zugedeckt durchziehen lassen. • Die Hefe in das Mehl bröckeln, mit 1 Eßlöffel Zucker, etwas Milch und Mehl verrühren und den Hefevorteig 30 Minuten gehen lassen. • 2 Eßlöffel Vanillezucker, den restlichen Zucker, 300 g Butter und das Salz auf dem Mehlrand verteilen; alles mit dem Mehl, dem Hefevorteig und der übrigen Milch verkneten; zugedeckt 30 Minuten gehen lassen. • Die Früchte rasch unterkneten. Den Teig ausrollen, in die Mitte eine Mulde drücken, die Teigplatte längs übereinanderklappen, auf ein gut gefettetes Backblech legen und nochmals 30 Minuten gehen lassen. • Den Backofen auf 200° vorheizen. • Den Stollen auf der unteren Schiene etwa 15 Minuten backen, die Hitze dann auf 180° reduzieren und den Stollen in 1 Stunde fertig backen. • Den noch heißen Stollen mit der übrigen Butter bepinseln und dick mit dem übrigen Puder- und Vanillezucker besieben.

Beliebtes Kleingebäck

Rouladen, Windbeutel, Hörnchen, Schnecken, Mohrenköpfe und vieles mehr

Fruchtige Sahnerouladen

Ob Erdbeeren, Brombeeren, Johannisbeeren oder statt Zitronensaft und -schale Orangen – der Fantasie sind keine Grenzen gesetzt

Biskuitroulade mit Zitronensahne

im Bild vorne

Zutaten für 1 Roulade:
4 Eiweiße
200 g Zucker
1 Prise Salz
1Eßl. Vanillezucker
8 Eigelbe
je 50 g Mehl und Speisestärke
½ l Sahne
5 Eßl. Zitronensaft
abgeriebene Schale von
½ ungespritzten Zitrone
2 Eßl. Puderzucker

Schnell • Gelingt leicht

Bei 8 Stücken pro Stück etwa 2600 kJ/620 kcal · 17 g Eiweiß 42 g Fett · 43 g Kohlenhydrate

Vorbereitungszeit: 15 Minuten
Backzeit: 10 Minuten
Zeit zum Fertigstellen: 15 Minuten

Den Backofen auf 200° vorheizen. Ein Backblech mit Backtrennpapier auslegen. • Die Eiweiße mit 100 g Zucker, dem Salz und dem Vanillezucker sehr steif schlagen. Die Eigelbe hinzufügen und unter den Eischnee ziehen. Das Mehl mit der Speisestärke mischen und locker mit dem Schneebesen untermengen. • Den Teig auf das Backblech streichen und den Biskuit in 10 Minuten goldgelb backen. • Die Biskuitplatte auf ein mit 2 Eßlöffeln Zucker bestreutes Küchentuch stürzen und mit einem kalten feuchten Tuch bedecken. • Die Sahne mit dem Zitronensaft und der -schale steif schlagen, dabei den restlichen Zucker einrieseln lassen. • Das feuchte Küchentuch entfernen. Die Zitronensahne auf dem Biskuit glattstreichen. Den Biskuit mit Hilfe des darunterliegenden Küchentuches aufrollen. Die Roulade mit dem Puderzucker besieben.

Biskuitroulade mit Himbeersahne

im Bild hinten

Zutaten für 1 Roulade:
4 Eier · 1 Prise Salz
150 g Zucker
1 Eßl. Vanillezucker
je 75 g Mehl und Speisestärke
3 Eßl. Zucker
0,4 l Sahne
200 g Himbeeren

Schnell • Preiswert

Bei 8 Stücken pro Stück etwa 1680 kJ/400 kcal · 9 g Eiweiß 22 g Fett · 44 g Kohlenhydrate

Vorbereitungszeit: 15 Minuten
Backzeit: 8–10 Minuten
Zeit zum Fertigstellen: 15 Minuten

Den Backofen auf 220° vorheizen. Ein Backblech mit Backtrennpapier auslegen. • Die Eier in Eigelbe und Eiweiße trennen. Die Eiweiße mit dem Salz und 75 g Zucker schnittfest schlagen. • Die Eigelbe mit dem restlichen Zucker und dem Vanillezucker schaumig schlagen. Das Mehl mit der Speisestärke auf die Eigelbmasse sieben, mit dem Eischnee unter die Eigelbmasse ziehen. Den Teig auf das Backblech streichen. • Den Biskuit im Backofen auf der oberen Schiene in 8 bis 10 Minuten goldgelb backen. • Ein großes feuchtes Küchentuch mit 2 Eßlöffeln Zucker bestreuen und die Biskuitplatte daraufstürzen. Das Backtrennpapier abziehen. Die Platte mit Hilfe des Tuches aufrollen. • Die Sahne mit dem übrigen Zucker steif schlagen, die Hälfte in einen Spritzbeutel füllen. Die Himbeeren waschen, trockentupfen, einige zum Garnieren beiseite legen und die restlichen Beeren unter die Schlagsahne mischen. Die Biskuitplatte aufrollen, mit der Himbeersahne füllen und wieder zusammenrollen. Die Roulade mit der Schlagsahne bespritzen und mit den übrigen Himbeeren verzieren.

Heller und dunkler Biskuit mit Früchten

Wenig Arbeitsaufwand ist nötig für die beliebten Rouladen mit sahniger Obstfüllung

Schokoladenroulade mit Kirschen

im Bild links

4 Eier · 125 g Zucker
75 g Mehl · 50 g Speisestärke
50 g Schokoladenpulver
3 Blätter Gelatine
500 g dunkle Süßkirschen
350 g Mascarpone
2 Eßl. Zitronensaft
0,2 l Sahne
50 g Zartbitter-Schokolade

Gelingt leicht

Bei 10 Stücken pro Stück etwa 1380 kJ/330 kcal · 13 g Eiweiß 14 g Fett · 38 g Kohlenhydrate

Vorbereitungszeit: 15 Minuten
Backzeit: 10 Minuten
Zeit zum Fertigstellen: 30 Minuten
Kühlzeit: 1 Stunde

Den Backofen auf 220° vorheizen. Ein Backblech mit Pergamentpapier auslegen. • Die Eier in Eigelbe und Eiweiße trennen. Die Eigelbe mit 3 Eßlöffeln Wasser und 75 g Zucker schaumig rühren. Die Eiweiße steif schlagen, mit dem Mehl, der Speisestärke und dem Schokoladenpulver über die Eigelbmasse geben und unterheben. • Den Teig auf das Backblech streichen und 10 Minuten backen. • Die Gelatine einweichen. Die Kirschen waschen, abtrocknen, entsteinen, dann feinhacken und mit dem Mascarpone und dem übrigen Zucker mischen. Den Zitronensaft erhitzen. Die gut ausgedrückte Gelatine darin auflösen, unter die Kirschcreme mischen. • Den Biskuit auf ein mit Zucker bestreutes Küchentuch stürzen. Das Papier abziehen und die Teigplatte aufrollen. • Die Sahne steif schlagen, 3 Eßlöffel unter die halbfeste Kirschcreme mischen. Den Biskuit mit der Creme bestreichen, aufrollen und 1 Stunde kühl stellen. • Die Roulade mit Schlagsahne bestreichen. Die Schokolade darüberraspeln.

Biskuitschnitten mit Pfirsichsahne

im Bild rechts

4 Eier · 100 g Zucker
1 Eßl. Vanillezucker
100 g Mehl
25 g Speisestärke
500 g vollreife Pfirsiche
1 Schnapsglas Cointreau (2 cl)
1 Vanilleschote · 2 Eßl. Zucker
0,4 l Sahne

Gelingt leicht

Bei 10 Stücken pro Stück etwa 1380 kJ/330 kcal · 8 g Eiweiß 17 g Fett · 33 g Kohlenhydrate

Vorbereitungszeit: 15 Minuten
Backzeit: 10 Minuten
Zeit zum Fertigstellen: 20 Minuten
Kühlzeit: 1 Stunde

Den Backofen auf 220° vorheizen. • Die Eier in Eigelbe und Eiweiße trennen. Die Eigelbe mit 4 Eßlöffeln kaltem Wasser, dem Zucker und dem Vanillezucker schaumig rühren. Die Eiweiße steif schlagen, auf die Eigelbmasse geben, mit dem Mehl und der Speisestärke unterheben. Den Teig auf ein mit Pergamentpapier belegtes Backblech streichen. • Den Biskuit 10 Minuten backen, dann auf ein feuchtes Küchentuch stürzen. Das Papier abziehen. Die Teigplatte mit Hilfe des Tuches aufrollen. • Die Pfirsiche mit einer Gabel mehrmals einstechen, mit kochendheißem Wasser überbrühen, häuten, bis auf 1 Pfirsichhälfte sehr fein hakken und mit dem Cointreau beträufeln. Das Vanillemark mit dem Zucker zur Sahne geben. • Die Sahne steif schlagen, bis auf 5 gehäufte Eßlöffel mit dem Pfirsichpüree mischen. Den Biskuit mit der Pfirsichsahne bestreichen und wieder aufrollen. • Die Roulade in Alufolie gewickelt im Tiefkühlfach 1 Stunde durchkühlen lassen, dann in 10 Scheiben schneiden, mit Pfirsichspalten und Sahnetupfen garnieren.

Duftige Gebilde aus Brandteig

Leckeres Gebäck für die Kaffeetafel, das man erst füllt, wenn die Gäste fast schon vor der Türe stehen

Eclairs mit Mokkasahne

im Bild vorne

Zutaten für 12 Stück:
Für den Brandteig:
¼ l Wasser · 50 g Butter
1 Eßl. Vanillezucker
1 Prise Salz
175 g Mehl · 4 Eier
Zum Füllen:
¼ l Sahne
2 Teel. Instant-Kaffeepulver
1 Eßl. Zucker
Für den Guß:
150 g Puderzucker
1 Eßl. Instant-Kaffeepulver
2 Eßl. Rum

Gelingt leicht • Preiswert

Pro Stück etwa
1090 kJ/260 kcal · 6 g Eiweiß
14 g Fett · 26 g Kohlenhydrate

Vorbereitungszeit: 20 Minuten
Backzeit: 20–30 Minuten
Zeit zum Fertigstellen: 15 Minuten

Den Backofen auf 225° vorheizen. • Das Wasser mit der Butter, dem Vanillezucker und dem Salz in einem Topf aufkochen lassen. Den Topf vom Herd nehmen. Das Mehl auf einmal hineinschütten und kräftig unterrühren. Den Teig bei schwacher Hitzer so lange weiterrühren, bis er sich vom Topfboden löst. Den Topf wiederum vom Herd nehmen, 1 Ei unterrühren. Den Teig abkühlen lassen und nach und nach die restlichen Eier untermischen. • Mit einem Spritzbeutel mit großer Sterntülle etwa 12 fingerlange Streifen in reichlichem Abstand zueinander auf ein kalt abgespültes Backblech spritzen. Die Eclairs im Backofen auf der mittleren Schiene in 20 bis 30 Minuten goldbraun backen. • Für die Füllung die Sahne mit dem Kaffeepulver und dem Zucker steif schlagen und in einen Spritzbeutel füllen. • Die Eclairs sofort längs aufschneiden und erkalten lassen. • Für den Guß den Puderzucker mit 1 Eßlöffel heißem Wasser, dem Kaffeepulver und dem Rum verrühren. Die oberen Eclairhälften damit bestreichen. Die Sahne in die unteren Hälften spritzen und die Deckel daraufsetzen.

Kleine Windbeutel

im Bild hinten

Zutaten für etwa 40 Stück:
⅛ l Wasser · 50 g Butter
1 Prise Salz · 2 Eßl. Vanillezucker
125 g Mehl · 4 Eier
0,4 l Sahne · 1 Eßl. Puderzucker

Gelingt leicht • Schnell

Pro Stück etwa
290 kJ/70 kcal · 2 g Eiweiß
5 g Fett · 4 g Kohlenhydrate

Vorbereitungszeit: 30 Minuten
Backzeit: 20 Minuten

Das Wasser mit der Butter, dem Salz und 1 Eßlöffel Vanillezucker in einem Topf aufkochen lassen. Das Mehl auf einmal hineinschütten, unterrühren, bis sich ein Teigkloß gebildet hat. • Den Teigkloß in eine Schüssel geben und etwas abkühlen lassen. Die Eier nacheinander unterrühren. • Den Backofen auf 220° vorheizen. Ein Backblech einfetten. • Den Teig in einen Spritzbeutel mit Sterntülle füllen. Walnußgroße Tupfen auf das Backblech spritzen. • Die Windbeutel auf der mittleren Schiene in etwa 20 Minuten goldbraun backen. Zu Beginn der Backzeit 1 Tasse heißes Wasser auf den Boden des Backofens gießen und die Tür schnell schließen. • Die Sahne mit dem restlichen Vanillezucker steif schlagen, in einen Spritzbeutel füllen und in die etwas abgekühlten, auseinandergeschnittenen Windbeutel spritzen. Die Windbeutelchen mit dem Puderzucker besieben. • Windbeutelchen schmecken am besten ganz frisch serviert.

Korinthenbrötchen

Heißwecken, wie sie in Norddeutschland genannt werden, sind ein Gebäck für alle, die weniger Süße bevorzugen

Zutaten für 12 Brötchen:
500 g Mehl
1 Päckchen Trockenhefe
50 g Zucker
1 Prise Salz
je 1 Prise Zimtpulver und Kardamom
1 Teel. abgeriebene ungespritzte Zitronenschale
¼ l lauwarme Milch
100 g weiche Butter
1 Ei
100 g Korinthen
½ l Sahne
2 Eßl. Puderzucker

Spezialität aus Schleswig-Holstein

Pro Stück etwa 1510 kJ/ 360 kcal · 8 g Eiweiß
15 g Fett · 45 g Kohlenhydrate

Vorbereitungszeit: 20 Minuten
Zeit zum Gehenlassen: 1 Stunde
Backzeit: 20 Minuten

Das Mehl mit der Hefe, dem Zucker, dem Salz, dem Zimt, dem Kardamom und der Zitronenschale mischen. Die Milch, die Butter und das Ei hinzufügen. Den Teig 5 Minuten gut durchkneten. Die Korinthen heiß waschen, abtrocknen und unter den Teig mengen. Den Hefeteig mit etwas Mehl bestreuen und zugedeckt an einem warmen Platz 45 Minuten gehen lassen. • Den Teig mit bemehlten Händen kurz durchkneten und zu einer Rolle formen. Diese in 12 gleich große Stücke schneiden und Brötchen daraus formen. • Die Brötchen auf ein gefettetes Backblech legen und zugedeckt nochmals 15 Minuten gehen lassen. • Den Backofen auf 200° vorheizen. • Die Korinthenbrötchen mit etwas Milch bestreichen und im Backofen auf der mittleren Schiene in 20 Minuten goldbraun backen. • Die Brötchen auf einem Kuchengitter abkühlen lassen und auf- aber nicht ganz durchschneiden. • Die Sahne steif schlagen, in einen Spritzbeutel mit Sterntülle füllen und in die Brötchen spritzen. Die Brötchen mit dem Puderzucker besieben.

Nußhörnchen

Ganz frisch serviert schmecken sie am besten

Zutaten für 12 Hörnchen:
20 g Hefe
1 Teel. Zucker
⅛ l lauwarme Milch
300 g Mehl · 1 Prise Salz
1 Ei · 1 Eßl. Butter
100 g gemahlene Haselnüsse
50 g Farinzucker (brauner Zucker)
1 Prise Zimtpulver
3 Eßl. Kondensmilch
100 g Puderzucker
2 Eßl. Rum

Spezialität aus Dänemark

Pro Stück etwa 960 kJ/
230 kcal · 6 g Eiweiß
8 g Fett · 33 g Kohlenhydrate

Vorbereitungszeit: 30 Minuten
Zeit zum Gehenlassen:
1¼ Stunden
Backzeit: 20–25 Minuten

Die Hefe mit dem Zucker und etwas warmer Milch verrühren und 15 Minuten gehen lassen. • Die Hälfte des Mehls in eine Schüssel geben, die restliche Milch, den Hefeansatz, das Salz und das Ei hinzufügen, alles zu einem geschmeidigen Teig vermengen und das restliche Mehl gut unterkneten. Den Teig 45 Minuten zugedeckt gehen lassen. • Die Butter schmelzen lassen, die Haselnüsse hinzufügen und leicht rösten, den Zucker, den Zimt und die Kondensmilch untermischen. • Den Hefeteig nochmals durchkneten und auf einer bemehlten Arbeitsfläche zu einem Rechteck ausrollen. Längliche Dreiecke ausschneiden. Die Haselnußpaste in die Mitte streichen. Die Dreiecke zur Spitze hin aufrollen, zu Hörnchen biegen, auf ein gefettetes Backblech legen und zugedeckt 15 Minuten gehen lassen. • Den Backofen auf 200° vorheizen. • Die Hörnchen in 20 bis 25 Minuten goldbraun backen. • Den Puderzucker mit dem Rum verrühren. Die Hörnchen mit dem Guß bepinseln.

Nußkämme

Blätterteig selbst herzustellen ist eine recht aufwendige Angelegenheit

Zutaten für 10 Nußkämme:
300 g tiefgefrorener Blätterteig
150 g gemahlene Haselnüsse
1 Eßl. Butter
1 Ei
100 g Zucker

Gelingt leicht

Pro Stück etwa 1210 kJ/
290 kcal · 5 g Eiweiß
19 g Fett · 22 g Kohlenhydrate

Auftauzeit: 1 Stunde
Vorbereitungszeit: 30 Minuten
Backzeit: 15–20 Minuten

Die fünf Blätterteigscheiben nebeneinander auftauen lassen • Die Teigscheiben halbieren und auf einer bemehlten Arbeitsfläche zu Quadraten von etwa 10×10 cm ausrollen. • Die gemahlenen Nüsse in der Butter leicht rösten und abkühlen lassen. Das Ei in Eiweiß und Eigelb trennen. Das Eiweiß zu Schnee schlagen. Den Zucker und die Nüsse untermengen. • Den Backofen auf 220° vorheizen. • Das Eigelb mit 1 Teelöffel Wasser verquirlen. • Die Haselnußmasse auf die Teigquadrate verteilen, großzügig Ränder frei lassen. Diese mit dem Eigelb bestreichen und die Teigquadrate zusammenklappen. Die Ränder festdrücken und auf einer Seite mit einem scharfen Messer mehrmals einschneiden. • Die Nußkämme etwas nach außen gebogen auf ein mit kaltem Wasser abgespültes Backblech legen, mit restlichem Eigelb bestreichen und im Backofen auf der mittleren Schiene in 15 bis 20 Minuten goldbraun backen.

Schweinsöhrchen

Frisch aus dem Ofen ein ganz besonderer Genuß

Zutaten für 30 Schweinsöhrchen:
300 g tiefgefrorener Blätterteig
100 g Zucker

Berühmtes Rezept
Gelingt leicht

Pro Stück etwa
210 kJ/50 kcal · 1 g Eiweiß
3 g Fett · 7 g Kohlenhydrate

Auftauzeit: 1 Stunde
Vorbereitungszeit: 20 Minuten
Ruhezeit: 30 Minuten
Backzeit: 16–20 Minuten

Die fünf Blätterteigscheiben nebeneinander auf einer gezuckerten Arbeitsfläche auftauen lassen. • Zum Ausrollen die Arbeitsfläche nochmals mit Zukker bestreuen und den Blätterteig darauf zu einem Rechteck von 20×30 cm ausrollen. Die Teigplatte dabei mehrmals drehen und wenden. Die Teigplatte von den Längsseiten zur Mitte hin einschlagen, ohne daß die beiden Teile aneinanderstoßen. Etwas Zucker daraufstreuen. Den Blätterteig 30 Minuten zugedeckt in den Kühlschrank stellen. • Den Backofen auf 220° vorheizen. Ein Backblech mit kaltem Wasser abspülen. • Mit einem scharfen Messer bleistiftdicke Scheiben vom Blätterteig abschneiden. Die Scheiben mit größeren Zwischenräumen auf das Backblech legen und 8 bis 10 Minuten backen, dann wenden und in weiteren 8 bis 10 Minuten fertig backen. • Die Schweinsöhrchen auf einem anderen Backblech abkühlen lassen.

Unser Tip: Besonders fein schmecken Schweinsöhrchen mit Himbeeren belegt, auf die man gesüßte Schlagsahne spritzt. Brombeeren, Preiselbeerkompott oder Mangospalten schaffen Abwechslung. »Pur« sind Schweinsöhrchen ein klassisches Teegebäck.

Teeblätter

Sie schmecken nicht nur zu heißem Tee sehr gut

Zutaten für 16 Teeblätter:
300 g tiefgefrorener Blätterteig
100 g Zucker
100 g Schokoladenkuvertüre

Gelingt leicht • Spezialität

Pro Stück etwa 540 kJ/
130 kcal · 1 g Eiweiß · 7 g Fett
16 g Kohlenhydrate

Auftauzeit: 1 Stunde
Vorbereitungszeit: 30 Minuten
Ruhezeit: 15 Minuten
Backzeit: 16 Minuten

Die fünf Blätterteigscheiben nebeneinander auftauen lassen, dann auf einer gezuckerten Arbeitsfläche etwa 7 mm dick ausrollen. • Mit einer Ausstechform oder einem Glas von 6 cm Durchmesser Scheiben ausstechen, die Scheiben auf der gezuckerten Arbeitsfläche mit einem Nudelholz in einer Richtung rollen, wenden und in der gleichen Richtung nochmals ausrollen. Die ovalen Scheiben auf ein mit kaltem Wasser abgespültes Backblech legen und 15 Minuten ruhen lassen. • Den Backofen auf 220° vorheizen. • Die Teeblätter im Backofen auf der mittleren Schiene 8 Minuten backen dann wenden und in weiteren 8 Minuten fertig backen. • Die Teeblätter zum Abkühlen auf ein anderes Blech legen. • Die Kuvertüre im Wasserbad schmelzen, jeweils die Enden der Teeblätter in die Kuvertüre tauchen. Die Teeblätter auf ein Kuchengitter legen, bis die Kuvertüre getrocknet ist.

Unser Tip: Genießen Sie Teeblätter mit Schlagsahne garniert, unter die man einige Eßlöffel Eierlikör mischt. Schokoladensauce in dünnem Strahl darübergießen. Die Teeblätter brauchen dafür nicht in Kuvertüre getaucht werden.

Delikates Plundergebäck

Statt Schnecken oder Windmühlen lassen sich aus spitzwinkeligen Teigdreiecken auch Hörnchen formen

Kopenhagener Schnecken

im Bild hinten

Zutaten für etwa 20 Schnecken:
Für den Hefeteig: · 500 g Mehl
30 g Hefe · 75 g Zucker · ¼ l Milch
2 Eigelbe · 75 g Butter
je 1 Prise Salz und Kardamom
Für den Butterteig:
75 g Mehl · 250 g kalte Butter
Zum Füllen: 100 g Korinthen
150 g Marzipan-Rohmasse
75 g Puderzucker · 1 Eiweiß
1 Teel. Zimtpulver · 2 Eßl. Zucker
Zum Bestreichen: 1 Eiweiß

Spezialität aus Dänemark

Pro Stück etwa
1380 kJ/330 kcal · 6 g Eiweiß
17 g Fett · 38 g Kohlenhydrate

Vorbereitungszeit: 2 Stunden
Backzeit: 12–15 Minuten

Das Mehl in eine Schüssel geben, die Hefe darin mit 1 Teelöffel Zucker und etwas Milch verrühren; 15 Minuten zugedeckt gehen lassen. • Für den Butterteig rasch das Mehl mit der Butter verkneten; zwischen Pergamentpapier eine etwa 1 cm dikke Platte ausrollen und in den Kühlschrank legen. • Alle übrigen Zutaten für den Hefeteig unterkneten. Den Teig nochmals 30 Minuten gehen lassen, dann zu einem Rechteck von doppelter Größe wie die Butterplatte ausrollen. Die Butterplatte darauflegen, den Teig darüberklappen. Die Teigplatte ausrollen, zweimal übereinanderschlagen; 15 Minuten in den Kühlschrank legen. Den Vorgang noch zweimal wiederholen. • Die Korinthen einweichen. Das Marzipan mit dem Puderzucker und dem Eiweiß verrühren. Den Zimt mit dem Zucker mischen. • Die Teigplatte 40×55 cm groß ausrollen, mit dem Marzipan, den Korinthen und dem Zimt-Zucker bedecken, von den Längsseiten her zur Mitte hin aufrollen, 2 cm dicke Scheiben abschneiden. • Den Backofen auf 220° vorheizen. • Die Schnecken mit Eiweiß bestreichen; 12 bis 15 Minuten backen.

Windmühlen

im Bild vorne

Zutaten für 18 Windmühlen:
500 g sehr fein gemahlenes
Weizen-Vollkornmehl
1 Würfel Hefe (42 g)
1 Eßl. Honig · ¼ l Milch
1 Eigelb · 200 g Butter
je 150 g abgezogene gemahlene
Mandeln und Hagebuttenmus

Vollwertrezept

Pro Stück etwa
1210 kJ/290 kcal · 7 g Eiweiß
17 g Fett · 26 g Kohlenhydrate

Vorbereitungszeit: 1½ Stunden
Ruhezeit: etwa 12 Stunden
Backzeit: 20–25 Minuten

In die Mitte von 450 g Mehl die Hefe bröckeln; diese mit dem Honig, der Milch und etwas Mehl verrühren. Den Vorteig 15 Minuten zugedeckt gehen lassen. • Das Eigelb und 1 Eßlöffel Butter hinzufügen, alles verkneten und den Teig zugedeckt 12 Stunden in den Kühlschrank stellen. • 50 g Mehl rasch mit der kalten restlichen Butter vermengen und zu einer 20×20 cm großen Teigplatte ausrollen. • Die Butterplatte auf eine Teighälfte legen, den Teig darüberschlagen, die Ränder andrücken. Die Platte jeweils viermal auf die volle Größe ausrollen, auf die Hälfte zusammenlegen und zwischen den »Touren« 10 Minuten ruhen lassen. • Den Backofen auf 200° vorheizen. • Den Teig ausrollen, 12×12 cm große Quadrate ausschneiden. • Die Mandeln mit dem Hagebuttenmus mischen und in die Mitte der Quadrate füllen. Die Teigstücke einschneiden, zu Windmühlen formen und auf einem gefetteten Blech in 20 bis 25 Minuten goldbraun backen.

Rosinenschnecken

Oftmals aus Hefeteig, hier aus Quarkteig hergestellt – ein Gebäck, das man probieren sollte

Zutaten für 20 Schnecken:
250 g Magerquark
300 g kalte Butter
1 Prise Salz
1 Teel. Vanillezucker
250 g Mehl
1 Teel. Backpulver
125 g Rosinen
50 g gemahlene Haselnüsse
1 Teel. Zimtpulver
50 g Zucker
150 g Puderzucker
1–2 Eßl. Zitronensaft

Gelingt leicht

Pro Stück etwa 1000 kJ/
240 kcal · 4 g Eiweiß
14 g Fett · 25 g Kohlenhydrate

Vorbereitungszeit: 40 Minuten
Kühlzeit: 1 Stunde
Backzeit: 25–30 Minuten

Den Quark auf einem Sieb abtropfen lassen. 250 g Butter in Flöckchen mit dem Salz, dem Vanillezucker, dem Mehl und dem Backpulver unter den Quark mischen. Die Zutaten zuerst mit den elektrischen Knethaken verarbeiten, dann mit bemehlten Händen zu einem glatten Teig kneten. Den Teig in Folie gewikkelt 1 Stunde kühl stellen. • Den Quarkteig auf einer bemehlten Arbeitsfläche zu einer Platte von 40×60 cm ausrollen. Die restliche Butter in einem Topf schmelzen, dann etwas abkühlen lassen. Den Teig damit bepinseln. Die Rosinen heiß waschen, abtrocknen, mit den gemahlenen Nüssen, dem Zimt und dem Zucker mischen und auf den Teig verteilen. • Die Teigplatte von der schmalen Seite her aufrollen und mit einem in Wasser getauchten Messer in 20 Scheiben schneiden. • Den Backofen auf 200° vorheizen. Ein Backblech einfetten. • Die Schnecken auf das Backblech legen und im Backofen auf der mittleren Schiene in 25 bis 30 Minuten goldbraun backen. • Den Puderzucker mit dem Zitronensaft zu einem zähflüssigen Guß verrühren. Die noch warmen Schnecken damit bepinseln und auf einem Kuchengitter abkühlen lassen.

Kindergeburtstag-Favoriten

Man kann nicht genug davon für die hungrige Schar backen

Mohrenköpfe

im Bild links

Zutaten für
16 Pergamentförmchen:
4 Eier · 1 Prise Salz
200 g Zucker
1 Eßl. Vanillezucker
je 75 g Mehl und Speisestärke
1 Teel. Backpulver
4 Blatt Gelatine
2–3 eingelegte Ingwerpflaumen
0,4 l Sahne
abgeriebene Schale von
½ ungespritzten Zitrone
200 g Zartbitter-Kuvertüre
abgeriebene Schale von
1 ungespritzten Orange

Berühmtes Rezept

Pro Stück etwa 1210 kJ/
290 kcal · 6 g Eiweiß
15 g Fett · 31 g Kohlenhydrate

Vorbereitungszeit: 30 Minuten
Backzeit: 15 Minuten
Zeit zum Fertigstellen: 1 Stunde

Die Eier in Eigelbe und Eiweiße trennen. Die Eiweiße mit dem Salz steif schlagen. Die Eigelbe mit 3 bis 4 Eßlöffeln heißem Wasser schaumig schlagen; den Zucker und den Vanillezucker einrieseln lassen. Den Eischnee mit dem Mehl, der Speisestärke und dem Backpulver auf die Eigelbcreme geben und mit dem Schneebesen locker unterziehen. • Den Backofen auf 200° vorheizen. • Die Förmchen auf ein Backblech geben und jeweils 2 bis 3 Eßlöffel Teig einfüllen. • Den Biskuit 15 Minuten backen, dann abkühlen lassen. • Für die Creme die Gelatine in kaltem Wasser 10 Minuten einweichen. Die Ingwerpflaumen sehr fein würfeln. Die Sahne steif schlagen, mit den Ingwerwürfeln und der Zitronenschale mischen. Die Gelatine auspressen, in einem Töpfchen bei schwacher Hitze auflösen und unter die Sahne ziehen. • Die Biskuits in der Mitte durchschneiden und dick mit Ingwersahne füllen. • Die Kuvertüre im Wasserbad schmelzen lassen und die Biskuits damit überziehen. • Die Orangenschale auf den noch feuchten Schokoladenguß streuen.

Amerikaner

im Bild rechts

Zutaten für 12 Amerikaner:
200 g Weizen-Vollkornmehl
100 g feingemahlenes Maismehl
25 g Maisstärkepuder
½ Teel. gemahlene Vanille
250 g weiche Butter
100 g Honig · 0,2 l Sahne · 1 Ei
200 g streichfähiger Klee- oder Blütenhonig
2 Tropfen natürliches Zitronen-Backöl

Vollwertrezept
Gelingt leicht

Pro Stück etwa
1680 kJ/400 kcal · 4 g Eiweiß
24 g Fett · 39 g Kohlenhydrate

Vorbereitungszeit: 30 Minuten
Backzeit: 15–20 Minuten

Das gesamte Mehl mit dem Maismehl, dem Stärkepuder und der Vanille mischen. • 150 g Butter mit dem Honig schaumig rühren. Die Mehlmischung, die Sahne und das Ei abwechselnd nach und nach daruntermischen. Den Teig gründlich rühren und etwa 15 Minuten quellen lassen. • Das Backblech einfetten. Den Backofen auf 200° vorheizen. • Vom Teig mit einem Eßlöffel 12 Häufchen in genügend großem Abstand auf das Blech setzen. Die Amerikaner in 15 bis 20 Minuten goldbraun backen, dann abkühlen lassen. • Die restliche Butter schaumig rühren. Den Honig und das Zitronenöl nach und nach hinzufügen. Die glatte Seite der Amerikaner dick mit der Honigmasse bestreichen. • Diese »Vollwert«-Amerikaner bleiben etwa 4 Tage frisch und schmecken am besten 1 Tag nach dem Backen.

Leckeres für den Teilchenteller

Gebäck, das immer schmeckt – weniger süß und herzhaft

Apfeltaschen

im Bild rechts

Zutaten für etwa 15 Stück:
Für den Teig:
150 g Schichtkäse, ersatzweise Speisequark (20% Fettgehalt)
6 Eßl. Öl · 5 Eßl. Milch
50 g Zucker · 2 Eßl. Vanillezucker
300 g Mehl · 2 Teel. Backpulver
Zum Füllen:
50 g Rosinen · 1 Eßl. Rum
500 g säuerliche Äpfel (Boskop)
2 Eßl. Zitronensaft · 75 g Zucker
½ Teel. Zimtpulver
Für den Guß:
100 g Puderzucker
1–2 Eßl. Apfelkorn oder Zitronensaft

Braucht etwas Zeit

Pro Stück etwa 880 kJ/210 kcal · 4 g Eiweiß
4 g Fett · 39 g Kohlenhydrate

Vorbereitungszeit: 1½ Stunden
Backzeit: 20 Minuten

Den Schichtkäse oder den Quark gut abtropfen lassen oder auspressen. • Für die Füllung die Rosinen heiß waschen, trockentupfen und mit dem Rum beträufeln. Die Äpfel vierteln, schälen, vom Kerngehäuse befreien, würfeln und mit dem Zitronensaft, dem Zucker und dem Zimt mischen. Die Äpfel mit den Rosinen unter Wenden 10 Minuten dünsten. • Den Schichtkäse oder den Quark mit dem Öl, der Milch, dem Zucker und dem Vanillezucker verrühren. Das Mehl mit dem Backpulver mischen, eßlöffelweise unter den Quark ziehen, zuletzt unterkneten. • Den Teig nicht zu dünn ausrollen und Kreise von 10 cm Durchmesser ausstechen. Die Teigscheiben mit der erkalteten Apfelfarce füllen, zusammenklappen und die Ränder mit einer Gabel festdrükken. • Den Backofen auf 200° vorheizen. • Die Apfeltaschen auf ein gefettetes Backblech legen und in 20 Minuten goldgelb backen.

Den Puderzucker mit dem Apfelkorn oder dem Zitronensaft verrühren und die noch warmen Apfeltaschen damit bepinseln.

Süße Brezen

im Bild links

Zutaten für etwa 30 Brezen:
500 g Mehl
2 Teel. Backpulver
2 Teel. Vanillezucker
1 Messerspitze Salz
⅛ l saure Sahne
300 g kalte Butter
1 Eiweiß · 100 g Hagelzucker

Etwas schwierig • Schnell

Pro Stück etwa
630 kJ/150 kcal · 2 g Eiweiß
9 g Fett · 16 g Kohlenhydrate

Vorbereitungszeit: 20 Minuten
Kühlzeit: 30 Minuten
Backzeit: 25–30 Minuten

Das Mehl mit dem Backpulver auf ein Backbrett sieben. Den Vanillezucker und das Salz daraufstreuen, in eine Mulde die saure Sahne geben. Die kalte Butter in Flöckchen auf den Mehlrand geben und alle Zutaten mit einem breiten Messer gut durchhacken, mit kühlen Händen schnell zu einem glatten Teig verarbeiten. • Den Teig 30 Minuten zugedeckt im Kühlschrank ruhen lassen. • Den Teig in 4 Portionen auf einer leicht bemehlten Arbeitsfläche etwa 3 mm dick zu einer 30 cm langen Platte ausrollen, 1 bis 1½ cm breite Streifen abschneiden und die Streifen vorsichtig drehen. • Den Backofen auf 220° vorheizen. Ein Backblech mit Backtrennpapier auslegen. • Die Teigstreifen auf dem Backblech zu Brezen formen. • Das Eiweiß leicht verquirlen. Die Brezen damit bestreichen und mit dem Hagelzucker bestreuen. Die Brezen in 25 bis 30 Minuten goldgelb backen.

Kokosgebäck aus der Vollwert-Backstube

Das Gebäck ist gut vorzubereiten – es schmeckt am besten 1 Tag nach dem Backen, bleibt aber 5 Tage frisch

Kokostörtchen

im Bild links

Zutaten für
20 Pergamentförmchen:
200 g ungehärtetes Kokosfett
125 g grobgeraspelte Kokosflocken
200 g Weizen-Vollkornmehl
50 g Buchweizenmehl
25 g Maisstärkepuder oder Arrowroot (Pfeilwurzelmehl)
2 Teel. Backpulver
abgeriebene Schale von ½ ungespritzten Zitrone
3 Tropfen natürliches Zitronen-Backöl
je 50 g gewürfeltes Orangeat und Zitronat
200 g Honig
4 Eier
3 Schnapsgläser Kokoslikör (Batida de Coco, 6 cl)

Vollwertrezept
Gelingt leicht

Pro Stück etwa 1000 kJ/
240 kcal · 4 g Eiweiß
17 g Fett · 25 g Kohlenhydrate

Vorbereitungszeit: 30 Minuten
Backzeit: 15–20 Minuten

Das Kokosfett zerlassen und abkühlen lassen. Die Kokosflocken in einer trockenen Pfanne rösten, bis sie angenehm duften. • Das gesamte Mehl mit dem Stärkepuder, dem Backpulver, der Zitronenschale, dem Backöl, dem Orangeat und dem Zitronat mischen. • Das Kokosfett mit dem Honig schaumig rühren, abwechselnd die Mehlmischung und die Eier sowie 100 g Kokosflocken unterrühren. • Den Backofen auf 180° vorheizen. Die Förmchen auf ein Backblech setzen und den Teig einfüllen, mit den restlichen Kokosflocken bestreuen; in 15 bis 20 Minuten goldgelb backen. • Die Törtchen mit 1 Teelöffel Kokoslikör beträufeln, kühl stellen und auf einer vorgekühlten Platte servieren.

Kokoskrokant-Schnitten

im Bild rechts

Zutaten für etwa 20 Schnitten:
400 g Weizen-Vollkornmehl
2 Teel. Backpulver
abgeriebene Schale von
½ ungespritzten Zitrone
200 g kalte Butter
100 g Honig
4 Eier
250 g Johannisbeer-Gelee
250 g Kokosflocken
75 g Zuckerrohr-Granulat
Zum Bestreichen: 4 Eßl. Milch

Vollwertrezept

Pro Stück etwa 1090 kJ/
260 kcal · 5 g Eiweiß
9 g Fett · 28 g Kohlenhydrate

Vorbereitungszeit: 1¼ Stunden
Backzeit: 15 Minuten

Für den Teig das Mehl mit dem Backpulver und der Zitronenschale mischen, in die Mitte eine Mulde drücken, die Butter in Flöckchen, den Honig und 1 Ei hineingeben und alles gut verkneten. Den Teig 10 Minuten ruhen lassen. • Zwei Drittel des Teigs 3 bis 4 mm dick ausrollen, auf ein gefettetes Blech legen und mit dem Gelee bestreichen. Den restlichen Teig ausrollen, in etwa 4 cm breite Streifen schneiden und in 5 cm breiten Abständen auf das Gelee legen. Die Teigstreifen mit Milch bestreichen. • Den Backofen auf 200° vorheizen. • Die Kokosflocken in einer trockenen Pfanne unter Wenden rösten, bis sie angenehm duften, dann etwas abkühlen lassen und mit dem Zuckerrohr-Granulat und den restlichen 3 Eiern verrühren. Die Kokosmasse auf das Gelee verteilen. • Das Gebäck in 15 Minuten goldbraun backen. • Die Teigplatte in der Mitte der Teigstreifen durchschneiden und diagonal in etwa 5 cm breite Stücke schneiden.

Nuß-Nougat-Ecken

In einer Blechdose kühl aufbewahrt bleiben sie Wochen frisch

Zutaten für 20 Stück:
- 150 g weiche Butter
- 150 g Zucker
- 1 Eßl. Vanillezucker
- 3 Eier
- 150 g Mehl
- 75 g Speisestärke
- 1 Teel. Backpulver
- 25 g Kakaopulver
- 100 g gemahlene Haselnüsse
- 4 Eßl. Milch
- 20 ganze Haselnüsse
- 200 g Nuß-Nougat-Masse
- 200 g Schokoladen-Fettglasur

Gelingt leicht • Schnell

Pro Stück etwa 1200 kJ/
290 kcal · 5 g Eiweiß
17 g Fett · 30 g Kohlenhydrate

Vorbereitungszeit: 30 Minuten
Backzeit: 20 Minuten
Zeit zum Fertigstellen: 15 Minuten

Den Backofen auf 200° vorheizen. Ein Backblech mit Backtrennpapier auslegen. • Die Butter mit dem Zucker und dem Vanillezucker schaumig rühren. Die Eier nach und nach hinzufügen. Das Mehl mit der Speisestärke, dem Backpulver, dem Kakao und den gemahlenen Nüssen mischen, mit der Milch unter die Butter-Eier-Masse mengen. Den Teig auf das Backblech streichen und den Kuchen im Backofen auf der mittleren Schiene 20 Minuten backen. • Den noch warmen Kuchen mit einem scharfen Messer in 8 cm große Quadrate schneiden. • Die Nüsse in einer trockenen Pfanne rösten, die Schalen abreiben. Die Nougatmasse erwärmen, bis sie streichfähig ist. Die Schokoladenglasur im Wasserbad schmelzen lassen. • Die Hälfte der Kuchenstücke mit der Nougatmasse bestreichen und die übrigen Quadrate daraufsetzen. • Die Kuchenstücke diagonal halbieren und mit der Schokoladenglasur überziehen. Die Nüsse in die warme Glasur drücken.

Haferflocken-Taler

Ein beliebtes Dauergebäck nicht nur für Kinder

Zutaten für etwa 20 Plätzchen:
- 300 g zarte Haferflocken
- 300 g Mehl · 2 Teel. Backpulver
- 50 g gemahlene Mandeln
- 325 g Zucker
- 3 Teel. Kakaopulver
- 1 Ei · 1 Eigelb
- 100 g Zuckerrübensirup
- 150 g Butter
- 50 g Vollkorn-Haferflocken
- 3 Eiweiße
- 1 Prise Salz · 1 Eßl. Vanillezucker
- 150 g Rosinen

Gelingt leicht • Preiswert

Pro Stück etwa 1300 kJ/
310 kcal · 7 g Eiweiß
10 g Fett · 49 g Kohlenhydrate

Vorbereitungszeit: 1 Stunde
Backzeit: 20 Minuten

Von den zarten Haferflocken 200 g mit dem Mehl, dem Backpulver, den Mandeln, 200 g Zucker, dem Kakao, dem Ei, dem Eigelb, dem Sirup und der Butter in Flöckchen (1 Eßlöffel Butter zurückbehalten) verkneten. • Die Vollkorn-Haferflocken in der übrigen Butter hellbraun rösten. Die Eiweiße mit dem Salz steif schlagen. Den Vanillezucker und den restlichen Zucker einrieseln lassen. • Die Rosinen heiß waschen, abtrocknen und mit den gerösteten Haferflocken und den übrigen zarten Haferflocken untermischen. • Den Backofen auf 180° vorheizen. Ein Backblech leicht mit Butter ausstreichen. • Den Teig auf einer bemehlten Arbeitsfläche etwa 5 mm dick ausrollen, mit einer Ausstechform 40 Scheiben von 6 cm Durchmesser ausstechen. • Auf 20 Plätzchen die Füllung verteilen, jeweils 1 Plätzchen daraufsetzen und leicht andrücken. Die Plätzchen auf das Backblech legen und auf der mittleren Schiene etwa 20 Minuten backen. • Haferflocken-Taler kann man in einer geschlossenen Dose gut 1 bis 2 Wochen aufbewahren.

Törtchen, die man kosten muß

Ganz verschiedene Backideen – kontrastreich und dekorativ beleben sie den Kaffeetisch

Walnußtörtchen

im Bild links

Zutaten für
20 Pergamentförmchen:
150 g Walnußkerne
je 100 g Roggen- und Weizen-Vollkornmehl
2 Teel. Backpulver
5 Teel. Kakaopulver
3 Messerspitzen gemahlene Vanille
abgeriebene Schale von 1 ungespritzten Orange
150 g weiche Butter
175 g Honig
75 g Zuckerrohr-Melasse
3 Eier

Vollwertrezept • Schnell

Pro Stück etwa 880 kJ/ 210 kcal · 5 g Eiweiß 13 g Fett · 18 g Kohlenhydrate

Vorbereitungszeit: 25 Minuten
Backzeit: 15–20 Minuten

Zwei Drittel der Nüsse feinmahlen, den Rest grobhakken. Das gesamte Mehl mit dem Backpulver, 4 Teelöffeln Kakao, 2 Messerspitzen Vanille, der abgeriebenen Schale von ½ Orange und den gemahlenen Nüssen mischen. • Die Butter mit 150 g Honig und der Melasse schaumig rühren. Die Mehlmischung und die Eier abwechselnd nach und nach untermengen. Den Teig gründlich rühren. • Den Backofen auf 180° vorheizen. • Die Förmchen auf ein Backblech setzen und den Teig in die Förmchen verteilen. • Die grobgehackten Nüsse mit dem übrigen Kakao, der Vanille, dem Honig und der restlichen Orangenschale mischen. • Die Füllung in die Mitte der Törtchen geben und etwas andrücken. • Die Törtchen in 15 bis 20 Minuten goldbraun backen. • Sie schmecken am nächsten Tag am besten, bleiben aber mindestens 5 Tage frisch.

Mandelbaiser-Törtchen

im Bild rechts

Zutaten für etwa 12 Törtchen:
4 Eiweiße
200 g Puderzucker
1 Teel. Zitronensaft
50 g feingemahlene Mandeln
500 g beliebig gemischte Früchte der Saison
1 Päckchen klarer Tortenguß
2 Eßl. Zucker · ¼ l Apfelsaft

Braucht etwas Zeit

Pro Stück etwa 630 kJ/ 150 kcal · 5 g Eiweiß 2 g Fett · 27 g Kohlenhydrate

Vorbereitungszeit: 30 Minuten
Trockenzeit: 2 Stunden

Die Eiweiße steif schlagen. Dabei langsam den gesiebten Puderzucker und den Zitronensaft hinzufügen. Die Schüssel in 80° heißes Wasser stellen und den Eischnee weiterschlagen, bis die Masse schnittfest ist; das dauert etwa 15 Minuten. • Die Mandeln unter den Eischnee ziehen. • Den Backofen auf 100° vorheizen. Ein Backblech mit Backtrennpapier auslegen. • Die Baisermasse in einen Spritzbeutel mit Sterntülle füllen, 12 Böden von etwa 8 cm Durchmesser auf das Backblech spritzen und auf die Ränder Tupfen setzen. Die Törtchen im Backofen in etwa 2 Stunden trocknen, dabei die Backofentüre mit Hilfe eines Kochlöffels einen Spaltbreit offen halten. • Die Törtchen vom Backtrennpapier lösen. Die Früchte waschen oder schälen, eventuell entsteinen, in Stücke oder Spalten schneiden und auf die Törtchen verteilen. Den Tortenguß mit dem Zucker mischen, mit etwas Apfelsaft gut verrühren, den übrigen Saft hinzufügen, den Guß kurz aufkochen lassen, dann vom Herd nehmen. • Die Früchte mit dem Guß überziehen.

Feines Gebäck für Ernährungsbewußte

Die naturreinen Zutaten für die Vollwertküche erhält man meist nur im Reformhaus oder Naturkostladen

Rosenmarzipan-Törtchen

im Bild links

Zutaten für etwa 20 Törtchen:
225 g abgezogene Mandeln
250 g Honig · 3 Eßl. Rosenwasser
100 g Hagebuttenmus · 3 Eier
400 g Weizen-Vollkornmehl
2 Teel. Backpulver
je ½ Teel. Zimtpulver und gemahlene Vanille
200 g kalte Butter

Vollwertrezept

Pro Stück etwa 1210 kJ/
290 kcal · 6 g Eiweiß
17 g Fett · 28 g Kohlenhydrate

Vorbereitungszeit: 50 Minuten
Backzeit: 20–30 Minuten

Für das Marzipan 150 g Mandeln im Mixer sehr fein zerkleinern und mit 75 g Honig zu einer geschmeidigen Masse verrühren, dabei die Schüssel in einen Topf mit heißem Wasser stellen. 2 Eßlöffel Rosenwasser und das Hagebuttenmus untermischen. • Die Eier in Eigelbe und Eiweiße trennen. Das Mehl mit dem Backpulver, dem Zimt, der Vanille, der Butter in Flöckchen, 100 g Honig und den Eigelben rasch zu einem geschmeidigen Mürbeteig verkneten. Den Teig auf einer bemehlten Arbeitsfläche etwa 4 mm dick ausrollen, mit einer Ausstechform oder einer Tasse von 8 cm Durchmesser Scheiben ausstechen. • Den Backofen auf 160° vorheizen. Ein Backblech einfetten. • Die Teigscheiben auf das Backblech legen und mit dem Marzipan bestreichen. • Die übrigen Mandeln durch die Mandelmühle drehen. Die Eiweiße zu steifem Schnee schlagen, mit dem restlichen Honig, dem Rosenwasser und den gemahlenen Mandeln vermengen. Die Schaummasse auf die Teigscheiben verteilen und das Gebäck 20 bis 30 Minuten backen. • Die Törtchen schmecken am besten 1 bis 2 Tage nach dem Backen.

Gefüllte Hirseschnitten

im Bild rechts

Zutaten für 8 Schnitten:
⅛ l Milch · 50 g Butter
1 Messerspitze gemahlene Vanille
je 100 g Hirsemehl und Honig
5 Eier
2 Eßl. Maisstärkepuder oder Arrowroot (Pfeilwurzelmehl)
150 g zuckerfreie Erdbeermarmelade · ¼ l Sahne
1 Tafel honiggesüßte Schokolade

Vollwertrezept

Pro Stück etwa 1680 kJ/
400 kcal · 12 g Eiweiß
27 g Fett · 31 g Kohlenhydrate

Vorbereitungszeit: 45 Minuten
Backzeit: 10–15 Minuten

Die Milch mit der Butter und der Vanille aufkochen lassen. Das Hirsemehl langsam unterrühren. Sobald die Masse zu einem Kloß geworden ist, den Topf vom Herd nehmen und den Honig untermischen. • Die Eier in Eigelbe und Eiweiße trennen. Die Eigelbe abwechselnd mit dem Stärkepuder untermengen. Die Eiweiße zu steifem Schnee schlagen und unter den Teig ziehen. • Den Backofen auf 200° vorheizen. Das Backblech mit Backtrennpapier auslegen. • Den Teig auf das Backblech streichen und in 15 Minuten goldbraun backen. • Die noch heiße Teigplatte in 16 Stücke schneiden. 8 abgekühlte Schnitten mit der Marmelade bestreichen. Die Sahne steif schlagen und daraufstreichen oder -spritzen, die übrigen Teigplatten auf die Sahne legen. • Die Schokolade im Wasserbad schmelzen lassen und auf die Hirseschnitten träufeln.

Beliebte Krapfen für fröhliche Feste

Ob aus Hefe- oder Quarkteig – ganz frisch gebacken sind sie eine besondere Köstlichkeit

Faschingskrapfen

im Bild hinten

Zutaten für 12 Krapfen:
1 Würfel Hefe (42 g)
⅛ l lauwarme Milch
100 g Zucker
500 g Mehl
1 Prise Salz
abgeriebene Schale von
1 ungespritzten Zitrone
2 Eier · 75 g weiche Butter
150 g Aprikosen-, Zwetschgen- oder Himbeermarmelade
Zum Ausbacken: 1 kg Kokosfett
Zum Besieben:
2 Eßl. Puderzucker

Spezialität • Preiswert

Pro Stück etwa 1380 kJ/
330 kcal · 7 g Eiweiß
12 g Fett · 50 g Kohlenhydrate

Vorbereitungszeit: 40 Minuten
Zeit zum Gehenlassen:
1¼ Stunden
Ausbackzeit: etwa 30 Minuten

Die Hefe in eine Schüssel bröckeln, mit der Milch und 1 Teelöffel Zucker verrühren, etwa 15 Minuten zugedeckt gehen lassen. • Die Hälfte des Mehls mit dem restlichen Zucker, dem Salz, der Zitronenschale und den Eiern unter den Hefeansatz mischen. Die Butter und das übrige Mehl kräftig unterkneten und den Teig schlagen, bis er sich vom Schüsselrand löst. Den Hefeteig zugedeckt 45 Minuten gehen lassen. • Den Teig nochmals kräftig durchkneten und auf einer bemehlten Arbeitsfläche 1 cm dick ausrollen. Mit einer Tasse von 8 cm Durchmesser 24 Scheiben ausstechen. In die Mitte von 12 Teigscheiben jeweils 1 Teelöffel Marmelade oder Gelee setzen, die Ränder mit Wasser bepinseln, eine leere Teigscheibe daraufsetzen und den Rand festdrücken. • Die Krapfen auf der bemehlten Arbeitsfläche mit einem Tuch bedeckt nochmals 30 Minuten gehen lassen. • Das Fett auf 175° erhitzen. Die Krapfen darin portionsweise von jeder Seite in 4 bis 5 Minuten goldbraun backen, dann etwas abtropfen lassen und mit dem Puderzucker besieben.

Unser Tip: Bayerische Schmalznudeln (»Auszogne«) stellt man aus dem gleichen Teig her: Die 24 ausgestochenen Teigscheiben zieht man mit gefetteten Fingern auseinander, bis sie in der Mitte ganz dünn sind und außen einen dicken Wulst haben. Die Schmalznudeln portionsweise im heißen Fett von jeder Seite in 3 bis 4 Minuten goldbraun backen.

Quarkkrapfen

im Bild vorne

Zutaten für etwa 20 Krapfen:
75 g weiche Butter
1 Teel. abgeriebene ungespritzte Zitronenschale · 1 Prise Salz
50 g Zucker · 1 Ei
125 g Magerquark · 250 g Mehl
1 gestrichener Teel. Backpulver
2–3 Eßl. Milch · 125 g Rosinen
Zum Ausbacken: 1 kg Kokosfett
Zum Besieben:
3 Eßl. Puderzucker

Gelingt leicht • Preiswert

Pro Stück etwa 670 kJ/
160 kcal · 3 g Eiweiß
9 g Fett · 18 g Kohlenhydrate

Vorbereitungszeit: 20 Minuten
Ausbackzeit: etwa 30 Minuten

Das Fett zum Ausbacken in der Friteuse auf 175° erhitzen. • Die Butter mit der Zitronenschale, dem Salz, dem Zucker, dem Ei und dem abgetropften Quark verrühren. Das Mehl mit dem Backpulver mischen. Nach und nach mit der Milch und den gewaschenen Rosinen unter den Quark mengen. • Jeweils 4 bis 5 Krapfen im Fett schwimmend von beiden Seiten in 3 bis 4 Minuten goldbraun backen; mit dem Puderzucker besieben.

Spritzkuchen

Lockeres Brandteiggebäck sollte man möglichst frisch genießen

Zutaten für etwa 10 Spritzkuchen:
¼ l Wasser
50 g Butter
1 Prise Salz
125 g Mehl
3 Eier
200 g Puderzucker
2 Eßl. Rum oder Zitronensaft
Zum Ausbacken:
1 kg Kokosfett oder 1 l Öl

Berühmtes Rezept
Etwas schwierig

Pro Stück etwa 1090 kJ/
260 kcal · 5 g Eiweiß
13 g Fett · 29 g Kohlenhydrate

Vorbereitungszeit: 20 Minuten
Ruhezeit: 30 Minuten
Ausbackzeit: etwa 30 Minuten

Das Wasser mit der Butter und dem Salz in einem Topf aufkochen lassen. Das Mehl auf einmal hineinschütten und so lange unterrühren, bis sich der Teig zu einem Kloß geformt hat und sich vom Topfboden löst. Den Topf vom Herd nehmen, den Teig etwas abkühlen lassen und die Eier nacheinander untermischen. Der Teig soll glänzen und in langen Spitzen vom Rührlöffel hängen. • Den Teig 30 Minuten bei Raumtemperatur ruhen lassen. • Das Fett in einer Friteuse oder in einem Topf auf 175° erhitzen. Vier 8 cm breite Streifen Butterbrotpapier durch das heiße Fett ziehen. • Den Teig in einen Spritzbeutel mit großer Sterntülle füllen und jeweils einen Kranz von 6 cm Durchmesser und 1½ cm Höhe auf das Papier spritzen. Die Kränze mit der Oberseite nach unten in das Fett geben, das Papier herausziehen, wenn die Teigkränze abgerutscht sind. Die Spritzkuchen portionsweise von jeder Seite in etwa 4 Minuten goldbraun backen, dann mit dem Schaumlöffel aus dem Fett heben und auf saugfähigem Papier abtropfen lassen. • Den Puderzucker mit 2 Eßlöffeln heißem Wasser und dem Rum oder dem Zitronensaft verrühren, die Spritzkuchen von einer Seite in den Guß tauchen und auf einem Kuchengitter abkühlen und trocknen lassen.

Schürzkuchen

Sie halten sich in einer gut verschlossenen Dose mindestens zwei Wochen frisch

Zutaten für etwa
30 Schürzkuchen:
100 g weiche Butter
100 g Zucker
1 Eßl. Vanillezucker
1 Prise Salz
3 Eier
3 Eßl. Milch
500 g Mehl
1 Päckchen Backpulver
Zum Ausbacken:
1 kg Kokosfett oder 1 l Öl
Zum Wenden: 2 Eßl. Zucker

Preiswert
Braucht etwas Zeit

Pro Stück etwa 630 kJ/
150 kcal · 3 g Eiweiß
7 g Fett · 17 g Kohlenhydrate

Vorbereitungszeit: 40 Minuten
Ruhezeit: 30 Minuten
Ausbackzeit: etwa 45 Minuten

Die Butter mit dem Zucker, dem Vanillezucker, dem Salz, den Eiern, der Milch, 3 Eßlöffeln Wasser, der Hälfte des Mehls und dem Backpulver in einer Schüssel 2 Minuten mit dem elektrischen Handrührgerät auf höchster Schaltstufe verrühren. • Das restliche Mehl hinzufügen und rasch mit den Händen unterkneten. • Den Teig in 2 Portionen teilen, in Folie wickeln und 30 Minuten im Kühlschrank ruhen lassen. • Das Fett zum Ausbacken in der Friteuse oder in einem Topf auf 175° erhitzen (die richtige Temperatur ist erreicht, wenn sich an einem in das Fett gehaltenen Holzlöffelstiel rasch Bläschen bilden). • Die Teigstücke auf einer bemehlten Arbeitsfläche etwa 4 mm dick ausrollen, mit einem Teigrädchen 4×10 cm lange Streifen ausschneiden. In die Mitte jedes Streifens einen etwa 4 cm langen Einschnitt rädeln. Jeweils 1 Ende des Streifens durch den Einschnitt ziehen. • 4 Schürzkuchen in das heiße Fett geben und von beiden Seiten in 3 bis 4 Minuten goldbraun ausbacken. • Die Schürzkuchen mit dem Schaumlöffel aus dem Fett heben und auf saugfähigem Papier abtropfen lassen, noch warm in dem Zucker wenden.

Schmalzgebäck mit Tradition

Man braucht dazu eine Friteuse oder ein Backthermometer, um nachprüfen zu können, ob das Fett die richtige Temperatur erreicht hat

Holländische Rosinenkrapfen

im Bild rechts

Zutaten für 26 Krapfen:
- 500 g Mehl
- 1 Würfel Hefe (42 g)
- 75 g Zucker
- ¼ l lauwarme Milch
- je 50 g Zitronat und Orangeat
- je 50 g Rosinen und Korinthen
- 2 Eßl. Vanillezucker
- 1 Prise Salz
- 75 g weiche Butter
- abgeriebene Schale von 1 ungespritzten Orange
- Zum Ausbacken: 1 kg Kokosfett
- Für den Guß: 200 g Puderzucker
- 1 Schnapsglas Rum oder Orangenlikör (2 cl)

Spezialität • Gelingt leicht

Pro Stück etwa 840 kJ/
200 kcal · 3 g Eiweiß
9 g Fett · 31 g Kohlenhydrate

Vorbereitungszeit: 40 Minuten
Zeit zum Gehenlassen: etwa 1¼ Stunden
Ausbackzeit: etwa 1 Stunde

Das Mehl in eine Schüssel sieben, in die Mitte eine Vertiefung drücken, die Hefe hineinbröckeln und mit wenig Zucker, Milch und Mehl verrühren. Den Hefevorteig zugedeckt 15 Minuten gehen lassen. • Das Zitronat und das Orangeat sehr fein würfeln. Die Rosinen und die Korinthen heiß waschen und auf einem Küchentuch abtropfen lassen. • Den übrigen Zucker und die restliche Milch mit dem Vanillezucker, dem Salz, der Butter und der Orangenschale zum Hefevorteig geben, alles mit dem Mehl verkneten. Das Zitronat, das Orangeat und die Trockenbeeren unterkneten. Den Teig nochmals 30 Minuten gehen lassen, bis er sein Volumen deutlich vergrößert hat. • Vom Hefeteig mit einem Eßlöffel 26 Krapfen abstechen und diese wiederum unter einem Küchentuch 30 Minuten gehen lassen. • Das Fett in der Friteuse auf 175° erhitzen. • Die Krapfen von jeder Seite in etwa 5 Minuten goldbraun backen. • Für den Guß den Puderzucker mit dem Rum oder dem Orangenlikör verrühren und die Krapfen damit bepinseln, auf einem Kuchengitter trocknen lassen und ganz frisch genießen.

Schmalzringe

im Bild links

Zutaten für etwa 40 Ringe:
- 100 g Butter · 100 g Zucker
- 1 Eßl. Vanillezucker
- ½ Päckchen Vanille-Puddingpulver · 2 Eier
- 4 Eßl. saure Sahne · 450 g Mehl
- 1½ Teel. Backpulver
- Zum Ausbacken: 1 kg Kokosfett
- Zum Wälzen: 5 Eßl. Zucker
- ½ Teel. Zimtpulver

Gelingt leicht

Pro Stück etwa 460 kJ/
110 kcal · 2 g Eiweiß
5 g Fett · 13 g Kohlenhydrate

Vorbereitungszeit: 30 Minuten
Ausbackzeit: etwa 1½ Stunden

Die Butter mit dem Zucker, dem Vanillezucker und dem Puddingpulver schaumig rühren. Die Eier und die saure Sahne untermengen. Das Mehl mit dem Backpulver mischen, nach und nach unter die Buttermasse rühren und zuletzt unterkneten. • Den Teig auf einer bemehlten Arbeitsfläche etwa ½ cm dick ausrollen und Ringe ausstechen. Das Fett in einer Friteuse auf 175° erhitzen und die Teigringe darin portionsweise von beiden Seiten in 3 bis 4 Minuten goldbraun backen, dann auf saugfähigem Papier abtropfen lassen. • Den Zucker mit dem Zimt in einem flachen Teller mischen und die Schmalzringe darin wälzen.

Festliche Torten

Sie gelingen leichter als man
denkt und bieten für viele
Gelegenheiten das Richtige

Mürbeteigkrusten mit fruchtiger Füllung

Halbsteif geschlagene Vanillesahne schmeckt zu zarter Tarte

Zitronentarte

im Bild links

Zutaten für 1 Tarte- oder Springform von 24 cm Durchmesser:

Für den Teig: 300 g Mehl
1 Eßl. Zucker · 1 Prise Salz
150 g kalte Butter · 1 Ei

Für die Creme: 1 Ei · 75 g Zucker
100 g abgezogene feingemahlene Mandeln · Saft von 1½ Zitronen

Zum Belegen:
3 ungespritzte Zitronen
1 Vanilleschote · 250 g Zucker

Gelingt leicht

Bei 12 Stücken pro Stück etwa 1680 kJ/400 kcal · 7 g Eiweiß 21 g Fett · 50 g Kohlenhydrate

Vorbereitungszeit: 1 Stunde
Kühlzeit: 30 Minuten
Backzeit: 30 Minuten

Das Mehl mit dem Zucker, dem Salz, der Butter in Flöckchen und dem Ei rasch verkneten. Den Teig 30 Minuten kühl stellen. • Den Backofen auf 200° vorheizen. Den Teig ausrollen, die Form damit auslegen und einen 2 cm hohen Rand hochziehen. Den Kuchen auf der unteren Schiene 15 Minuten backen. • Das Ei mit dem Zucker verquirlen. Die Mandeln und so viel Zitronensaft hinzufügen, daß eine dicke Masse entsteht. Die Füllung auf den vorgebackenen Teigboden streichen und den Kuchen auf der mittleren Schiene in 10 bis 15 Minuten fertig backen. • Die Zitronen heiß waschen und in dünne Scheiben schneiden. Die Vanilleschote längs aufschlitzen, das Mark herauskratzen, mit der Schote, dem Zucker und 1½ Tassen Wasser zum Kochen bringen. Die Zitronenscheiben in dem Zuckerwasser 10 bis 15 Minuten köcheln lassen; abgetropft auf die abgekühlte Tarte legen. Den Saft einkochen lassen, bis er geliert; über die Zitronen geben.

Orangentarte

im Bild rechts

Zutaten für 1 Tarte- oder Springform von 24 cm Durchmesser:

Für den Teig:
250 g Mehl · 100 g Puderzucker
150 g Butter · 1 Prise Salz
abgeriebene Schale von 1 ungespritzten Zitrone

Für die Creme:
50 g weiche Butter
2 Eier · 75 g Zucker
1 ungespritzte Orange
1 Eßl. Speisestärke

Zum Belegen:
3–4 Orangen
2 Eßl. Orangenmarmelade
1–2 Eßl. Orangenlikör

Gelingt leicht

Bei 12 Stücken pro Stück etwa 1380 kJ/330 kcal · 5 g Eiweiß 16 g Fett · 40 g Kohlenhydrate

Vorbereitungszeit: 1 Stunde
Kühlzeit: 30 Minuten
Backzeit: 40–45 Minuten

Aus den Zutaten für den Teig und 2 Eßlöffeln eiskaltem Wasser rasch einen geschmeidigen Knetteig herstellen und diesen zugedeckt 30 Minuten kühl stellen. • Den Backofen auf 200° vorheizen. • Den Teig ausrollen, in die leicht gefettete Form geben und 15 Minuten backen. • Die Butter schaumig rühren, die Eier und den Zucker hinzufügen. Die Schale der Orange abreiben, den Saft auspressen, beides mit der Speisestärke unter die Buttercreme mischen. Den Kuchen mit der Creme füllen und nochmals 15 Minuten backen. • Die Orangen so schälen, daß auch die weiße Haut entfernt ist, in dünne Scheiben schneiden und diese auf die gestockte Creme legen. Die Tarte 10 bis 15 Minuten überbacken. • Die Marmelade mit dem Likör glattrühren, die heißen Fruchtscheiben damit überglänzen.

Baisertorte St. Honoré

Eine Variante des berühmten Gâteau Saint-Honoré mit Baiser- statt Brandteigboden

Zutaten für 1 Springform von 26 cm Durchmesser:

Für das Baiser: 4 Eiweiße
1 Prise Salz · 200 g Zucker
1 Teel. Vanillezucker

Für den Brandteig:
⅛ l Wasser · 50 g Butter
1 Prise Salz · 75 g Mehl · 2 Eier

Für die Creme:
4 Blätter Gelatine
50 g Speisestärke · 4 Eigelbe
½ l Milch · 75 g Zucker
1 Vanilleschote · 0,2 l Sahne
2 Eßl. Orangenlikör

Für den Läuterzucker:
0,1 l Wasser · 200 g Zucker

Berühmtes Rezept

Bei 12 Stücken pro Stück etwa 2010 kJ/480 kcal · 13 g Eiweiß 22 g Fett · 56 g Kohlenhydrate

Vorbereitungszeit: 20 Minuten
Trockenzeit: 5 Stunden
Zeit zum Fertigstellen: 1½ Stunden

Den Backofen auf 100° vorheizen. Die Form mit Backtrennpapier auslegen. • Die Eiweiße mit dem Salz, dem Zucker und dem Vanillezucker sehr steif schlagen; in die Form spritzen. Das Baiser im Backofen 5 Stunden trocknen lassen. • Danach das Wasser mit der Butter und dem Salz aufkochen lassen, das Mehl hineinrühren, die Eier untermischen. • Walnußgroße Brandteighäufchen auf ein gefettetes Blech spritzen, 15 Minuten bei 200° backen. • Die Gelatine einweichen. Die Speisestärke mit den Eigelben und wenig Milch verquirlen. Die übrige Milch mit dem Zucker, der Vanilleschote und dem -mark zum Kochen bringen, die Eigelbmischung einrühren, mehrmals aufkochen lassen. Die ausgedrückte Gelatine in der heißen Creme auflösen. Die Sahne steif schlagen, mit dem Likör unter die abgekühlte Creme ziehen. • Die Creme in die Rosetten spritzen, den Baiserboden mit Creme bestreichen. • Das Wasser mit dem Zucker in einem kleinen Topf 5 Minuten kochen lassen. • Die Rosetten hineintauchen und auf die Torte geben.

Frankfurter Kranz

Eine besonders delikate Variante der traditionsreichen Torte mit dreifach verschiedener Füllung

Zutaten für 1 Kranzform:
Für den Teig:
250 g weiche Butter
150 g Zucker · 5 Eier
1 Eßl. Zitronensaft
350 g Mehl
150 g Speisestärke
1 Päckchen Backpulver
Zum Füllen: 250 g weiche Butter
200 g Puderzucker · 2 Eigelbe
2 Eßl. Vanillezucker
200 g Marzipan-Rohmasse
2 Eßl. Orangenlikör
225 g Orangenkonfitüre
Für den Krokant: 25 g Butter
125 g gehackte Mandeln
50 g Zucker · 2 Mandarinen

Berühmtes Rezept

Bei 20 Stücken pro Stück etwa 2390 kJ/570 kcal · 9 g Eiweiß 33 g Fett · 57 g Kohlenhydrate

Vorbereitungszeit: 15 Minuten
Backzeit: 50 Minuten
Zeit zum Fertigstellen: 45 Minuten

Den Backofen auf 180° vorheizen. Die Form mit Butter ausstreichen und mit Semmelbröseln ausstreuen. • Die Butter mit dem Zucker schaumig rühren. Die Eier und den Zitronensaft hinzufügen. Das Mehl mit der Speisestärke und dem Backpulver mischen und unter die Schaummasse ziehen. Den Teig in die Form füllen und 50 Minuten backen. • Den Kuchen im abgeschalteten Backofen noch 10 Minuten stehen, dann erkalten lassen. • Für die Creme die Butter schaumig rühren. Den Puderzucker, die Eigelbe und den Vanillezucker untermischen. • Die Marzipanmasse mit dem Likör und etwas Wasser streichfähig machen. • Für den Krokant die Butter erhitzen, die Mandeln und den Zucker unter Rühren goldbraun karamelisieren, dann erkalten lassen. • Den Kranz dreimal durchschneiden. Den Boden mit einem Drittel der Buttercreme, den mittleren Teil mit der Konfitüre und den oberen Teil mit dem Marzipan bestreichen. • Den Kranz zusammensetzen und mit Buttercreme und dem Krokant überziehen. • Mit Cremetupfen und Mandarinenfilets garnieren.

Sahnetorten für die festliche Tafel

Raffinierte Leckereien, ein liebevoll gedeckter Tisch und der Duft von Kaffee schaffen ein stimmungsvolles Ambiente

Grillage-Torte

im Bild links

Zutaten für 1 Springform von 26 cm Durchmesser:

- ¼ l Eiweiß (von 8–9 Eiern)
- 350 g Zucker
- 2 Eßl. Zitronensaft
- 250 g gemahlene Haselnüsse
- 75 g Speisestärke
- 400 g Kuvertüre
- 3 Blätter Gelatine · 0,4 l Sahne
- 2 Eßl. Vanillezucker

Etwas schwierig

Bei 12 Stücken pro Stück etwa 2100 kJ/500 kcal · 11 g Eiweiß 27 g Fett · 51 g Kohlenhydrate

Vorbereitungszeit: 20 Minuten
Backzeit: 1½ Stunden
Zeit zum Fertigstellen: 30 Minuten

Den Backofen auf 180° vorheizen. Die Form mit Backtrennpapier auslegen. • Die Eiweiße schaumig schlagen, den Zucker einrieseln lassen und den Eischnee schnittfest schlagen, dann den Zitronensaft, die Nüsse und die Speisestärke unterheben. • Ein Fünftel der Teigmasse in die Form streichen und auf der unteren Schiene 15 Minuten backen. Nacheinander 5 Tortenböden herstellen. • Den letzten Boden noch heiß in 12 Stücke schneiden, die Böden gut auskühlen lassen. • Die Kuvertüre im Wasserbad schmelzen lassen, die 12 Tortenstücke und die Böden dünn überziehen. Auf 1 Tortenboden 12 Stücke markieren. • Die Gelatine einweichen. Die Sahne mit dem Vanillezucker steif schlagen. Die ausgedrückte Gelatine bei schwacher Hitze auflösen, mit 2 Eßlöffeln Schlagsahne verrühren und unter die Sahne mischen. Drei Viertel der Schlagsahne auf 3 Tortenböden verteilen. Die Böden zusammensetzen. • Jedes Tortenstück mit 1 Sahnetupfen bespritzen; die vorgeschnittenen Stücke schräg dazwischen anordnen.

Mandel-Mokkatorte

im Bild rechts

Zutaten für 1 Springform von 26 cm Durchmesser:

- 150 g weiche Butter
- 150 g Zucker · 2 Eier
- 1 Prise Salz · 150 g Mehl
- 100 g Speisestärke
- 2 Teel. Backpulver
- 3 Eßl. Milch
- 100 g Mandelblättchen
- ½ Päckchen gemahlene Gelatine
- 0,6 l Sahne
- 5 Teel. Instant-Kaffeepulver
- 2 Eßl. Vanillezucker
- 4 Teel. Zucker
- 16 Mokkabohnen

Gelingt leicht

Bei 16 Stücken pro Stück etwa 1510 kJ/360 kcal · 5 g Eiweiß 25 g Fett · 27 g Kohlenhydrate

Vorbereitungszeit: 30 Minuten
Backzeit: 40 Minuten
Zeit zum Fertigstellen: 30 Minuten

Die Butter mit dem Zucker schaumig schlagen. 1 Ei trennen, das Eigelb mit dem ganzen Ei, dem Salz, dem Mehl, der Speisestärke, dem Backpulver und der Milch unter die Buttermasse rühren. Das Eiweiß verquirlen. • Den Backofen auf 250° vorheizen. • Ein Viertel des Teiges in die Form streichen, mit etwas Eiweiß und 25 g Mandelblättchen bedecken. Auf der unteren Schiene in 10 Minuten goldgelb backen. 3 weitere Böden ebenso backen. • 1 Tortenboden in 16 Stücke schneiden. • Die Gelatine mit 3 Eßlöffeln kaltem Wasser verrühren, quellen lassen. Die Sahne mit dem Kaffeepulver, dem Vanillezucker und dem Zucker steif schlagen. Die Gelatine bei schwacher Hitze auflösen, unter die Schlagsahne ziehen. • Die Tortenböden jeweils mit Schlagsahne bestreichen und zusammensetzen. Die letzte Sahneschicht mit den Tortenstücken belegen.

Feine Schlemmereien aus der eigenen Konditorei

Dekorative klassische Torten, an die sich auch Backanfänger wagen können

Buttercremetorte

im Bild links

Zutaten für 1 Springform von
26 cm Durchmesser:
5 Eier · 1 Prise Salz
250 g Zucker
je 125 g Mehl und Speisestärke
1 Teel. Backpulver
50 g geröstete Mandelblättchen
100 g abgezogene Mandeln
125 g Zucker · 0,1 l Wasser
5 Eigelbe
250 g weiche Butter
400 g Erdbeermarmelade
50 g Zartbitter-Schokolade

Gelingt leicht

Bei 16 Stücken pro Stück etwa
2390 kJ/570 kcal · 12 g Eiweiß
33 g Fett · 56 g Kohlenhydrate

Vorbereitungszeit: 20 Minuten
Ruhezeit: 1 Tag
Backzeit: 40 Minuten
Zeit zum Fertigstellen: 1 Stunde

Die Eier trennen, die Eiweiße mit dem Salz und 50 g Zucker steif schlagen. Die Eigelbe mit 5 Eßlöffeln warmem Wasser und dem restlichen Zucker schaumig rühren, das Mehl mit der Speisestärke, dem Backpulver und dem Eischnee unterheben. • Den Backofen auf 150° vorheizen. Die Biskuitmasse 10 Minuten backen; bei 180° in weiteren 30 Minuten fertig backen. • Den Biskuit im abgeschalteten Backofen 15 Minuten stehen lassen. • Die Mandeln sehr fein mahlen. Den Zucker mit dem Wasser sirupartig einkochen lassen. • Die Eigelbe schaumig schlagen. Den Sirup untermischen, mit den Mandeln unter die Butter rühren. • Den Biskuit zweimal durchschneiden. Die 2 unteren Böden mit der Marmelade und dünn mit Buttercreme bestreichen. • Die Torte mit Creme überziehen. Den Rand mit den Mandelblättchen, die Oberfläche mit geraspelter Schokolade bedecken.

Schokoladensahne-Torte

im Bild rechts

Zutaten für 1 Springform von
24 cm Durchmesser:
4 Eier · 1 Prise Salz
200 g Zucker
je 100 g Mehl und Speisestärke
1 Teel. Backpulver
4 Blätter Gelatine
0,4 l Sahne
2 Eßl. Zucker
400 g Pfirsichmarmelade
2 Eßl. Instant-Kakaopulver
100 g Schokoladenstreusel

Gelingt leicht • Preiswert

Bei 12 Stücken pro Stück etwa
1800 kJ/430 kcal · 7 g Eiweiß
17 g Fett · 61 g Kohlenhydrate

Vorbereitungszeit: 20 Minuten
Backzeit: 40 Minuten
Ruhezeit: 1 Tag
Zeit zum Fertigstellen: 40 Minuten

Aus den Eiern, dem Salz, dem Zucker, dem Mehl, der Speisestärke und dem Backpulver wie im Rezept Buttercremetorte beschrieben einen Biskuit bereiten und bei 150° 10 Minuten, bei 180° 30 Minuten backen. Den Biskuit 1 Tag ruhen lassen, dann zweimal durchschneiden. • Die Gelatine 10 Minuten in kaltem Wasser einweichen. • Die Sahne mit dem Zucker steif schlagen. Die ausgedrückte Gelatine in einem Töpfchen bei schwacher Hitze auflösen, mit 3 Eßlöffeln Sahne mischen und langsam die gesamte Schlagsahne unterziehen. Etwas Schlagsahne in einen Spritzbeutel füllen. • Die beiden unteren Tortenböden mit der Marmelade und der Hälfte der Schlagsahne bestreichen. Die 3 Böden aufeinandersetzen. • Den Kakao unter die restliche Sahne schlagen. Die Torte damit überziehen, den Rand mit Schokostreuseln und die Oberfläche mit Sahnetupfen garnieren.

Schwarzwälder Kirschtorte

Eine köstliche Spezialität für die größere Kaffeerunde – man muß die Torte ganz frisch zubereitet genießen

Zutaten für 1 Springform von 24 cm Durchmesser:
- 100 g Zartbitter-Schokolade
- 150 g weiche Butter
- 150 g Zucker
- 1 Eßl. Vanillezucker · 4 Eier
- je 50 g gemahlene Mandeln, Mehl, Speisestärke, Semmelbrösel
- 1 Päckchen Backpulver

Zum Füllen: 4 Eßl. Kirschwasser
- 5 Blätter Gelatine
- 500 g Sauerkirschen
- 2 Eßl. Zitronensaft
- 0,6 l Sahne · 2 Eßl. Zucker

Berühmtes Rezept

Bei 12 Stücken pro Stück etwa 2180 kJ/520 kcal · 9 g Eiweiß 35 g Fett · 39 g Kohlenhydrate

Vorbereitungszeit: 20 Minuten
Backzeit: 45 Minuten
Ruhezeit: mindestens 3 Stunden
Zeit zum Fertigstellen: 45 Minuten

Von der Schokolade 2 Eßlöffel Schokoladenspäne abhobeln, die restliche Schokolade schmelzen. • Die Butter mit dem Zucker und dem Vanillezucker schaumig rühren. • Die Eier trennen. Die Mandeln mit dem Mehl, der Speisestärke, den Semmelbröseln und dem Backpulver mischen. • Die Eigelbe und die noch flüssige, abgekühlte Schokolade in die Buttermasse rühren. Die Eiweiße steif schlagen und mit der Mehlmischung unterziehen. • Den Backofen auf 180° vorheizen. Den Kuchen auf der unteren Schiene 45 Minuten backen; mindestens 3 Stunden ruhen lassen, dann zweimal durchschneiden und mit Kirschwasser beträufeln. • Die Gelatine einweichen. Die Kirschen waschen, entsteinen, mit dem Zitronensaft und ⅛ l Wasser 7 Minuten köcheln, dann abtropfen lassen. • Die Sahne mit dem Zucker steif schlagen. Die ausgedrückte Gelatine bei schwacher Hitze auflösen, eßlöffelweise die Schlagsahne untermischen. • Die unteren Tortenböden mit den abgekühlten Kirschen und Schlagsahne bedecken, den Deckel daraufsetzen und die Torte mit der restlichen Sahne überziehen.

Keine Torten im üblichen Sinne und doch die Krönung eines gemütlichen Kaffeekränzchens

Sachertorte

im Bild links

Zutaten für 1 Springform von 24 cm Durchmesser:
- 150 g Zartbitter-Schokolade
- 125 g Butter
- 5 Eier
- 125 g Zucker
- 1 Prise Salz
- je 50 g Mehl und Speisestärke
- 1 Teel. Backpulver
- 50 g gemahlene Mandeln
- ½ Vanilleschote
- 200 g Aprikosenmarmelade
- 200 g Zartbitter-Kuvertüre oder -Schokolade

Berühmtes Rezept

Bei 12 Stücken pro Stück etwa 1800 kJ/430 kcal · 8 g Eiweiß 25 g Fett · 45 g Kohlenhydrate

Vorbereitungszeit: 20 Minuten
Backzeit: 45 Minuten
Zeit zum Fertigstellen: 20 Minuten

Die Schokolade mit der Butter im Wasserbad schmelzen lassen. Die Eier in Eigelbe und Eiweiße trennen. • Die Eigelbe mit dem Zucker schaumig rühren. Die Eiweiße mit dem Salz zu steifem Schnee schlagen. • Das Mehl mit der Speisestärke, dem Backpulver, den gemahlenen Mandeln und dem ausgekratzten Vanillemark mischen, mit dem Eischnee und der etwas abgekühlten Schokolade-Butter-Mischung unter die Eigelbmasse ziehen. • Den Backofen auf 180° vorheizen. Die Form mit Butter ausstreichen und mit Biskuit- oder Semmelbröseln ausstreuen. • Den Teig in die Form füllen und auf der unteren Schiene 45 Minuten backen. • Die Torte im abgeschalteten Backofen 15 Minuten stehen lassen. Die Marmelade unter Rühren erhitzen, durch ein Sieb streichen und die Torte damit bestreichen. Die Kuvertüre schmelzen, über die Torte verteilen; 12 Stücke markieren.

Linzer Torte

im Bild rechts

Zutaten für 1 Springform von 24 cm Durchmesser:
- 200 g Mehl
- 50 g Speisestärke
- 125 g kalte Butter
- 125 g Zucker
- 2 Eßl. Vanillezucker
- 1 Ei · 3 Eigelbe
- 1 Teel. Zimtpulver
- je 1 Messerspitze gemahlene Gewürznelken und Kardamom
- 150 g gemahlene Mandeln
- ½ ungespritzte Zitrone
- 250 g Aprikosen- oder Himbeermarmelade
- 1 Eßl. Aprikosenlikör oder Himbeergeist

Braucht etwas Zeit

Bei 12 Stücken pro Stück etwa 1890 kJ/450 kcal · 9 g Eiweiß 25 g Fett · 45 g Kohlenhydrate

Vorbereitungszeit: 40 Minuten
Kühlzeit: 30 Minuten
Backzeit: 45 Minuten

Das Mehl mit der Speisestärke, der Butter in Stückchen, dem Zucker, dem Vanillezucker, dem Ei, 2 Eigelben, den Gewürzen und den Mandeln in eine Schüssel geben. Die Zitronenschale abreiben und mit dem ausgepreßten Saft untermischen, alles rasch zu einem geschmeidigen Mürbeteig verkneten. • Den Teig 30 Minuten zugedeckt kühl stellen. • Die Marmelade mit dem Likör oder Schnaps verrühren. • Den Backofen auf 180° vorheizen. • Zwei Drittel des Teiges ausrollen, die Springform damit auslegen und einen 1 ½ cm hohen Rand formen. Die Marmelade auf den Teig streichen. Den restlichen Teig ausrollen, Streifen ausrädeln, diese gitterartig auf die Marmelade legen und mit dem restlichen Eigelb bestreichen. • Die Torte in 45 Minuten goldbraun backen.

Marzipantorte

Für diese Torte, die wie ein Baumkuchen schichtweise gebacken wird, braucht man viel Muße und Zeit

Zutaten für 1 Springform von 28 cm Durchmesser:
- 75 g Pistazien
- 300 g Mandeln
- 300 g Marzipan-Rohmasse
- 650 g Puderzucker
- 10 Eier
- 500 g weiche Butter
- abgeriebene Schale von 1 ungespritzten Zitrone
- je 125 g Mehl und Speisestärke
- 200 g Zitronenmarmelade
- 200 g Zartbitter-Kuvertüre

Etwas teurer
Etwas schwierig

Bei 24 Stücken pro Stück etwa 2520 kJ/600 kcal · 10 g Eiweiß 36 g Fett · 56 g Kohlenhydrate

Vorbereitungszeit: 1 Stunde
Backzeit: 1 Stunde
Zeit zum Fertigstellen: 1 Stunde
Ruhezeit: 7 Tage

Zwei Drittel der Pistazien feinmahlen. Die Mandeln mit kochendheißem Wasser überbrühen, etwas abkühlen lassen und aus der Haut drücken, dann trockenreiben und ebenfalls feinmahlen. • 200 g Marzipan in Stückchen schneiden; mit 100 g Puderzucker und den gemahlenen Pistazien verkneten. Das Pistazienmarzipan in 4 Portionen beiseite legen. • Den Backofen auf 250° vorheizen. Die Springform mit Butter einfetten. • Die Eier in Eigelbe und Eiweiße trennen. Die Butter mit 500 g gesiebtem Puderzucker schaumig rühren. Nach und nach die Eigelbe und die Zitronenschale hinzufügen. Das Mehl mit der Speisestärke und den gemahlenen Mandeln mischen. Die Eiweiße zu steifem Schnee schlagen und mit der Mandel-Mehl-Mischung unter die Buttermasse heben. • 2 Eßlöffel Teig in die Form geben und mit dem Kuchenpinsel auseinanderstreichen. Die Teigschicht im Backofen auf der oberen Schiene in 5 Minuten goldgelb backen. • Wiederum 2 Eßlöffel Teig auf der gebackenen Schicht verteilen und goldgelb backen, ebenfalls die dritte Teigschicht. Darauf 1 Eßlöffel Zitronenmarmelade verteilen, einen Teil des Pistazienmarzipans zwischen Klarsichtfolie in Größe der Form ausrollen und auf die Marmelade legen. Darauf 2 Eßlöffel Teig glattstreichen. Die Schicht wiederum 5 Minuten backen. • Es folgen nun wieder 3 Schichten Teig, darauf die Füllung aus Zitronenmarmelade und Marzipan. Die Torte in diesem Rhythmus fertig backen, bis der gesamte Teig und das Pistazienmarzipan aufgebraucht sind. Nach der zweiten Marzipanfüllung die Torte auf der mittleren Schiene in den Backofen schieben. • Die Torte etwas abkühlen lassen, dann aus der Form lösen und auf einem Kuchengitter erkalten lassen. • Die Torte ringsherum mit übriger Zitronenmarmelade bestreichen. • Das restliche Marzipan mit dem übrigen Puderzucker verkneten. Eine dünne Scheibe für die Oberfläche der Torte und einen breiten Streifen in Größe des Tortenrandes ausrollen und ausschneiden, mit Hilfe von Klarsichtfolie auf und um die Torte legen. • Die Kuvertüre im Wasserbad schmelzen lassen, die Torte damit von der Mitte aus gleichmäßig überziehen. • Die restlichen Pistazien grobhacken und auf die Torte streuen. • Die Torte locker mit Alufolie umhüllen und vor dem Anschneiden mindestens 7 Tage in den Kühlschrank stellen.

Unser Tip: Auch nach dem Anschneiden hält sich die Torte noch lange frisch, wenn man sie immer wieder in Alufolie gehüllt kühl stellt. Ihr Aroma wird durch die Lagerung eher noch intensiver.

Holländer Kirschtorte

Die beliebte Sahnetorte aus zartem Blätterteig muß bis zum Servieren im Kühlschrank aufbewahrt werden

300 g tiefgefrorener Blätterteig
50 g Mandelblättchen
500 g dunkle Süßkirschen
4 Eßl. Zucker
½ Teel. Zimtpulver
1 Eßl. Speisestärke
2 Eßl. Johannisbeergelee
100 g Puderzucker
1–2 Eßl. Kirschwasser
7 Blätter Gelatine
¾ l Sahne · 1 Eßl. Vanillezucker

Berühmtes Rezept

Bei 12 Stücken pro Stück etwa 1510 kJ/360 kcal · 4 g Eiweiß 22 g Fett · 33 g Kohlenhydrate

Auftauzeit: 1 Stunde
Vorbereitungszeit: 20 Minuten
Backzeit: 30 Minuten
Zeit zum Fertigstellen: 1 ½ Stunden

Den Blätterteig auftauen lassen. • Die Mandelblättchen hellbraun rösten. Die Kirschen waschen, abtrocknen und entsteinen, mit ⅛ l Wasser, 2 Eßlöffeln Zucker und dem Zimt 7 Minuten kochen lassen. Die kalt angerührte Speisestärke einrühren, den Saft einmal aufkochen und das Kompott abkühlen lassen. • Den Backofen auf 200° vorheizen. • Den Blätterteig ausrollen, 3 Kreise von 26 cm Durchmesser ausschneiden, auf ein kalt abgespültes Backblech legen und in 10 Minuten hellbraun backen. • 1 abgekühlten Tortenboden mit dem Gelee bestreichen. Den Puderzucker mit dem Kirschwasser verrühren und das Gelee damit glasieren. Den Guß trocknen lassen. • Die Gelatine 10 Minuten in kaltem Wasser einweichen. • Die Sahne mit dem restlichen Zucker und dem Vanillezucker steif schlagen. • Die ausgedrückte Gelatine bei schwacher Hitze auflösen, 3 Eßlöffel Schlagsahne untermischen und die Gelatine unter die übrige Sahne ziehen. • Auf den zweiten Blätterteigboden das Kirschkompott verteilen und dieses mit Schlagsahne bedekken. Den letzten Teigboden darauflegen, dick mit Sahne bestreichen. Den glasierten Boden in 12 Stücken auf die Sahne geben. • Den Rand mit Sahne bestreichen, mit den Mandeln bestreuen.

Dekoratives Backwerk zum Kaffee

Zarte Torten mit Mandeln, Schokolade oder geriebenen Möhren – jedoch ganz ohne Mehl gebacken

Rüeblitorte

im Bild links

Zutaten für 1 Springform von 26 cm Durchmesser:
300 g Möhren · 5 Eier
200 g Zucker
2 Eßl. Vanillezucker
300 g gemahlene Mandeln
1 Teel. Zimtpulver
1 Messerspitze gemahlene Nelken
1 Messerspitze frisch geriebene Muskatnuß
1 Schnapsglas Rum (2 cl)
100 g Marzipan-Rohmasse
250 g Puderzucker
6 Pistazien
einige Tropfen rote Speisefarbe
etwa 2 Eßl. Zitronensaft

Spezialität aus der Schweiz

Bei 12 Stücken pro Stück etwa 1800 kJ/430 kcal · 11 g Eiweiß 20 g Fett · 51 g Kohlenhydrate

Vorbereitungszeit: 30 Minuten
Backzeit: 50 Minuten
Ruhezeit: 1 Tag
Zeit zum Fertigstellen: 30 Minuten

Die Möhren schaben, waschen und feinraspeln. • Die Eier trennen. Die Eigelbe mit dem Zucker und dem Vanillezucker schaumig rühren. Die Eiweiße steif schlagen. Die Möhren, die Mandeln, die Gewürze und den Rum unter die Eigelbe mischen. Den Eischnee unterziehen. • Den Backofen auf 200° vorheizen. Die Springform gut mit Butter einfetten und mit Semmelbröseln ausstreuen. • Den Teig in die Form füllen. Die Torte 50 Minuten backen; 1 Tag ruhen lassen. • Das Marzipan mit 50 g Puderzucker verkneten, tropfenweise die Farbe untermischen, 12 Möhrchen modellieren, die Pistazien hineinstecken. • Die Torte mit einem dickflüssigen Puderzuckerguß überziehen.

Wachauer Schokoladentorte

im Bild rechts

Zutaten für 1 Springform von 26 cm Durchmesser:
150 g Mandeln · 100 g Zartbitter-Schokolade · 7 Eier
125 g Zucker · 1 Eßl. Speisestärke
½ Päckchen Backpulver
100 g Zartbitter-Kuvertüre
2 Eßl. Rum · 4 Blätter Gelatine
½ l Sahne · 1 Eßl. Vanillezucker
12 Schokoladenblättchen

Spezialität aus Österreich

Bei 12 Stücken pro Stück etwa 2010 kJ/480 kcal · 12 g Eiweiß 33 g Fett · 29 g Kohlenhydrate

Vorbereitungszeit: 30 Minuten
Backzeit: 35 Minuten
Ruhezeit: 1 Tag
Zeit zum Fertigstellen: 30 Minuten

Die Mandeln und die Schokolade feinreiben. • Den Backofen auf 180° vorheizen. Den Boden und den Rand der Form mit Backtrennpapier auskleiden. • 4 Eier in Eigelbe und Eiweiße trennen. Die ganzen Eier mit den Eigelben schaumig rühren, den Zucker, die Speisestärke, das Backpulver einrieseln lassen, die Eiweiße steif schlagen. • Den Eischnee, die Mandeln und die Schokolade unter die Eigelbmasse heben. Auf der unteren Schiene 35 Minuten backen. • Die Torte auf einem Kuchengitter auskühlen und 1 Tag ruhen lassen, dann zweimal durchschneiden. • Die Kuvertüre im Wasserbad schmelzen, die Teigdecke damit überziehen, 12 Stücke markieren. Die beiden anderen Tortenböden mit dem Rum beträufeln. Die Gelatine einweichen. Die Sahne mit dem Vanillezucker steif schlagen. Die ausgedrückte Gelatine bei schwacher Hitze auflösen, die Sahne langsam unterziehen. Die Schlagsahne auf die Böden streichen. • Die Torte zusammensetzen und garnieren.

Bananentorte

Die meisten Zutaten erhält man im Naturkostladen oder im Reformhaus

Zutaten für 1 Springform von 26 cm Durchmesser:
- 4 Eier
- 150 g Zuckerrohr-Granulat
- 100 g Weizen-Vollkornmehl
- 25 g Kakaopulver
- je 1 Teel. Backpulver und Zimtpulver
- 500 g Bananen · 50 g Butter
- 100 g Honig · 100 g Reismehl
- ½ Teel. Zimtpulver
- 2 Eßl. Rum · 0,4 l Sahne
- 1 Messerspitze gemahlene Vanille
- 1 Meßlöffel Biobin
- 50 g Bananenchips
- 6 Belegkirschen
- 50 g Zartbitter-Schokolade

Vollwertrezept

Bei 12 Stücken pro Stück etwa 1800 kJ/430 kcal · 9 g Eiweiß 21 g Fett · 48 g Kohlenhydrate

Vorbereitungszeit: 15 Minuten
Backzeit: 25 Minuten
Zum Fertigstellen: 1 ½ Stunden

Den Backofen auf 200° vorheizen. • Die Eier trennen, die Eigelbe mit 100 g Zuckerrohr-Granulat und 2 Eßlöffeln warmem Wasser schaumig schlagen. Das Mehl mit dem Kakao, dem Backpulver und dem Zimt mischen, unter den Schaum heben. Die Eiweiße steif schlagen und ebenfalls unterziehen. • Die Torte 25 Minuten backen; abkühlen lassen, dann einmal durchschneiden. • Die geschälten Bananen in Scheiben schneiden. ¼ l Wasser mit der Butter und dem Honig zum Kochen bringen, mit dem Reismehl und den Bananen unter ständigem Rühren 5 Minuten kochen lassen. Den Topf vom Herd nehmen, den Zimt und den Rum unter die Bananenmasse rühren, auf den unteren Boden streichen und abkühlen lassen. • Die Sahne mit dem übrigen Zuckerrohr-Granulat, der Vanille und dem Biobin steif schlagen, etwa ein Drittel davon auf die Füllung streichen. Den oberen Boden daraufsetzen.

Altwiener Punschtorte

Eine klassische Torte mit interessanter Füllung

Zutaten für 1 Springform von 24 cm Durchmesser:
- 6 Eier · 125 g Zucker
- 150 g Mehl · 75 g Speisestärke
- 2 Teel. Backpulver
- 3 Schnapsgläser Rum (6 cl)
- 300 g Aprikosenmarmelade
- Saft von 2 Orangen
- Saft von 1 Zitrone
- 200 g Puderzucker
- ½ Teel. Kakaopulver

Spezialität aus Österreich

Bei 12 Stücken pro Stück etwa 1380 kJ/330 kcal · 8 g Eiweiß 6 g Fett · 58 g Kohlenhydrate

Vorbereitungszeit: 20 Minuten
Backzeit: 45 Minuten
Ruhezeit: 2 Tage
Zeit zum Fertigstellen: 1 Stunde

Den Backofen auf 180° vorheizen. • Die Eier trennen, die Eiweiße steif schlagen, die Eigelbe mit 100 g Zucker schaumig rühren. Den Eischnee, das Mehl, die Speisestärke und das Backpulver unterziehen. • Den Biskuit 45 Minuten backen, 1 Tag ruhen lassen, dann zweimal durchschneiden. Den mittleren Boden in 2 cm große Würfel schneiden, die Böden mit 1 Schnapsglas Rum beträufeln und mit 200 g Marmelade bestreichen. • Den unteren Boden wieder in den Springformrand geben. 1 Schnapsglas Rum mit den Säften, 50 g Marmelade und dem übrigen Zucker aufkochen lassen. Die Biskuitwürfel untermischen. Die Füllung auf den Tortenboden geben, den oberen Boden leicht daraufdrücken. • Die Torte 1 Stunde mit einem Brettchen beschwert ruhen lassen, mit der übrigen erwärmten Marmelade überziehen. • Den Puderzucker mit dem übrigen Rum mischen, 2 Eßlöffel vom Guß mit dem Kakao verrühren. • Die Torte glasieren, den Kakaoguß spiralförmig auf die Torte spritzen und mit einem Messer Linien von innen nach außen ziehen.

Walnußtorte

Statt mit Nußsahne kann man die Torte auch mit 200 g geschmolzener honiggesüßter Schokolade überziehen

Zutaten für 1 Springform von 28 cm Durchmesser:
Für den Teig:
100 g geröstete Walnußkerne
250 g Weizen-Vollkornmehl
25 g Kakaopulver
2 Teel. Backpulver
200 g weiche Butter
200 g Honig · 4 Eier
1 Schnapsglas Rum (2 cl)
Zum Füllen und Belegen:
200 g Walnußkerne
100 g Weizen-Vollkornmehl
je ½ Teel. Zimtpulver und gemahlene Vanille · 100 g Honig
100 g Butter · ¼ l Milch
2 Schnapsgläser Walnußlikör
0,4 l Sahne
2 Eßl. Zuckerrohr-Granulat
½ Teel. gemahlene Vanille
16 Walnußkernhälften

Vollwertrezept

Bei 16 Stücken pro Stück etwa 2010 kJ/480 kcal · 9 g Eiweiß
33 g Fett · 33 g Kohlenhydrate

Vorbereitungszeit: 30 Minuten
Backzeit: 35 Minuten
Zum Fertigstellen: 1 ½ Stunden

Die Nüsse feinreiben, mit dem Mehl, dem Kakao und dem Backpulver mischen. • Die Butter mit dem Honig schaumig schlagen. Die Mehlmischung, die Eier und den Rum abwechselnd darunterrühren. • Den Backofen auf 180° vorheizen. Die Form ausfetten. • Den Kuchen 35 Minuten backen. • 100 g Nüsse grobhacken, mit dem Mehl rösten. Die Gewürze, den Honig, die Butter und die Milch untermischen, so lange unter Rühren kochen lassen, bis die Masse fest ist. • Den Tortenboden einmal durchschneiden, mit 1 Schnapsglas Likör beträufeln. • Den restlichen Likör unter die Füllung rühren und diese auf den unteren Tortenboden streichen. Die zweite Kuchenplatte daraufsetzen und etwas andrücken. • Die Torte auskühlen lassen. • Die restlichen Nüsse feinmahlen. Die Sahne mit dem Zuckerrohr-Granulat und der Vanille steif schlagen und die Nüsse unterheben. Die Torte mit der Nußsahne überziehen; mit den Walnußkernen belegen.

Kakitorte

Die saftigen Kakis stammen aus Italien oder Israel und haben von November bis Februar Saison

Zutaten für 1 Springform von 26 cm Durchmesser:
175 g Mehl
50 g gemahlene Mandeln
75 g Puderzucker
100 g kalte Butter
Zum Belegen:
100 g weiche Butter
2 Eßl. Eierlikör
1 Eßl. Puderzucker
2 Eßl. Vanillezucker
4–5 Kakifrüchte
4 Eßl. Aprikosenmarmelade
1 Eßl. Cointreau (Orangenlikör)
0,2 l Sahne · 1 Eßl. Zucker
1 Eßl. gehackte Pistazien

Etwas teurer

Bei 12 Stücken pro Stück etwa 1590 kJ/380 kcal · 4 g Eiweiß 22 g Fett · 38 g Kohlenhydrate

Vorbereitungszeit: 20 Minuten
Kühlzeit: 30 Minuten
Backzeit: 20 Minuten
Zum Fertigstellen: 30 Minuten

Das Mehl mit den Mandeln und dem Puderzucker mischen. Die Butter in Stückchen darauf verteilen, alles rasch mit kalten Händen zu einem geschmeidigen Teig kneten. Den Teig zugedeckt im Kühlschrank 30 Minuten ruhen lassen. • Den Backofen auf 200° vorheizen. • Den Teig auf einer bemehlten Arbeitsfläche ausrollen. Den Boden der Springform leicht mit Butter ausstreichen. Die Teigplatte hineinlegen und einen etwa 2 cm hohen Rand formen. • Die Teigkruste im Backofen auf der mittleren Schiene 20 Minuten backen. • Den Mürbeteigboden in der Form abkühlen lassen. • Die Butter mit dem Eierlikör, dem Puderzucker und dem Vanillezucker schaumig rühren. Die Creme in den Tortenboden streichen. Die Kakifrüchte schälen, in dünne Spalten schneiden und auf die Creme legen. Die Marmelade mit dem Cointreau verrühren, kurz erhitzen, wieder etwas abkühlen lassen und die Kakispalten damit glasieren. • Die Sahne mit dem Zucker steif schlagen und vor dem Servieren auf die Torte spritzen. Die gehackten Pistazien darüberstreuen.

Erfrischende Sommertorten

Fruchtige »frostige« Spezialitäten, die sich gut vorbereiten lassen

Himbeereis-Torte

im Bild links

Zutaten für 1 Springform von 24 cm Durchmesser:
4 Eier · 1 Prise Salz
300 g Zucker
je 100 g Mehl und Speisestärke
1 Teel. Backpulver
200 g Himbeeren
1 Schnapsglas Himbeergeist (2 cl)
0,4 l Sahne · 1 Eßl. Puderzucker

Braucht etwas Zeit

Bei 12 Stücken pro Stück etwa 1380 kJ/330 kcal · 6 g Eiweiß 15 g Fett · 42 g Kohlenhydrate

Vorbereitungszeit: 40 Minuten
Ruhezeit: 1 Tag
Backzeit: 35 Minuten
Zeit zum Festwerden: 6 Stunden

Die Eier trennen, die Eiweiße mit dem Salz und 50 g Zucker steif schlagen. Die Eigelbe mit 4 Eßlöffeln warmem Wasser schaumig rühren, 150 g Zucker einrieseln lassen. Den Eischnee mit dem Mehl, der Speisestärke und dem Backpulver auf die Schaummasse geben und unterziehen. • Den Backofen auf 180° vorheizen. • Den Biskuit 35 Minuten backen; 24 Stunden ruhen lassen. • Die Himbeeren mit dem Schnaps übergießen. • Den Biskuit einmal durchschneiden und 1 Tortenboden wieder in die Form legen. • Die Sahne steif schlagen, dabei den restlichen Zucker einrieseln lassen. 4 Eßlöffel Schlagsahne in einen Spritzbeutel mit Sterntülle füllen. • Die Himbeeren abtropfen lassen, 12 Beeren zum Verzieren beiseite legen, die restlichen Beeren unter die Schlagsahne mischen. Die Himbeersahne auf den Tortenboden streichen. • Den Teigdeckel daraufsetzen, etwas andrücken, mit dem Puderzucker besieben, 12 Sahnetupfen und die Himbeeren darauf verteilen. • Im Gefrierschrank in 6 Stunden fest werden lassen.

Gekühlte Joghurttorte

im Bild rechts

Zutaten für 1 Obstkuchenform von 28 cm Durchmesser:
225 g Mehl · 100 g Butter
1 Eigelb · 1 Prise Salz
50 g Zucker
1 Eßl. Vanillezucker
12 Blätter Gelatine
½ l Vollmilchjoghurt
100 g Zucker
abgeriebene Schale von ½ ungespritzten Zitrone
2 Eßl. Zitronensaft
0,4 l Sahne · 6 Eßl. Ananassaft
½ Ananas
1 Päckchen Tortenguß
150 g tiefgefrorene Himbeeren

Braucht etwas Zeit

Bei 12 Stücken pro Stück etwa 1170 kJ/280 kcal · 5 g Eiweiß 16 g Fett · 30 g Kohlenhydrate

Vorbereitungszeit: 2 Stunden
Kühlzeit: etwa 6 Stunden

Das Mehl mit der Butter, dem Eigelb, dem Salz, dem Zucker und dem Vanillezucker verkneten. Den Teig 1 Stunde kühl stellen, dann ausrollen, den Boden der Form damit belegen, mehrmals einstechen und 20 Minuten backen. • Die Gelatine einweichen. • Den Joghurt mit dem Zucker, der Zitronenschale und dem -saft mischen. Die Sahne steif schlagen. • Den Ananassaft erhitzen. Die gut ausgedrückte Gelatine darin auflösen, langsam den Joghurt unterrühren und diesen im Kühlschrank nur kurz stocken lassen. Die Schlagsahne unter die Joghurtmasse heben. • Die Masse in die Form auf den kalten Mürbeteigboden füllen und kühl stellen, bis die Oberfläche fest ist. • Die Ananas schälen, in dünne Scheiben schneiden. • Den Tortenguß bereiten. • Die Früchte auf die Torte verteilen, mit dem Tortenguß überziehen. • Die Joghurttorte im Kühlschrank in etwa 5 Stunden fest werden lassen.

Cornflakes-Torte

Eine Torte, die nicht gebacken wird

Zutaten für 1 Springform von 24 cm Durchmesser:
- 100 g Butter
- 150 g Zartbitter-Schokolade
- 150 g Cornflakes
- 6 Blätter Gelatine
- 100 g Zucker
- 2 Eigelbe
- Saft von 1 Zitrone
- 250 g Magerquark
- 0,4 l Sahne
- 350 g entsteinte Süßkirschen
- 2 Eßl. Borkenschokolade

Etwas schwierig

Bei 12 Stücken pro Stück etwa 1590 kJ/380 kcal · 9 g Eiweiß 27 g Fett · 25 g Kohlenhydrate

Vorbereitungszeit: 1 ¼ Stunden
Ruhezeit: 1 Stunde

Die Butter mit der Schokolade schmelzen lassen. Die Cornflakes untermischen. • 1 Stück Backtrennpapier mit Butter bestreichen, 12 Häufchen Cornflakesmasse daraufsetzen. • Den Boden und den Rand der Form mit Backtrennpapier auslegen. Die übrige Cornflakesmasse einfüllen und fest andrücken. Die Plätzchen und die Springform in den Kühlschrank stellen. • Die Gelatine 10 Minuten in kaltem Wasser einweichen. • Den Zukker mit den Eigelben schaumig rühren, dann den Zitronensaft und den Quark untermischen. • Die Sahne steif schlagen. • Die Gelatine ausdrücken, in einem Töpfchen bei schwacher Hitze auflösen, einige Eßlöffel Quarkmasse unter die flüssige Gelatine ziehen und diese mit der Schlagsahne unter die Quarkcreme heben. • Ein Drittel der Creme auf den Cornflakesboden streichen. Die Kirschen darauf verteilen, die restliche Quarksahne darüberstreichen. Die Torte mindestens 1 Stunde in den Kühlschrank stellen. • Die Torte mit den Plätzchen und mit der Borkenschokolade verzieren.

Kartoffeltorte

Ein ungewöhnliches Rezept, das man probieren sollte

Zutaten für 1 Springform von 26 cm Durchmesser:
- 300 g gekochte Kartoffeln vom Vortag
- 125 g Haselnußkerne
- 75 g Rosinen
- 2 Eßl. Rum
- 4 Eier · 200 g Zucker
- 100 g Mehl
- 50 g Speisestärke
- 2 Teel. Backpulver
- abgeriebene Schale von 1 ungespritzten Zitrone
- ½ Teel. Zimtpulver
- 200 g Puderzucker · 2 Eßl. Rum
- 3 Eßl. Johannisbeergelee
- 8 Marzipankartoffeln

Spezialität • Gelingt leicht

Bei 16 Stücken pro Stück etwa 1300 kJ/310 kcal · 6 g Eiweiß 10 g Fett · 47 g Kohlenhydrate

Vorbereitungszeit: 1 Stunde
Backzeit: 50 Minuten
Zeit zum Fertigstellen: 10 Minuten

Die Kartoffeln schälen und durch die Kartoffelpresse drücken oder auf der Rohkostreibe reiben. Die Nüsse mahlen. Die Rosinen heiß waschen, abtrocknen und mit dem Rum beträufeln. • Die Eier trennen, die Eigelbe mit dem Zucker schaumig rühren. Das Mehl, die Speisestärke und das Backpulver mischen und mit der Zitronenschale, dem Zimt, den Kartoffeln, den Nüssen und den Rosinen unter die Schaummasse mengen. Die Eiweiße steif schlagen und unterziehen. • Den Backofen auf 200° vorheizen. Die Form mit Butter ausstreichen und mit Semmelbröseln ausstreuen. • Den Teig in die Form füllen und glattstreichen. Die Torte 50 Minuten backen, 10 Minuten im abgeschalteten Backofen stehen lassen. • Den Puderzucker mit dem Rum und 1 Eßlöffel Wasser glattrühren, die Torte mit dem Gelee und dem Guß überziehen. • Die Torte mit Marzipankartoffeln garnieren.

Himbeer-Sahnetorte

Am besten füllt und garniert man die Torte erst kurz vor dem Verzehr und läßt sie bis zum Servieren im Kühlschrank

Zutaten für 1 Springform von 26 cm Durchmesser:
Für den Biskuit:
6 Eier
1 Prise Salz
150 g Zucker
175 g Mehl
75 g Speisestärke
2 Teel. Backpulver
Zum Füllen und Garnieren:
50 g Mandelblättchen
6 Blätter Gelatine
250 g Magerquark
abgeriebene Schale von ½ ungespritzten Zitrone
3 Eßl. Ahornsirup
2 Eßl. Vanillezucker
½ l Sahne
1 Eßl. Zitronensaft
600 g Himbeeren
3 Eßl. Puderzucker
4 Eßl. Himbeermarmelade
2 Eßl. Himbeergeist
25 g gehackte Pistazien

Braucht etwas Zeit

Bei 16 Stücken pro Stück etwa 1260 kJ/300 kcal · 7 g Eiweiß 14 g Fett · 22 g Kohlenhydrate

Vorbereitungszeit: 30 Minuten
Backzeit: 30 Minuten
Ruhezeit: mindestens 6 Stunden
Zeit zum Fertigstellen: 45 Minuten

Den Backofen auf 180° vorheizen. Den Boden der Springform mit Butter ausstreichen und mit Semmelbröseln ausstreuen. • Die Eier in Eigelbe und Eiweiße trennen. Die Eiweiße mit dem Salz zu steifem Schnee schlagen. Die Eigelbe mit dem Zucker weißschaumig rühren, bis sich der Zucker völlig aufgelöst hat. Den Eischnee auf die Eigelbcreme füllen. Das Mehl mit der Speisestärke und dem Backpulver darübersieben, beides unter die Eigelbcreme ziehen. • Die Biskuitmasse in die Form füllen, glattstreichen und auf der mittleren Schiene in 30 Minuten goldgelb backen. • Den fertigen Tortenboden im abgeschalteten Backofen 5 Minuten ruhen und in der Form 10 Minuten abkühlen lassen. Den Biskuit auf ein Kuchengitter stürzen und mindestens 6 Stunden ruhen lassen. • Die Mandelblättchen unter Wenden in einer trockenen Pfanne goldbraun rösten und abkühlen lassen. • Die Gelatine 10 Minuten in kaltem Wasser einweichen. Den Quark mit der Zitronenschale, dem Ahornsirup und dem Vanillezucker verrühren. Die Sahne steif schlagen, 100 g Schlagsahne unter den Quark heben. • Den Zitronensaft mit 2 Eßlöffeln Wasser erhitzen, die gut ausgedrückte Gelatine darin auflösen. Unter die Hälfte der flüssigen Gelatine nach und nach den Quark mischen. Die übrige Gelatine langsam mit der Schlagsahne vermengen. • Die Himbeeren waschen, trockentupfen und 250 g mit dem Puderzucker pürieren. • Ein Drittel der Schlagsahne in einen Spritzbeutel mit Sterntülle füllen. Die restliche Sahne mit dem Himbeerpüree mischen. • Den Biskuit einmal durchschneiden. Die Marmelade mit dem Himbeergeist glattrühren, den unteren Boden damit bestreichen. Die Quarkmasse auf den unteren Teil der Torte verteilen, den Deckel darauflegen und leicht andrücken. • Die Oberfläche und den Rand der Torte mit Himbeersahne überziehen, den Rand mit den Mandelblättchen bedecken. • Die Beeren auf der Torte anordnen, 16 Sahnerosetten daraufspritzen und diese mit den gehackten Pistazien bestreuen. • Die Torte kühl stellen.

Unser Tip: Soll die Torte noch etwas höher werden, bäckt man separat in der gleichen Springform einen dünnen Mürbeteigboden, bestreicht diesen ebenfalls mit glattgerührter Marmelade und setzt den Biskuit darauf.

Die großen Festtagstorten

Süße Schlemmereien mit Buttercreme und Zuckerguß oder mit Baiser und Zitronensahne

Amerikanische Torte

im Bild links

Zutaten für 1 Springform von 26 cm Durchmesser:

Für den Teig:
- 125 g weiche Butter
- 325 g Zucker · 4 Eier
- 250 g Mehl
- 2 Teel. Backpulver
- 2 Eßl. Milch

Zum Füllen:
- 3 Zitronen
- 100 g Zucker
- 3 Teel. Speisestärke
- ½ l Sahne

Braucht etwas Zeit
Spezialität

Bei 16 Stücken pro Stück etwa 1510 kJ/360 kcal · 6 g Eiweiß 20 g Fett · 42 g Kohlenhydrate

Vorbereitungszeit: 40 Minuten
Backzeit: 50 Minuten

Die Butter mit 125 g Zucker schaumig rühren. Die Eier trennen, die Eigelbe mit dem Mehl, dem Backpulver und der Milch unter die Schaummasse ziehen. • Den Backofen auf 200° vorheizen. • Die Hälfte des Teiges 15 Minuten backen. • Die Eiweiße mit dem restlichen Zukker sehr steif schlagen. Die Hälfte des Eischnees auf den Tortenboden streichen. Die Torte weitere 10 Minuten backen. Den übrigen Teig und Eischnee genauso bakken. • Die Tortenböden abkühlen lassen. • Die Zitronen auspressen. Den Saft mit ⅛ l Wasser und dem Zucker verrühren; aufkochen lassen. Die kalt angerührte Speisestärke untermischen, kurz aufkochen, dann abkühlen lassen. • Die Sahne sehr steif schlagen. Den kalten Zitronenpudding eßlöffelweise untermengen. Die Hälfte der Zitronensahne auf einen Tortenboden streichen und diesen mit dem zweiten und der übrigen Schlagsahne bedecken. • Die Torte sofort servieren.

Hochzeitstorte

im Bild rechts

Zutaten für 1 Springform von 26 cm Durchmesser:

Für den Teig:
- 250 g weiche Butter · 125 g Zucker
- 1 Eßl. Vanillezucker · 4 Eier
- je 150 g Mehl und Speisestärke
- 100 g abgezogene gemahlene Mandeln
- 2 Teel. Backpulver

Für die Creme:
- je 125 g Butter und Zucker
- 4 Eigelbe
- 2 ungespritzte Zitronen

Für den Guß und zum Garnieren:
- 1 Eiweiß · 250 g Puderzucker
- 2 Eßl. Zitronensaft
- 30 g gehackte Pistazien
- 16 kandierte Veilchen

Spezialität

Bei 16 Stücken pro Stück etwa 2010 kJ/480 kcal · 7 g Eiweiß 27 g Fett · 53 g Kohlenhydrate

Vorbereitungszeit: 20 Minuten
Backzeit: 45 Minuten
Zeit zum Fertigstellen: 1 Stunde

Die Butter mit dem Zucker und dem Vanillezucker schaumig rühren, die Eier und 4 Eßlöffel Wasser untermischen. • Das Mehl mit der Speisestärke, den Mandeln und dem Backpulver unterziehen. • Den Backofen auf 180° vorheizen. • Die Torte 45 Minuten backen. • Die Butter schmelzen lassen. Den Zucker und die Eigelbe hinzufügen. Die Schale von 1 Zitrone abreiben, den Saft von beiden Zitronen auspressen und mit der -schale unterrühren. Im heißen Wasserbad cremig schlagen, danach abkühlen lassen. • Den erkalteten Tortenboden zweimal durchschneiden. 2 Böden mit der Zitronencreme bestreichen, alle zusammensetzen. • Das Eiweiß steif schlagen und mit dem Puderzucker und dem Zitronensaft verrühren. Die Torte mit dem Guß überziehen.

Käsesahnetorte mit Mango

Die exotischen Früchte garantieren höchsten Genuß

Zutaten für 1 Springform von 28 cm Durchmesser:
- 3 Eier · 50 g Zucker
- 1 Eßl. Vanillezucker · 50 g Mehl
- je 25 g Speisestärke und gemahlene Haselnüsse
- 12 Blätter Gelatine
- 500 g Magerquark
- 250 g Mascarpone (italienischer Frischkäse) · 100 g Zucker
- 1 Becher Vollmilchjoghurt
- 2 Schnapsgläser Eierlikör (4 cl)
- 1 ungespritzte Zitrone
- 0,4 l Sahne · 2 Eßl. Amaretto (italienischer Mandellikör)
- 1 große Mango · 4 Kiwis

Etwas teurer

Bei 16 Stücken pro Stück etwa 1300 kJ/310 kcal · 12 g Eiweiß 17 g Fett · 24 g Kohlenhydrate

Vorbereitungszeit: 1¼ Stunden
Backzeit: 20 Minuten
Zeit zum Fertigstellen und Festwerden: 4–5 Stunden

Den Backofen auf 180° vorheizen. • Die Eier trennen, die Eiweiße steif schlagen. Die Eigelbe mit dem Zucker und dem Vanillezucker schaumig rühren. Das Mehl mit der Speisestärke, den Nüssen und dem Eischnee unter die Eigelbmasse ziehen. Den Biskuit 20 Minuten backen. • Die Gelatine einweichen. • Den abgetropften Quark mit dem Mascarpone, dem Zukker, dem Joghurt und dem Eierlikör verrühren. Die Zitronenschale in die Quarkmasse reiben. • Den Zitronensaft auspressen, mit 2 Eßlöffeln Wasser erhitzen und die ausgedrückte Gelatine darin auflösen; die Quarkmasse langsam hinzufügen, im Kühlschrank halbfest werden lassen. • Die Sahne steif schlagen und unterziehen. • Den Biskuit mit dem Amaretto beträufeln, wieder in die Form geben. Den Rand mit Backtrennpapier bedecken. • Die Mango schälen und in Achteln vom Stein lösen. Die Kiwis schälen und längs halbieren. 7 Kiwihälften und 7 Mangoachtel abwechselnd auf den Tortenboden verteilen. Die Quarkmasse darüber glattstreichen, im Kühlschrank in 3 bis 4 Stunden fest werden lassen.

Vanilletorte

Die Torte am besten 1 Tag mit Creme gefüllt und bestrichen durchziehen lassen und vor dem Anschneiden nach Belieben mit Kakao besieben

Zutaten für 1 Springform von 26 cm Durchmesser:
- 5 Eier
- ½ Teel. gemahlene Vanille
- 150 g Zuckerrohr-Granulat
- 100 g Weizen-Vollkornmehl
- 20 g Maisstärkepuder oder Arrowroot (Pfeilwurzelmehl)
- 1 Teel. Backpulver
- 100 g grobgeriebene Zartbitter-Schokolade · 75 g flüssige Butter
- 200 g abgezogene Mandeln
- 150 g Honig · 1 Eßl. Rosenwasser
- ¾ l Milch · 50 g Maisstärkepuder
- ½ Teel. gemahlene Vanille
- 50 g Butter · 1 Eigelb
- 12 Korinthen

Vollwertrezept

Bei 12 Stücken pro Stück etwa 2100 kJ/500 kcal · 14 g Eiweiß 30 g Fett · 43 g Kohlenhydrate

Vorbereitungszeit: 20 Minuten
Backzeit: 35 Minuten
Zeit zum Fertigstellen: 1½ Stunden

Für den Teig die Eigelbe mit der Vanille, dem Zuckerrohr-Granulat und 2 Eßlöffeln warmem Wasser schaumig schlagen. Das Mehl mit dem Stärkepuder, dem Backpulver und der Schokolade mischen und unterziehen. Die Eiweiße steif schlagen und mit der Butter unterheben. • Den Backofen auf 180° vorheizen. • Die Torte 35 Minuten backen, dann auskühlen lassen und zweimal durchschneiden. • Die Mandeln sehr fein mahlen und im heißen Wasserbad mit 100 g Honig und dem Rosenwasser glattrühren. • Den übrigen Honig erhitzen. • Die Milch mit dem Stärkepuder und der Vanille verquirlen, unter den Honig rühren und einige Male aufkochen lassen. • Unter knapp ein Drittel der abgekühlten Puddingmasse die Butter und das Eigelb rühren. Den übrigen Pudding noch warm auf die beiden unteren Tortenböden streichen. Die Tortenböden zusammensetzen. Die Oberfläche mit dem verfeinerten Pudding bestreichen. • Aus der Hälfte des Marzipans und den Korinthen 12 Blüten formen, auf die Torte legen. Den Rand mit ausgerolltem Marzipan bedecken.

Himmelstorte

Sie schmeckt »himmlisch« – auch Ungeübte zaubern dieses Kunstwerk

Zutaten für 1 Springform von 26 cm Durchmesser:

- 175 g weiche Butter
- 200 g Zucker · 3 Eier · 300 g Mehl
- 2 Teel. Backpulver
- 100 g gemahlene Mandeln
- 3 Eßl. Vanillezucker
- ½ Päckchen gemahlene Gelatine
- ¾ l Sahne

Braucht etwas Zeit

Bei 12 Stücken pro Stück etwa 2390 kJ/570 kcal · 10 g Eiweiß 40 g Fett · 42 g Kohlenhydrate

Vorbereitungszeit: 20 Minuten
Backzeit:
1 Stunde und 40 Minuten
Zum Fertigstellen: 20 Minuten

Die Butter mit 150 g Zucker und den Eiern schaumig rühren. Das Mehl und das Backpulver untermischen. • Den Backofen auf 180° vorheizen. Den Boden der Form mit Butter bestreichen. • Ein Viertel des Teiges in die Form füllen und 10 Minuten backen. • Die Mandeln mit 2 Eßlöffeln Vanillezucker mischen, ein Viertel davon auf den Tortenboden streuen und diesen weitere 15 Minuten backen. • Auf diese Weise 3 weitere Tortenböden herstellen. • Den letzten Boden 5 Minuten vor Ende der Garzeit in 12 gleich große Tortenstücke schneiden und danach fertig backen. • Die Gelatine mit 3 Eßlöffeln Wasser 10 Minuten quellen lassen. • Die Sahne mit dem übrigen Vanillezucker und dem restlichen Zucker steif schlagen. Die Gelatine unter Rühren erhitzen, langsam die Schlagsahne untermischen. Ein Drittel davon in einen Spritzbeutel füllen. Die übrige Schlagsahne auf die 3 Tortenböden verteilen, die Böden zusammensetzen. • 12 Stücke auf dem letzten Tortenboden markieren und auf jedes Stück 1 großen Sahnetupfen setzen. • Die vorgeschnittenen Stücke schräg zwischen die Sahnetupfen stellen.

Schwarzbrottorte

Es lohnt sich, diese Torte während der Kirschenzeit einmal zu probieren

Zutaten für 1 Springform von 26 cm Durchmesser:

- 200 g feines Roggen-Vollkornbrot · 150 g Mandeln
- 6 Eier · 225 g Zucker
- 1 Teel. Backpulver · 1 Eßl. Mehl
- 2 Eßl. Rum oder Kirschwasser
- 0,4 l Sahne
- 400 g entsteinte Sauerkirschen

Gelingt leicht • Preiswert

Bei 12 Stücken pro Stück etwa 1680 kJ/400 kcal · 11 g Eiweiß 23 g Fett · 35 g Kohlenhydrate

Vorbereitungszeit: 40 Minuten
Backzeit: 40 Minuten

Das Schwarzbrot kleinwürfeln und in einer Pfanne unter ständigem Wenden rösten, aber nicht bräunen. Die Brotwürfel abkühlen lassen. • Die Mandeln mahlen. Die Eier in Eigelbe und Eiweiße trennen. Die Eigelbe schaumig schlagen, langsam 200 g Zucker einrieseln lassen. • Das Backpulver mit dem Mehl mischen; mit den Brotwürfeln, den gemahlenen Mandeln und dem Rum oder dem Kirschwasser unter die Schaummasse ziehen. Die Eiweiße zu steifem Schnee schlagen und unter den Teig heben. • Den Backofen auf 200° vorheizen. Die Form gut mit Butter ausstreichen. • Den Teig hineinfüllen und 40 Minuten backen. • Den Kuchen abkühlen lassen. • Die Sahne mit dem übrigen Zucker sehr steif schlagen. Den Tortenboden einmal durchschneiden. 2 Eßlöffel Schlagsahne auf den unteren Boden streichen, die Kirschen darauf verteilen und einige Kirschen zum Garnieren zurückbehalten. Den zweiten Boden darauflegen und mit zwei Dritteln der Schlagsahne überziehen. • Die restliche Sahne mit einem Spritzbeutel auf die Tortenoberfläche spritzen. Die Torte mit Kirschen garnieren, kühl stellen und möglichst bald servieren.

Nußtorte mit Preiselbeersahne

Die Torte unbedingt bis zum Servieren kühl stellen

Zutaten für 1 Springform von 26 cm Durchmesser:
Für den Teig:
je 175 g weiche Butter und Zucker
1 Eßl. Vanillezucker · 4 Eier
250 g gemahlene Haselnüsse
2 Teel. Backpulver
100 g geraspelte Zartbitter-Schokolade
2 Eßl. Kakaopulver
Zum Füllen und Garnieren:
3 Blätter Gelatine
450 g Preiselbeerkompott
¼ l Sahne

Gelingt leicht • Schnell

Bei 12 Stücken pro Stück etwa 2100 kJ/500 kcal · 9 g Eiweiß 39 g Fett · 29 g Kohlenhydrate

Vorbereitungszeit: 25 Minuten
Backzeit: 40 Minuten
Zum Fertigstellen: 40 Minuten

Die Butter mit dem Zucker und dem Vanillezucker schaumig rühren, nach und nach die Eier, die gemahlenen Nüsse, das Backpulver, 75 g Schokoladenraspel und den Kakao hinzufügen. • Den Backofen auf 180° vorheizen. Die Form mit Butter ausstreichen. • Den Kuchen 40 Minuten backen; 10 Minuten im abgeschalteten Backofen stehen lassen. • Den Tortenboden abkühlen lassen. • Die Gelatine in kaltem Wasser 10 Minuten einweichen, dann ausdrücken, in einem Töpfchen bei schwacher Hitze auflösen und unter die Preiselbeeren mischen. • Die Sahne steif schlagen. Die Hälfte der Schlagsahne mit den Preiselbeeren mischen. • Den Tortenboden einmal durchschneiden. Den unteren Boden mit der Preiselbeersahne bestreichen, den zweiten Boden darauflegen. • Die Torte ringsum mit Schlagsahne bestreichen. Den Rand mit den übrigen Schokoladenraspeln bestreuen. Sahnetupfen auf die Torte spritzen.

Heidelbeer-Mandel-Torte

Man kann die Torte auch mit Zwetschgen füllen

Zutaten für 1 Springform von 26 cm Durchmesser:
Für den Teig: je 200 g Butter und Zucker · 1 Prise Salz · 2 Eier
abgeriebene Schale von 1 ungespritzten Zitrone
je 1 Messerspitze gemahlene Gewürznelken und Zimtpulver
je 200 g abgezogene gemahlene Mandeln und Mehl
Zum Füllen: 50 g weiche Butter
75 g Zucker
2 Eßl. Himbeergeist
1 Eßl. Zitronensaft
150 g gemahlene Mandeln
1 Eiweiß · 300 g Heidelbeeren
1 Eigelb
2 Eßl. schw. Johannisbeergelee

Gelingt leicht

Bei 12 Stücken pro Stück etwa 2310 kJ/550 kcal · 11 g Eiweiß 36 g Fett · 45 g Kohlenhydrate

Vorbereitungszeit: 1 Stunde
Backzeit: 40 Minuten

Die Butter mit dem Zucker und dem Salz schaumig rühren. Nach und nach die Eier, die Gewürze, die Mandeln und das Mehl untermischen. • Die gefettete Form mit der Hälfte des Teigs auslegen und 30 Minuten kühl stellen. • Den restlichen Teig mit etwas Mehl verkneten. Wiederum die Hälfte davon zu einer dünnen Rolle formen und daraus einen 2 cm hohen Teigrand bilden. • Für die Füllung die Butter mit dem Zucker, dem Himbeergeist, dem Zitronensaft und den Mandeln verrühren. Das Eiweiß steif schlagen und unterheben. Die Mandelmasse auf den Teigboden streichen und mit den Heidelbeeren belegen. Den restlichen Teig ausrollen, 1 cm breite Streifen ausrädeln, diese von der Mitte zum Rand hin auf die Torte legen und mit dem Eigelb bepinseln. • Den Backofen auf 200° vorheizen. • Die Torte 40 Minuten backen. • Das verrührte Gelee auf die heißen Beeren streichen.

Malakow-Torte

Sie muß wohl die Lieblingstorte des französischen Generals Pelissier die Bastian Malakow gewesen sein

Zutaten für 1 Springform von 24 cm Durchmesser:
Für den Teig:
3 Eier
50 g Zucker
1 Prise Salz
75 g Mehl
1 Messerspitze Backpulver
abgeriebene Schale von 1 ungespritzten Zitrone
Zum Füllen und Garnieren:
⅛ l trockener Weißwein
⅛ l Orangensaft
3 Eßl. Zucker
4 Eßl. Rum
150 g Mandelblättchen
250 g weiche Butter
125 g Puderzucker
5 Eigelbe
100 g Löffelbiskuits
1½ Teel. gemahlene Gelatine
0,4 l Sahne

Berühmtes Rezept
Braucht etwas Zeit

Bei 12 Stücken pro Stück etwa 2810 kJ/670 kcal · 15 g Eiweiß 51 g Fett · 31 g Kohlenhydrate

Vorbereitungszeit: 20 Minuten
Backzeit: 15 Minuten
Zeit zum Fertigstellen: 1 Stunde
Zeit zum Durchziehen: 2 Stunden

Für den Biskuit die Eier in Eigelbe und Eiweiße trennen. • Die Eigelbe mit 3 Eßlöffeln heißem Wasser schaumig rühren, nach und nach den Zucker einrieseln lassen und rühren, bis die Masse weiß und dickcremig ist. • Die Eiweiße mit dem Salz steif schlagen. Den Eischnee auf die Eigelbcreme gleiten lassen, das Mehl mit dem Backpulver mischen, darübersieben und mit der Zitronenschale unter die Eigelbcreme ziehen. • Den Backofen auf 200° vorheizen. Den Boden der Springform mit Butter bestreichen. • Den Teig in die Form füllen. Den Biskuit auf der mittleren Schiene in 15 Minuten goldgelb backen, dann auf einem Kuchengitter auskühlen lassen. • Inzwischen den Weißwein mit dem Orangensaft und 2 Eßlöffeln Zukker aufkochen, mit dem Rum mischen und erkalten lassen. • Für die Creme die Mandelblättchen in einer trockenen Pfanne unter Wenden hellbraun rösten, dann auf einen Teller schütten und auskühlen lassen. • Die Butter schaumig rühren, nach und nach den Puderzucker und die Eigelbe untermischen. 100 g Mandelblättchen feinmahlen und unter die Creme mengen. • Den Tortenboden auf eine Platte legen, den Springformrand darumgeben, mit Backtrennpapier auskleiden und die Kuchenoberfläche mit 2 Eßlöffeln Buttercreme bestreichen. • Die Löffelbiskuits mit der erkalteten Wein-Saft-Mischung tränken und in einer Richtung auf den Tortenboden legen. • Die Biskuits mit Creme bestreichen, eine zweite Lage getränkte Biskuits in entgegengesetzter Richtung daraufgeben, mit restlicher Creme bestreichen und die Torte zugedeckt im Kühlschrank 2 Stunden durchziehen lassen. • Den Springformrand und das Backtrennpapier vorsichtig lösen. • Die Gelatine mit 2 Eßlöffeln Wasser 10 Minuten quellen lassen, dann unter Rühren bei schwacher Hitze auflösen. Die Sahne mit dem restlichen Zucker steif schlagen, eßlöffelweise unter die aufgelöste Gelatine mischen. Ein Drittel der Sahne in einen Spritzbeutel mit Sterntülle füllen, mit der restlichen Sahne die Torte überziehen. Die Oberfläche mit Sahnetupfen garnieren, in die Mitte die übrigen Mandelblättchen streuen.

Unser Tip: Aus den übriggebliebenen Eiweißen kann man beispielsweise Mandelbaisers oder Kokosmakronen herstellen.

Zitronentorte

Eine feine, fruchtig schmeckende Torte mit duftigen Baiser- und Sahneschichten

Zutaten für 1 Springform von
24 cm Durchmesser:
Für die Creme:
abgeriebene Schale von
1 ungespritzten Zitrone
Saft von 2 Zitronen
125 g Zucker
2 ½ Teel. Speisestärke
0,4 l Sahne
Für den Teig:
125 g weiche Butter
125 g Zucker
4 Eigelbe
1 Ei
1 Prise Salz
1 Eßl. Vanillezucker
2 Teel. Backpulver
150 g Mehl
2 Eßl. Milch
Für das Baiser:
4 Eiweiße
200 g Zucker
Zum Bestreuen:
50 g Mandelblättchen

Braucht etwas Zeit

Bei 12 Stücken pro Stück etwa 2010 kJ/480 kcal · 8 g Eiweiß 26 g Fett · 51 g Kohlenhydrate

Vorbereitungszeit: 45 Minuten
Kühlzeit: 12 Stunden
Backzeit: 25 Minuten
Zeit zum Fertigstellen: 30 Minuten
Zeit zum Durchziehen: 2 Stunden

Zuerst die Füllung vorbereiten: Dafür die Zitronenschale mit dem -saft mischen und mit Wasser auf ⅛ l Flüssigkeit auffüllen. Den Saft mit dem Zucker vermengen und zum Kochen bringen. Die Speisestärke mit 3 Eßlöffeln kaltem Wasser verrühren, unter den Zitronensaft rühren und diesen noch einmal aufkochen lassen. • Die abgekühlte Zitronencreme über Nacht zugedeckt im Kühlschrank erkalten lassen. • Für den Teig die Butter schaumig rühren. Nach und nach den Zucker einrieseln lassen. Die Eigelbe, das ganze Ei, das Salz und den Vanillezucker hinzufügen. Das Backpulver mit dem Mehl mischen und mit der Milch unterrühren. • Für das Baiser die Eiweiße zu steifem Schnee schlagen, dabei den Zucker einrieseln lassen. • Den Backofen auf 180° vorheizen. Wenn möglich die Böden von 2 gleich großen Springformen mit Butter bestreichen, jeweils die Hälfte des Rührteigs einfüllen. • Die Baisermasse in 1 cm Abstand zum Rand daraufstreichen. Die Mandelblättchen darüberstreuen. • Die Böden im Backofen auf der mittleren Schiene 25 Minuten backen (hat man nur 1 Springform zur Verfügung, muß man die Böden nacheinander backen). Die Tortenböden auf einem Kuchengitter erkalten lassen. • Für die Creme die Sahne steif schlagen und unter die Zitronencreme ziehen. Einen Tortenboden auf eine Platte legen, zwei Drittel der Creme daraufstreichen, den zweiten Boden darauflegen und etwas andrücken. Die Ränder dick mit der restlichen Creme bestreichen. • Die Torte gut 2 Stunden durchziehen lassen. Sie schmeckt, kühl aufbewahrt, auch noch am nächsten Tag sehr gut.

Unser Tip: Ohne viel Aufwand läßt sich die Torte für die festliche Kaffeetafel nach Belieben wie abgebildet verzieren: Den Rand und die Oberfläche der Zitronentorte mit zusätzlich 40 g goldbraun gerösteten, abgekühlten Mandelblättchen bestreuen, 12 Sahnerosetten mit dem Spritzbeutel daraufsetzen. Bis zur Mitte hin eingeschnittene, hauchdünne Zitronenscheiben zu Spiralen drehen und leicht in die Sahnetupfen drücken.

Kiwitorte

Die vitaminreichen Kiwis stammen aus Neuseeland, den USA, Spanien und Frankreich

Zutaten für 1 Springform von 26 cm Durchmesser:

Für den Biskuit:
- 6 Eier
- 1 Prise Salz
- 150 g Zucker
- 100 g Mehl
- 50 g Speisestärke
- 75 g Schokoladenpulver
- 1 Teel. Backpulver

Zum Füllen und Überziehen:
- 9 Blätter Gelatine
- 4–5 Kiwis
- 50 g Puderzucker
- 0,6 l Sahne
- 1 Eßl. Vanillezucker
- 25 g Mandelblättchen
- 3 Eßl. Rum (6 cl)

Etwas teurer

Bei 16 Stücken pro Stück etwa 1510 kJ/360 kcal · 9 g Eiweiß 22 g Fett · 29 g Kohlenhydrate

Vorbereitungszeit: 20 Minuten
Backzeit: 30 Minuten
Ruhezeit: 1 Tag
Zeit zum Fertigstellen: 1½ Stunden

Den Backofen auf 180° vorheizen. • Die Eier in Eigelbe und Eiweiße trennen. Die Eiweiße mit dem Salz cremig schlagen, die Hälfte des Zuckers einrieseln lassen und den Eischnee sehr steif schlagen. • Die Eigelbe mit 2 Eßlöffeln Wasser und dem restlichen Zucker schaumig rühren. Den Eischnee darüberhäufeln. Das Mehl mit der Speisestärke, dem Schokoladenpulver und dem Backpulver mischen, über den Eischnee sieben und alles mit einem Spatel unter die Eigelbmasse ziehen. • Den Boden der Springform mit Butter bestreichen und mit Semmelbröseln ausstreuen. Den Teig einfüllen und den Biskuit im Backofen auf der mittleren Schiene 30 Minuten backen. • Den Biskuit aus der Form lösen und 24 Stunden ruhen lassen, bevor er durchgeschnitten wird. • Für die Creme die Gelatine in kaltem Wasser 10 Minuten einweichen. Die Kiwis schälen. 1 Kiwi zum Garnieren zurückbehalten. • Die restlichen Kiwis feinhacken oder im Mixer pürieren. Den Puderzucker unter das Fruchtpüree mischen und erhitzen. Die Sahne mit dem Vanillezucker steif schlagen. Die Gelatine bei schwacher Hitze unter ständigem Rühren flüssig werden lassen, in eine Schüssel füllen und eßlöffelweise die Schlagsahne untermengen. Ein Drittel der Sahne in den Kühlschrank geben. Die übrige Sahne mit dem abgekühlten Fruchtpüree mischen. • Die Kiwi-Sahne 30 Minuten kalt stellen. • Die Mandelblättchen in einer trockenen Pfanne goldbraun rösten. • Den Biskuit zweimal durchschneiden. Jeden Tortenboden mit Rum beträufeln. Den unteren und den mittleren Boden mit der Kiwisahne bestreichen, die Böden aufeinandersetzen. Die Torte mit Schlagsahne überziehen. Die restliche Sahne in einen Spritzbeutel mit Sterntülle füllen und Tupfen auf die Oberfläche spritzen. Die abgekühlten Mandelblättchen in die Mitte streuen. Die restliche Kiwi in Scheiben schneiden, die Scheiben vierteln und auf die Sahnerosetten setzen. • Die Torte bis zum Servieren in den Kühlschrank stellen, aber nicht lange aufbewahren, da der sonst geschätzte leicht herbe Geschmack zu stark wird.

Praktische Geräte und Backformen

Das Backen erlaubt in der Regel keine fantasievollen Experimente, mit denen einfallsreiche Hobbyköche sonst Lorbeeren ernten können. Nicht nur Maßangaben müssen exakt eingehalten werden – soll das Backwerk gelingen, muß auch die spezielle Verarbeitungsweise der Zutaten sowie deren Beschaffenheit für die Zubereitung des Teiges beachtet werden. Allerlei sinnvolle Hilfen, die heute im Handel angeboten werden, tragen zum guten Gelingen bei. Ein guter Backofen und ein Minimum an Geräten gehören zur Grundausstattung. Eine Auswahl der wichtigsten Backutensilien finden Sie auf diesen Seiten.

Der Backofen

Für die Benützung des Backofens allgemeine Regeln aufzustellen, ist unmöglich. Um zu guten Backresultaten zu kommen, ist es wichtig, die Gebrauchsvorschriften des Herstellers zu befolgen. Die beim Backen verschiedener Teigarten gesammelten Erfahrungswerte hält man am besten gleich schriftlich fest.
Beim Umluft- oder Heißluftherd wälzt ein Ventilator die vom Heizkörper ausgehende Hitze im ganzen Backofen um. Für das Einstellen der richtigen Temperaturen gibt es eine Faustregel: Sie liegen bei gleicher Backzeit 20 bis 30% niedriger als beim konventionellen Elektroherd (unter 200° 20%, über 200° 30%). Da man gleichzeitig in 2 bis 3 Ebenen backen kann, gilt der Umluftherd als energiesparend.
Bei den meisten Backöfen ist die Wahl zwischen Ober- und Unterhitze möglich. Öfen mit einem Fenster erlauben das »Backen auf Sicht«, andernfalls muß man gegen Ende, niemals in den ersten zwei Dritteln der Backzeit, gelegentlich die Türe öffnen, um den Gargrad des Gebäcks prüfen zu können.
Im Normalfall – außer bei Heißluftherden – sollte der Backofen vorgeheizt werden. Das ist besonders bei Kleingebäck nötig, das sonst eventuell seine Form verliert. Auch Biskuitmasse reagiert sehr empfindlich. Neuerdings werden Elektro-Öfen angeboten, die man nicht mehr vorzuheizen braucht, weil sie sehr schnell auf eine Temperatur von beispielsweise 200° kommen. Konventionelle Herde erreichen diese Backhitze nach 10 bis 15 Minuten, Gasbacköfen brauchen nur wenige Minuten dazu. Auf jeden Fall muß man die Anweisungen des Herstellers der einzelnen Fabrikate berücksichtigen.

Temperatureinstellungen für die verschiedenen Geräte:

Elektroherd	Gasherd (Stufe)	Heißluftherd
90–110°	½–1	80°
110–180°	1–2	90–140°
180–200°	2–3	140–160°
200–220°	3–4	155°
220–250°	4–5	155–175°

Welche Geräte braucht man?

Wer lernen will, mit den Produkten von Grund auf umzugehen, bekommt das rechte Verhältnis dazu nur durch Handarbeit – sagen die Profis unter den Bäckern und Konditoren. Man kann später dann auch besser beurteilen, welche Arbeiten man ohne Qualitätsverlust getrost Maschinen überlassen kann. Daß man gelegentlich beim Handrühren bleiben soll, läßt sich am Ergebnis eines klassischen englischen Kuchens am deutlichsten feststellen.

Küchenwaage, Meßbecher
Eine gute Waage, die so handlich sein soll, daß sie jederzeit griffbereit auf dem Arbeitsplatz in der Küche bereitsteht, ein Meßbecher oder ein Litermaß sind unerläßlich. Die üblichen Küchenwaagen zeigen 25-Gramm-Angaben; Digitalwaagen, auch als Diätwaagen im Handel, haben bis 124 g eine Feineinteilung von 2 g, ab 125 g von 5 g. Wer eine Apotheker- oder Briefwaage sein eigen nennt, kann bei besonders diffizilen Maßangaben noch genauer arbeiten.

Mühlen
Man kann Mohn, Mandeln oder Nüsse gemahlen kaufen. Es ist allerdings empfehlenswert, die Zutaten des Aromas wegen immer frisch zu mahlen. Eine handbetriebene Mühle ist keine große Anschaffung. Küchenmaschinen und Rührstäbe bieten oft auch die Möglichkeit, mit Zusatzgeräten elektrisch zu mahlen. Oder Sie haben einen Universalzerkleinerer in Ihrer Küchenausrüstung.

Rührschüsseln
gibt es aus Plastik, Edelstahl und Keramik. In halbkugelförmigen Kesseln aus Edelstahl – in der Luxusausführung auch aus Kupfer – mit einem Randdurchmesser von 25 bis 30 cm läßt es sich bequem mit dem Schneebesen hantieren. Sie sind geeignet für das Rühren im Wasserbad.

Schneebesen, Rührlöffel, Teigschaber
Schneebesen sollten Sie in verschiedenen Größen haben, wobei einer möglichst für das

Eischneeschlagen reserviert wird. Rührlöffel oder Spateln, ebenfalls in verschiedenen Größen, können aus Kunststoff oder Holz sein.

Teigroller/Nudelholz
Holzroller sind die einfachste Ausführung. Nudelhölzer mit Kugellager sind besonders drehfreudig. Außerdem erhält man teflonbeschichtete Roller oder mit Wasser zu füllende; bei beiden ist die Gefahr, daß Teig anklebt, gebannt. Besonders schmale Roller mit einer Breite von etwa 10 cm machen das Nacharbeiten von Mürbeteig in Obstkuchenformen möglich.

Mehl- und Puderzuckersieb
Besonders für den zarten Biskuit oder auch für Hefeteig sollte man Mehl gesiebt unter die übrigen Zutaten mischen. Es gibt dafür rauhverzinnte Weißblech- oder Plastiksiebe in verschiedenen Ausführungen. Praktisch ist auch eine Puderzuckermühle, in die man einmal eine 250-g-Packung einfüllt und nach Bedarf verwendet.

Handrührgerät oder Küchenmaschine
Das elektrische Handrührgerät nimmt beim Rühren die langwierigste Arbeit ab; mit den Knethaken können selbst schwere Hefeteige bearbeitet werden. Küchenmaschinen sind Universalgeräte, die gleichermaßen rühren, kneten oder mahlen. Die Anschaffung lohnt sich bei häufigem Gebrauch auf jeden Fall; Zusätze zum Getreidemahlen ermöglichen den richtigen Einstieg in die Vollwertbackstube.

Was sonst noch nützlich ist
Eine Auswahl an guten Messern mit einem Obstmesser und 2 bis 3 verschiedene Paletten sind unerläßlich, eine abgewinkelte Palette ist zum Verstreichen großer Teigflächen ideal. Hack- oder Wiegemesser braucht man zum Zerkleinern von Trockenfrüchten. Backpinsel, Teigrädchen mit gezackter oder glatter Schnittfläche, ein Spritzbeutel mit Loch- und Sterntüllen in verschiedenen Größen sollten, wie auch die anderen Werkzeuge, von guter Qualität sein. Für besonders feine Spritzglasuren, zum Beispiel zum Herstellen von Schriften, fertigt man sich selbst einen passenden Spritzbeutel an: Man schneidet dafür von einer kleinen Pergament- oder Plastiktüte eine winzige Ecke ab.
Holzstäbchen, um die Garprobe bei den Kuchen machen zu können, dürfen nie fehlen. Frische, warme Kuchen oder Tortenböden sowie in Stücke geschnittene Blechkuchen läßt man auf runden oder rechteckigen Kuchengittern gut auskühlen.
Wer ungern mit dem Küchengarn Torten durchschneidet, kann dies mit Hilfe eines speziellen Tortenschneiders, der höhenverstellbar 2 Böden gleichzeitig durchtrennt, tun. Ein besonderer Tortenheber aus Plastik, um die fertig garnierte Torte von der Arbeitsfläche auf die Servierplatte zu bringen, ist hilfreich. Ein Tortenteiler markiert exakt 12 oder 16 Stücke in Sahne, Creme oder weicher Glasur.

Backformen

Das Angebot an schönen Backformen ist so vielfältig, daß die Wahl schwerfällt. Es ist zu überlegen, ob man häufiger kleine oder große Formen benötigen wird, ob man traditionelle Kuchen oder eher Spezialitäten backen möchte. Gut ausgerüstet sind Sie in jedem Fall mit 2 Backblechen, 1 oder mehreren Springformen von 24 bis 28 cm Durchmesser mit Kranzkuchen-Einsatz, 1 Obstkuchenform mit gerilltem oder glattem Rand, 1 Gugelhupf- oder Napfkuchenform, 1 Kastenkuchenform, Tortelettesförmchen und eventuell 1 Savarin- und Rehrückenform.
Außerdem sind im Handel praktische ein- oder mehrfarbige Papier-Backförmchen erhältlich, in denen man Törtchen aus Biskuitmasse, Rührteig, Hefe- oder Quark-Öl-Teig nach dem Backen, mit Zuckerguß überzogen oder mit Puderzucker bestäubt, auch serviert oder aufbewahrt.
Das Material der Backformen ist mit entscheidend für das spätere Ergebnis. Nicht immer bringen die teuersten Formen die besten Resultate. Es gibt Backbleche und Formen aus Weißblech und Aluminium (beides gute Wärmeleiter), aber auch aus Schwarzblech, das schwarzgebrannt ist und daher widerstandsfähiger. Es gibt emaillierte, spezialbeschichtete Formen mit Antihaftwirkung, die eine Reduzierung der Backzeit um 50% versprechen. Kupferformen und Keramiken dienen auch als Dekoration in der Küche. Glas- und Keramikformen leiten die Temperatur nur sehr langsam; sie eignen sich für Teige, die bei mittlerer bis niederer Temperatur gebacken werden. Die Hitze verteilt sich in diesen Formen sehr gleichmäßig.
Statt einer Springform kann man auch einen Tortenring benützen, der nur mit Pergamentpapier eingeschlagen wird.

Die wichtigsten Backzutaten

Denkt man ans Backen, klingt einem unweigerlich der oftmals gesungene Kinderreim wieder im Ohr: »Wer will guten Kuchen backen, der muß haben sieben Sachen ...«
Selbstverständlich beschränkt sich die hohe Kunst des Backens nicht auf »sieben Sachen«, obwohl ein paar natürliche Zutaten wie Mehl, Speisestärke, Butter, Zucker, Eier und Milch, aromatisiert durch Vanille oder Zitronenschale, im richtigen Mischungsverhältnis zueinander und mit der nötigen Sorgfalt bearbeitet, schon zu sehr gelungenen Backergebnissen verhelfen können.
Beim Kochen wie beim Backen garantieren nur ganz frische Produkte von bester Qualität ein gutes Gelingen. Und das überwältigende Angebot an edlen aromatischen Zutaten wie beispielsweise Kakao, Kaffee und Schokolade, Gewürze von Anis bis Zimt, Alkoholika wie Arrak, Cognac, Liköre, Obstbrände, Rum und Wein, Nüsse, frische Früchte, Marzipan und Nougat, macht es möglich, immer wieder neue duftende Kreationen in der Backstube zu zaubern.
Die folgenden Beschreibungen der wichtigsten Backzutaten beinhalten auch die noch weniger gebräuchlichen für die Vollwertbackstube und sollen Ihnen ein paar nützliche Informationen für den sinnvollen Umgang mit den Produkten bieten.

Was das Mehl im Kuchen bewirkt

Alle Getreidearten wie Weizen, Roggen, Gerste, Reis und Mais können zu Mehl vermahlen werden. Man unterscheidet je nach Ausmahlungsgrad Schrot, Grieß, Dunst oder Auszugsmehl.
Für Feingebäck verwendet man fast ausschließlich Weizenmehl, beim herkömmlichen Backen hauptsächlich das fast schneeweiße Auszugsmehl Type 405. Diese schwach ausgemahlene, sehr feine Mehlsorte weist allerdings nur noch einen sehr geringen Anteil an Mineralstoffen, nämlich 405 mg pro 100 g, auf, da nur der innerste Teil des Korns dafür feinvermahlen wurde. Der Ausmahlungsgrad von Weizenmehl Type 550 ist unwesentlich höher, Weizenmehl Type 1050 und Roggenmehl Type 1150 sind, obwohl dunkel aussehend, immer noch Auszugsmehle. Je niedriger also der Ausmahlungsgrad, desto heller ist das Mehl und desto geringer der Gehalt an Vitaminen und Mineralstoffen. Die Kennzeichnung des Ausmahlungsgrades, die Typenzahl, ist auf der Mehlpackung angegeben. Nur Mehl mit 100-prozentigem Ausmahlungsgrad ist vollwertiges Vollkornmehl.
Weizensorten unterscheidet man nach ihrem Kleberanteil, der bei handelsüblichen Mehlsorten zwischen 8 und 12% liegt. Kleber besteht aus Eiweißstoffen (Proteinen), Gliadin und Glutenin. Er quillt in Wasser, er bindet also die Flüssigkeit im Teig. Der Teig wird elastisch. Die gebundene Flüssigkeit verwandelt sich beim Backen zu Dampf, die im Teig eingeschlossene Luft dehnt sich aus.
Es ist empfehlenswert, das Mehl weniger aus Gründen der Verunreinigung als zur Auflockerung zu sieben. Es verbindet sich dann schneller mit den übrigen Zutaten, was besonders bei der Zubereitung von Biskuitmasse ein Vorteil ist. Bei Hefeteig unterstützt das gesiebte Mehl die Treibkraft.
Mehl muß luftig, trocken und geschützt vor Fremdgerüchen aufbewahrt werden. Nach allzu langer Lagerzeit schmeckt es ranzig, das Mehlfett zersetzt sich.

Backen mit Vollkorn

Soviel ist klar: Wer sich vollwertig ernähren will, braucht zum Backen neben anderen naturbelassenen Zutaten vor allem Vollkornmehl. Eingefleischte Vollwertköstler und immer mehr Neulinge auf diesem Gebiet beteuern, wieviel herzhafter und kräftiger ein Kuchen aus Vollkornmehl schmeckt, vergleicht man ihn mit einem aus industriell verfeinertem, »raffiniertem« Mehl. Viele interessante Rezepte für köstliche vollwertige Kuchen und Torten in diesem Buch lassen an der Aussage keinen Zweifel.
Läßt sich dennoch über Geschmack bekanntlich immer noch streiten, so ist eines sicher: Das volle Korn spielt bei der Verhütung und Heilung ernährungsbedingter Zivilisationskrankheiten eine ganz entscheidende Rolle.
Im Keim und in den Randschichten des Getreidekorns befinden sich die wertvollsten Wirkstoffe, nämlich hochwertiges Keimöl, Eiweiß, fast alle Vitamine des B-Komplexes, die Vitamine D, E, außerdem Mineralstoffe und Spurenelemente (unter dem Sammelbegriff Vitalstoffe bekannt). Diese Stoffe benötigt der Körper für einen gesunden Aufbau und Stoffwechsel. Außerdem bieten die Schalenteile Balaststoffe, die eine geregelte Verdauung garantieren und zur Entschlakkung des Körpers beitragen.
Da bei Vollkornmehl und -schrot schon nach kurzer Lagerzeit ein Oxidationsprozeß einsetzt, bei dem wertvolle Inhaltsstoffe zerstört werden, ist es ratsam, Mehl und Schrot nur frisch gemahlen zu verwenden. Das Getreide sollte man in jedem Fall nur dort kaufen, wo Qualität (gereinigtes Getreide, ohne Befall eines bestimmten Pilzparasiten, dem Mutterkorn, der lebensgefährliche Vergiftungen hervorruft und aus biologisch-dynamischem Anbau stammend) angeboten wird. In der Regel wird dies ein Reformhaus oder Naturkostladen sein. Dort wird man Ihnen das Mahlen gerne abnehmen, wenn Sie noch keine eigene Getreidemühle besitzen.
Durch das Backen werden die Wertstoffe des Mehls konserviert. Neben Weizen hat Roggen, Hafer, Gerste, Dinkel (eine alte Kulturform des Weizens), Grünkern, Hirse und Buchweizen beim Backen mit Vollkorn eine Bedeutung. Maismehl fehlt das Klebereiweiß; es muß daher

immer mit kleberreichem Mehl oder Schrot gemischt werden. Ganze Körner kann man trocken, luftig und kühl aufbewahrt mindestens 1 Jahr lang lagern.

Warum braucht man Speisestärke?

Stärkemehl gewinnt man aus Weizen, Mais, Kartoffeln, Reis und aus den Wurzeln und Knollen bestimmter tropischer Stauden (Pfeilwurzelmehl/Arrowroot). Mais- und Kartoffelstärke sind am gebräuchlichsten, wobei sich Weizenstärke zum Backen am besten bewährt. Bestimmte Teige, die ausschließlich mit Mehl, ohne Speisestärke, zubereitet werden, können – verursacht durch den wertvollen Wirkstoff Kleber – über ihre Elastizität hinaus gelegentlich auch zäh und großporig geraten. Verschiedene Rührteige, Biskuit- und Baisermassen sollen feinporig und leicht sein. Ersetzt man einen Teil des Mehls bei diesen Teigen durch Speisestärke, die die Wirkung des Klebers reduziert, erhält man ein zartes Endprodukt. Speisestärke wird mit dem Mehl und eventuell Backpulver gemischt verarbeitet.

Das beste Fett zum Backen

Fette, ob fest oder flüssig, verbessern den Geschmack von Feingebäck, sie machen es mürbe und zart. Butter ist ohne weiteres durch Margarine ersetzbar. Außerdem haben beim Backen und Fritieren noch Butter- und Schweineschmalz, Pflanzenöle sowie Kokos- und Palmkernfett eine gewisse Bedeutung.

Butter
Waren unseren Großmüttern die Erkenntnisse der modernen Ernährungswissenschaft noch ein Buch mit sieben Siegeln, so wußten sie, daß Butter ihrem Gebäck das unvergleichlich feine Aroma verleiht.
Butter zählt nach wie vor zu den besten, bekömmlichsten Fetten. Da ihr Schmelzpunkt noch unter der menschlichen Körpertemperatur liegt, wird das Butterfett besonders schnell vom Körper aufgenommen. Butter enthält alle für den Organismus lebensnotwendigen Fettsäuren, die der Körper nicht selbst herstellen kann. Sie bietet außerdem hochwertiges Eiweiß, Mineralstoffe (in erster Linie Kalzium und Phosphor) sowie die Vitamine A, D und E. Sie ist keineswegs Ursache für überhöhten Cholesterinspiegel oder gar Herzinfarkt, wie fälschlicherweise eine Zeitlang angenommen wurde.
Jahrhundertelang wurde Sahne im Butterfaß so lange durchgestampft, bis sich Rahmfettkügelchen zu Butterkörnchen zusammenballten und sich von der Buttermilch trennten. Auch in der modernen Produktion ensteht Butter in einem rein biologischen, nicht technologischen Reifeprozeß. Die Herstellung unterliegt strengen Gesetzen. Sachverständige prüfen jede Butterung nach Geschmack, Geruch, Gefüge, Aussehen und Konsistenz, bewerten sie nach einem Punktesystem und unterteilen sie nach Handelsklassen, die auf der Verpackung vermerkt sein müssen.

Margarine
Sie verdankt ihre Existenz Hunger- und Kriegszeiten, in denen vor gut hundert Jahren der Chemiker Mège-Mouriès im Auftrag von Kaiser Napoleon III. für die Verpflegung der Soldaten einen preiswerten, haltbaren Butterersatz zu entwickeln hatte. Zwar verlor Napoleon III. trotz der Erfindung der »Kunstbutter« den Krieg gegen Preußen, die Margarine gewann jedoch als Speisefett langsam an Bedeutung.
Das Kunstgemisch aus Rindertalg und Magermilch wurde abgelöst durch zahlreiche Variationen aus pflanzlichen Ölen, mit Aromastoffen und Vitaminen der Butter angeglichen. Heute werden vor allem Öle aus Sojabohnen, Sonnenblumenkernen, Baumwollsaat, Erdnüssen, Raps und Mais sowie Kokos- und Palmfett und gelegentlich noch Rindertalg und hochwertiges Fischöl für die Herstellung verwendet.
Um die lebensnotwendigen essentiellen (mehrfach ungesättigten) Fettsäuren der Pflanzenöle zu erhalten, hat man heute besonders schonende Verfahren für die Margarinegewinnung entwickelt. Im Sinne von möglichst naturbelassener Ernährung bieten die Reformmargarinen, die frei von Fremdstoffen und gehärteten Fetten sind, für die Vollwertbackstube eine Alternative zu Butter.
Margarine ist in der Regel immer noch billiger als Butter. Bestimmte wasserreiche Margarinesorten eignen sich nicht zum Backen.

Butterschmalz
läßt sich in einem Steinguttopf kühl aufgewahrt bis zu 1 Jahr lagern. Beim »Auslassen«, das heißt Erhitzen der Butter verdunstet das Wasser (bei Butter ein Bestandteil von 16%), Bakterien werden abgetötet.
Butterschmalz eignet sich neben reinen Pflanzenfetten und -ölen hervorragend zum Fritieren, weil es auch bei Temperaturen über 180° nicht braun wird.
Schweineschmalz ist außerdem in guter Qualität für Mürbeteige das richtige Fett.

Pflanzenöl
Angeboten werden Speiseöle aus einer Pflanzenart und Öle aus mehreren Saaten. Durch Erhitzen werden leider die wertvollen essentiellen Fettsäuren zerstört. Die teueren, naturbelassenen kaltgepreßten Pflanzenöle verwendet man daher am sinnvollsten in der Kalten Küche. Zum Backen und Fritieren eignen sich Speiseöle mit neutralem Geschmack.

Kokosfett, Palmkernfett
Die schneeweißen, gehärteten Fette sind sich in Geschmack und Farbe sehr ähnlich. Sie sind unempfindlich gegen hohes Erhitzen und deshalb zum Fritieren geeignet.

Die wichtigsten Backzutaten

Die unentbehrlichen Eier

Das für den menschlichen Organismus wertvolle Hühnerei ist beim Kuchenbacken eine fast unentbehrliche Zutat; nur wenige Teige gelingen ganz ohne Eier. Gebäck wird durch Eier nicht nur mit Nährstoffen angereichert, es schmeckt gut, erhält Glanz und die Krume eine schöne goldgelbe Farbe.
Daß ein Ei dem anderen gleicht, mag ja stimmen, trotzdem gibt es ein paar wichtige Unterschiede, die man schon beim Einkauf berücksichtigen kann:
Da die Massentierhaltung in engen Käfigen meist mit hohen Gaben von Medikamenten verbunden ist, stellt die artgerechte Bodenhaltung von Hühnern in großen Ställen (auf der Verpackung der Eier vermerkt) einen akzeptablen Kompromiß dar. Und wer Eier direkt vom Bauernhof kaufen kann, ist natürlich besonders gut dran.
Eier sind leicht verderbliche Nahrungsmittel; ihre Frische beeinflußt die Backfähigkeit eines Teiges ganz entscheidend. Sie sind im Handel unter verschiedenen Güteklassen erhältlich: Klasse A garantiert hochwertige, frische Eier, die Sonderklasse »Extra« besondere Frische und Klasse B ist die zweite Wahl.
Um zu erfahren, wie frisch die eingekauften Eier wirklich sind, legt man sie einzeln in ein Glas mit kaltem Wasser: Frische Eier sinken auf den Boden. Bei einem etwa 1 Woche alten Ei hat sich die Luftkammer am dicken Ende vergrößert; es stellt sich schräg, so daß die Luft nach oben kommt. Bei einem 2 bis 3 Wochen alten Ei ist die Luftkammer so groß, daß sich das Ei mit dem dicken Ende nach oben fast senkrecht im Wasser hält.
Ein frischgelegtes Ei hat einen festen, von einem dickflüssigen Eiweißring umgebenen, kugeligen Dotter. Nach 1 Woche ist die Eiweißschicht etwas flüssiger geworden und bei dem 2 bis 3 Wochen alten Ei ist das Eiweiß wäßrig und breitet sich beim Aufschlagen des Eis weit aus.
Frische Eier lassen sich sorgfältig trennen; ein wichtiges Kriterium für das Gelingen einer Creme, für die man Milch mit Eigelb erhitzt (Eiweißspuren ziehen Streifen). Schon eine winzige Spur fetthaltiges Eigelb im Eiweiß stellt das Steifwerden des Eischnees in Frage.
Hühnereier sind zwischen 45 und 70 g schwer; man unterteilt sie meist in 7 Gewichtsklassen:

Klasse 1	70 g und mehr,
Klasse 2	unter 70 g bis 65 g,
Klasse 3	unter 65 g bis 60 g,
Klasse 4	unter 60 g bis 55 g,
Klasse 5	unter 55 g bis 50 g,
Klasse 6	unter 50 g bis 45 g,
Klasse 7	unter 45 g.

Für unsere Rezepte haben wir jeweils Eier der Klasse 3 berechnet. Haben Sie nur extrem kleine oder besonders große Eier zur Verfügung, ist es besser, sie vor dem Backen zu wiegen und je nach Gewicht die benötigte Eimenge zu ergänzen oder zu reduzieren.
Übriggebliebene Eigelbe bleiben einige Tage frisch, wenn man sie mit etwas kaltem Wasser begießt und zugedeckt kühl stellt. Restliche Eiweiße kann man mit Zukker oder Puderzucker und etwas Speisestärke gemischt zu sehr steifem Schnee schlagen und Baisertörtchen oder Schäumchen im Backofen bei etwa 100° in etwa 2 Stunden mehr trocknen als bakken. In einer Blechdose trocken und gut verschlossen aufbewahrt halten sie sich lange frisch. Mit gemahlenen Haselnüssen, Mandeln oder Kokosraspeln vermengt wird aus Eischnee Makronenmasse.
Leicht verquirltes Eiweiß läßt sich außerdem problemlos einfrieren und nach dem Auftauen zu steifem Schnee schlagen.
Eiweiß als Pannenhilfe: Hat man beispielsweise einmal einen frisch gebackenen Gugelhupf unbeabsichtigt in 2 Teilen aus der Form geholt, so kann man diese Stücke damit zusammenkleben.

Zucker & Co.

Zucker als Süßungsmittel hat eine Geschichte, die bis in die Antike zurückreicht. Nach einer indischen Sage wurde das Zuckerrohr geschaffen, um daraus eine Speise für die Götter zu gewinnen. In Indien entwickelte sich in historischer Zeit die Zuckerrohrkultur und damit die Zuckergewinnung. Zuerst lernte man, den aus dem Zuckerrohr gewonnenen Saft zu Sirup einzudicken und später gelang es, daraus eine getrocknete Zuckermasse zu bereiten. Sie war das erste haltbare Süßungsmittel aus Zuckerrohr und erhielt den Namen »Gur«.
Erst in allerjüngster Zeit hat man sich wieder auf diese uralte, wertstofferhaltende Zuckergewinnung zurückbesonnen und stellt nunmehr auf ganz ähnliche Art Zukkerrohr-Granulat (Vollrohrzucker) her.
In Europa blieb Zucker jahrhundertelang ein Luxusartikel der Fürstenhöfe und großen Handelshäuser. Dies änderte sich erst mit der Entwicklung des Rübenzuckers im 19. Jahrhundert. Heute entfallen etwa 55% der Weltzuckerproduktion auf Rohrzucker, 45% auf Rübenzucker. Bedeutende Rohrzucker-Exportländer sind derzeit Kuba, die Dominikanische Republik, die Philippinen und Brasilien.

Weißer Haushaltszucker
Zucker verleiht dem Backwerk Geschmack, beschleunigt die Gärung und bewirkt beim Backen eine gewisse Bräunung. Außerdem konserviert er das Gebäck. Weißer Haushaltszucker ist ein reines Kohlenhydrat, dem in der raffinierten Form durch die industrielle Verarbeitung alle Vitalstoffe entzogen wurden. Er kommt daher und weil er dem Körper zum Aufbau das ohnehin knappe Vitamin B_1 entzieht, in der Vollwertbackstube niemals zum Einsatz.
Für den Teig besonders feiner Torten und für delikate Buttercreme verwendet man gelegentlich *Läuterzucker*, das ist Zuckersirup in verschiedener Konzentration. Man kocht dafür Zucker mit Wasser einige Minuten und verwendet den Sirup nach Bedarf. In einem Schraubverschlußglas kann man ihn gut aufbewahren.
Hagelzucker ist grobkörniger Zucker. Er entsteht aus granulierter Raffinade und wird zum Bestreuen von Gebäck verwendet.
Puderzucker, auch Staubzucker genannt, entsteht durch Vermahlen der Raffinade (aus feinem Haushaltszucker kann man zuhause mit Hilfe des Universalzerkleinerers Puderzucker selbst herstellen). Aus Puderzucker las-

sen sich unter Beimengung von Eiweiß, Wasser, Zitronen-, Kirsch- oder Johannisbeersaft, Rum oder Cognac und/oder flüssigem Kokosfett Glasuren für Kuchen und Torten, je nach Bedarf von weicher bis fester Konsistenz, bereiten. Mit Kakaopulver oder ein paar Tropfen Speisefarbe gefärbt kreieren einfallsreiche Hobbykonditoren damit die fantasievollsten Verzierungen (siehe auch Seite 17).

Vanillezucker mit natürlicher Vanille läßt sich leicht herstellen: Die aufgeschlitzte, ausgekratzte Vanilleschote – ein Abfallprodukt, wenn man das wertvolle Mark für ein Rezept benötigte – bedeckt man in einem Schraubverschlußglas mit Zucker und schließt das Glas gut. Schon nach wenigen Tagen ist der Zucker so stark mit dem intensiven Aroma durchdrungen, daß er zum Würzen von Teigen und Cremes verwendet werden kann. Da Vanillezucker leicht klumpt, sollte man ihn verbrauchen und neue leere Schoten wiederum mit frischem Zucker in das Glas geben. Der typische Vanillezucker mit den schwarzen Pünktchen entsteht durch Beimischung von natürlicher gemahlener Vanille, die man im Reformhaus oder Naturkostladen erhält.

Brauner Zucker (Farinzucker)
Ungereinigter Zucker mit würzigem Geschmack. Er süßt nicht so stark wie raffinierter Zucker und wird vor allem für Honig- und Lebkuchen verwendet. Er ist auf keinen Fall mit Vollrohrzucker (Zuckerrohr-Granulat) zu verwechseln.

Die alternativen Süßungsmittel
In der Vollwertbackstube ersetzt man Industriezucker, der sehr konzentriert genossen Mangelerscheinungen im Körper und Stoffwechselstörungen hervorrufen kann, durch möglichst naturbelassene Aromaträger. Aus den gleichen Gründen wird auch die Verwendung von braunem Zucker/Farinzucker, Milchzucker, Traubenzucker, Frucht- und Kandiszucker abgelehnt. Wer Joule/Kalorien zählt, hat von den Alternativen keinerlei Vorteile zu erwarten; alle natürlichen Süßen sind kaum kalorienärmer als Zucker.

Zuckerrohr-Granulat (Vollrohrzucker), unter den Handelsbezeichnungen *Sucanat* oder *Ursüße* im Reformhaus erhältlich, ist der getrocknete, unraffinierte Saft von meist biologisch angebautem Zuckerrohr. Alle Vitalstoffe des Zuckerrohrs bleiben bei der Gewinnung von Vollzucker erhalten, bei *Rohzucker* nur ein Bruchteil davon. Ähnlich wie bei Ahornsirup wird der Saft durch Erhitzen bis zu einer Konzentration von über 71% Gesamtzukkergehalt eingedickt, der Dicksaft getrocknet und vermahlen. Die Herstellung erfolgt ohne Zusatz von chemischen Fabrikationshilfsmitteln.
Die Süßkraft von Vollrohrzucker ist etwa schwächer als die von normalem Haushaltszucker. Da das Gebäck aber meist als »voller im Geschmack« empfunden wird, kann man die in den Backrezepten angegebenen Zuckermengen unmittelbar umsetzen.

Zuckerrohr-Melasse ist der eingedickte Saft des Zuckerrohrs. Melasse enthält ebenfalls den natürlichen Bestandteil wichtiger Mineralstoffe und Spurenelemente, insbesondere viel Eisen; bereits 2 Eßlöffel davon decken den durchschnittlichen Tagesbedarf für die Blutbildung. Ihr Geschmack, der sich beim Backen etwas neutralisiert, erinnert ein wenig an Lakritze.

Zuckerrübensirup hat sehr gute Backeigenschaften. Zur Gewinnung werden gereinigte, geschnetzelte Zuckerrüben unter Vakuum schonend gedämpft und dem Saft anschließend durch Abpressen und Reinigen so viel Wasser entzogen, bis der Sirup einen Trockensubstanzgehalt von 78% hat.

Apfelkraut und *Birnendicksaft* werden in einem ähnlichen Verfahren hergestellt. Pro 100 g darf diesen Dicksäften jedoch bis zu 39 g Haushaltszucker zugesetzt sein, lediglich »Apfelkraut Extra« muß ohne Zuckerzusatz auskommen. Dieses Produkt ist allerdings auch erheblich teurer, da man zur Gewinnung mehr als die doppelte Menge frischer Füchte benötigt.

Ahornsirup (Maplesirup) wird in Kanada und Amerika aus der eingeritzten Rinde wildwachsender Ahornbäume gewonnen. Beim Einkochen zu Sirup reduziert sich der Vitamingehalt, nach wir vor bleiben jedoch Mineralstoffe und Spurenelemente erhalten.
Ahornsirup süßt sehr stark, es werden daher nur kleine Mengen benötigt. Nach dem Öffnen sollte man ihn kühl aufbewahren.

Honig. Süßer Saft aus Blüten, Blättern und jungen Zweigen wird im Körper der Bienen angereichert und reift in den Waben. Bienen sind so empfindliche Lebewesen, daß Pestizide sie töten würden; es kann daher keinen vergifteten Honig geben. Geschmack, Farbe und Konsistenz von Honig hängt neben der ausgewählten Pflanzenart auch vom Verfahren des Imkers bei der Gewinnung ab. Ein Zeichen von Naturbelassenheit ist die Kristallisierung. Zum Backen muß man nicht die teuersten Sorten nehmen, da es keine Rolle spielt, ob der Honig bei der Gewinnung bereits erhitzt wurde. Einen großen Teil seiner Wertstoffe verliert er leider durch das Backen.

Trockenfrüchte (Dörrobst, Backobst). War früher das Trocknen von Früchten die einzige Möglichkeit, Obstvorräte für den Winter anzulegen, schätzt man heute Würzkraft und die reichlich vorhandenen Wertstoffe der »Hutzeln«, wie Backobst in Süddeutschland auch genannt wird. Trockenfrüchte eignen sich sehr gut zum Backen. Sie liefern in konzentrierter Form Fruchtzukker, Vitamine sowie Ballast- und Mineralstoffe, aber auch Kalorien. Neben einheimischen Obstarten wie Pflaumen, Äpfel, Aprikosen und Birnen werden auch Südfrüchte wie Ananas, Datteln und Feigen durch Trocknen konserviert, wobei ihnen bis zu 80% Wasser entzogen wird. Weicht man Dörrobst über Nacht ein, schmeckt man sein Aroma wieder besonders intensiv; das Einweichwasser von ungeschwefelten Früchten ist ein erfrischender Trunk. Korinthen sind die getrockneten, dunkelvioletten Beeren des Korinthen-Weinstocks, die immer ungeschwefelt auf den Markt kommen. Sie haben keine Kerne und stammen aus Griechenland.

Die wichtigsten Backzutaten

Sultaninen sind kernlose, getrocknete, helle Weintrauben, Rosinen haben gelegentlich Kerne. Neben griechischen, spanischen und türkischen sind auch kalifornische Rosinen im Handel. Um 500 g Rosinen zu erhalten, braucht man bei der Herstellung 4½ kg Weintrauben. Rosinen sinken beim Backen in einem zarten Rührteig leicht nach unten; um dies zu verhindern wälzt man sie in Mehl, bevor man sie unter den Teig mengt.
Damit helle Früchte ihre Farbe behalten und aus Gründen der schier unbegrenzten Haltbarkeit darf Trockenobst mit Schwefeldioxyd behandelt sein. Trockenpflaumen, die mehr als 20% Wasser enthalten und daher besonders saftig aussehen, werden außerdem mit Sorbinsäure konserviert. Diese chemischen Stoffe müssen allerdings auf der Verpackung deklariert sein. Vor dem Einweichen und Weiterverarbeiten muß man geschwefeltes und mit Sorbinsäure behandeltes Obst auf jeden Fall gründlich heiß waschen, bevor man es einweicht. Vom gesundheitlichen Standpunkt her ist es sinnvoller, weniger auf Schönheit des Dörrobstes zu achten und ungeschwefelte Früchte den geschwefelten vorzuziehen.

Milch, Sahne und Quark

Frischmilch ist die Basis für eine ganze Reihe weiterer Produkte wie Butter, Joghurt, Quark oder Sahne – allesamt wichtige Zutaten oder Grundbestandteile von zarten Teigen, köstlichen süßen Farcen oder delikaten Cremes. Die Zuckerbäckerei kommt kaum ohne sie aus.

Milch
Kuhmilch wird im Handel als Vorzugsmilch (Vollmilch von besonders hoher Qualität), Vollmilch (3,5% Fettgehalt), fettarme Milch 1,5% Fettgehalt) oder Magermilch (0,5% Fettgehalt) angeboten. H-Milch ist Trinkmilch mit einer Haltbarkeitsdauer von 6 Wochen. Milch enthält alle lebenswichtigen Stoffe, die der Körper braucht.
Zum Backen oder für Cremes sollte man Vollmilch verwenden.

Sahne (Rahm, süße Sahne)
ist der auszentrifugierte Rahm der Milch. Sie ist mit einem Fettgehalt von 30 bis 40% auf dem Markt. Aus Schlagsahne entstehen zarte, voluminöse Füllungen, vermischt mit Kakao- oder Instant-Kaffeepulver, Fruchtpürees oder feingemahlenen abgezogenen Mandeln. Süße Sahne muß sofort nach dem Einkauf wieder in den Kühlschrank gestellt werden. Da sie Fremdgerüche schnell annimmt, muß der Behälter immer fest verschlossen sein. Sahne sollte vor dem Schlagen mindestens 24 Stunden im Kühlschrank stehen; an heißen Tagen empfiehlt es sich, die Sahne vor dem Schlagen kurz in das Gefrierfach zu geben. Außerdem trägt der Fettgehalt zur Schlagfähigkeit bei: je höher er ist, desto steifer wird der Schlagrahm.

Crème fraîche
ist ein ganz besonders milder Sauerrahm, der nach einem speziellen Rezept hergestellt wird: frische Sahne wird schwach mit Milchsäurebakterien gesäuert und durch schonendes Wasserverdampfen auf einen Fettgehalt von 30 bis 40% gebracht. Man verzichtet bei der Herstellung auf Stabilisatoren und sonstige Zusatzstoffe. Crème fraîche läßt sich äußerst vielseitig verwenden und flockt nicht aus, wenn man sie an heiße Speisen gibt.
Crème double ist Doppelrahm, eingedickte Sahne.

Saure Sahne (Sauerrahm)
gibt es in verschiedenen Fettstufen zwischen 10 und 30%. *Schmand* nennt man löffelfesten Sauerrahm mit mindestens 20% Fettgehalt.
Saure Sahne ist Sahne, die mit Milchsäurebakterien versetzt wurde. Da das Milcheiweiß schnell ausflockt, muß man den Rahm mit etwas Mehl oder Speisestärke verrühren, bevor man ihn an heiße Speisen gibt.

Joghurt
ist ein Sauermilchprodukt, das in 4 verschiedenen Fettstufen erhältlich ist. Sein zartsäuerlicher Geschmack und seine Eigenschaften als eiweißreiches, verdauungsförderndes Erzeugnis haben ihn sehr beliebt gemacht. Besonders gesund ist Joghurt mit möglichst viel rechtsdrehender Milchsäure, die vom menschlichen Körper vollständig genutzt werden kann, bei linksdrehender Milchsäure sind es nur etwa 50%. *Sanoghurt* hat beispielsweise 95% rechtsdrehende Milchsäure.

Speisequark (Weißkäse, Topfen)
ist Hauptbestandteil von ein paar äußerst beliebten, traditionellen Backwerken: frische Quarktaschen aus Hefe- oder Quark-Öl-Teig mit einer saftigen Füllung, Großmutters Käsekuchen oder eine üppige Käsesahnetorte – allein schon die Namen zergehen auf der Zunge.
Quark wird mit Hilfe von Milchsäurebakterien und Lab eingedickt. Man verwendet entrahmte und pasteurisierte Milch. Es werden verschiedene Fettstufen, von Magerquark mit weniger als 10% Fettgehalt in der Trockenmasse bis zur Doppelrahmstufe, angeboten. Im Vergleich zu Hartkäsesorten ist der tatsächliche Fettgehalt in Quark nie sehr hoch, da Speisequark viel Flüssigkeit und wenig Trockenmasse enthält.
Den höchsten Anteil an wertvollem Milcheiweiß hat Magerquark. Beim *Schichtkäse,* einer besonderen Form des Quarks, wird der frische Käse nach dem Trennen von der Molke nicht glattgerührt, sondern mit verschiedenen Fettgehaltsstufen übereinandergeschichtet, geschnitten und in viereckige Formen geschöpft.

Gelatine

Torten sind oftmals kunstvolle Gebilde, die – bevor sie mit Genuß verzehrt werden – durch besonders schönes Aussehen glänzen sollen. Um den Creme-, Sahne- oder Quarkfüllungen genügend Festigkeit zu verleihen, ist es nötig, sie mit Geliermittel, die keinesfalls aus chemischen Substanzen bestehen müssen, zu steifen.
Gelatine ist ein geschmacksneutrales Naturprodukt, gewon-

nen aus kollagenhaltigem Material wie Tierknochen, Häuten und Schwarten. Sie enthält viel Eiweiß und wird in Form von dünnen, glasklaren oder rotgefärbten Blättern und gemahlen als Aspikpulver angeboten. Für ½ l Flüssigkeit rechnet man 6 Blätter oder 10 g Pulver. Einige exotische Früchte wie Ananas, Kiwi, Mango oder Papaya enthalten ein eiweißspaltendes Enzym, das die Gelatine nicht fest werden läßt, Fruchtstücke oder -püree müssen daher vor dem Gelieren blanchiert werden.
Die eingeweichte und gut ausgedrückte Blattgelatine oder das mit etwas kaltem Wasser gequollene Aspikpulver lösen sich durch Erwärmen auf. Zum Festwerden muß man den gelierenden Farcen Zeit lassen; eine fertig gefüllte Torte mit einer hohen Creme-, Sahne- oder Quarkschicht sollte 5 Stunden in den Kühlschrank kommen, ehe sie angeschnitten wird.
Gelatine muß trocken, dunkel und kühl aufbewahrt werden. Zu starkes Erhitzen bei der Zubereitung schadet ihr ebenso wie eine zu lange und unsachgemäße Lagerung.

Teiglockerungsmittel

Durch das Rühren des Teiges wird ihm Luft untergemischt, die das Gebäck locker und zart werden läßt. Geschlagenes Eiweiß, schnittfester Eischnee, übernimmt diese Funktion bei Biskuit. Bei Blätterteig läßt der Fettanteil, die Butter, das Backwerk in die Höhe treiben. Milchsäure, enthalten in Buttermilch, Joghurt, Quark und saurer Sahne, Alkohol in Form von 1 bis 2 Schnapsgläsern Rum, Arrak oder Cognac oder 1 bis 2 Eßlöffel Essig haben bei anderen Teigen, die wenig Eier oder Fett enthalten, eine ähnliche Wirkung. Schwerem Teig muß meist ein Triebmittel zugesetzt werden, damit der Kuchen duftig aus dem Ofen kommt.

Hefe
ist eine lebendige Substanz aus Kleinstpilzen. Die winzigen Zellen vermehren sich in Verbindung mit Wärme, Flüssigkeit und Zukker. Dabei entstehen Alkohol und Kohlendioxyd, die zusammen mit der durch Kneten und Schlagen eingearbeiteten Luft den Teig locker aufgehen lassen. Frische Hefe reichert das Gebäck mit Vitaminen an.
Hefe ist in Würfeln von 42 g erhältlich. Merkmal für ihre Frische ist eine hellgraue Farbe ohne dunkle Färbungen, sie ist geschmeidig weich. Ausgetrocknete Hefe hat ihre Triebkraft weitgehend eingebüßt. Frische Hefe läßt sich tiefgefroren etwa 4 Monate vorrätig halten, im Kühlschrank zusätzlich in einem Plastikbeutel verpackt 1 bis 2 Wochen.
Trockenhefe behält kühl aufbewahrt ihre Triebkraft bis zu dem auf dem Päckchen angegebenen Datum, sie hat eine Lagerfähigkeit von 12 Monaten. Die Zubereitung von Hefeteig mit Trockenhefe ist weniger zeitaufwendig als mit frischer Hefe, weil man sie trocken mit dem Mehl und den anderen Zutaten mischt und den Teig nur einmal und nicht in mehreren Etappen gehen läßt.

Backpulver
besteht aus Natron und einem Säureträger meist chemischen Ursprungs. Beide Stoffe entwikkeln im Teig Kohlendioxyd, das den Kuchen rasch aufgehen läßt. Für *Weinstein-Backpulver* aus dem Reformhaus wird nur natürliche Weinsteinsäure verwendet. *Hirschhornsalz* und *Pottasche* nimmt man hauptsächlich für gewürztes Flachgebäck wie Lebkuchen.

Kakaopulver

Die gelben bis rotbraunen, bis zu 25 cm langen Früchte des tropischen Kakaobaums enthalten die weißen Kakaosamen oder -bohnen, die fermentiert, getrocknet, gereinigt, geröstet und schließlich zu Kakaomasse vermahlen werden. Diese Masse trennt man vom größten Teil der Kakaobutter, um Kakaopulver zu erhalten. Schwach entöltes, dunkelbraunes Kakaopulver weist mindestens 20% Fettgehalt auf und schmeckt sehr kräftig, stark entölter Kakao ist weniger aromatisch.
Für eine *Schokoladen-Fettglasur* mischt man 200 g Puderzucker mit 2 Eßlöffeln Kakaopulver, 1 Eßlöffel Rum, 25 g erhitztem, flüssigem Kokosfett und so viel heißem Wasser, bis die Masse zähflüssig ist.

Schokolade

ensteht aus Kakaomasse, nach streng gehüteten Rezepturen gemischt mit den verschiedensten Zutaten und Aromen, die den Geschmack und speziellen Schmelz ausmachen.
Schokolade wird häufig geraspelt unter Kuchenteig gemischt. Zum Garnieren ist sie in vielfältiger Form im Handel: Es gibt Mokkabohnen, Dekorblätter, Borkenschokolade, Schokoladenplätzchen, -streusel, -blättchen oder -tröpfchen sowie Raspelschokolade.
Kuvertüre besteht aus reinster Vollmilch- oder Halbbitter-Schokolade.
Schokoladen-Fettglasur hat einen geringeren Kakao-Anteil auf Pflanzenfett-Basis und ist preiswerter als Kuvertüre.
Nougatmasse besteht aus feingemahlenen Haselnüssen oder Mandeln, Zucker, Kuvertüre und Kakaobutter. Sie ist wie Kuvertüre und Schokoladen-Fettglasur als Fertigprodukt erhältlich.

Nüsse und Mandeln

Für viele Kuchen und Torten sind Nüsse oder Mandeln ein Hauptbestandteil. Mit ihrem idealen Nährstoffgehalt gehören sie seit Jahrtausenden zu den Grundnahrungsmitteln. Nüsse und Mandeln sind fett- und daher auch kalorienreich. Außer den lebensnotwendigen essentiellen Fettsäuren bieten sie Vitamine und Mineralstoffe.

Haselnüsse
Der Haselnußstrauch ist in allen nördlichen, gemäßigten Klimabereichen verbreitet, Hauptanbauländer sind jedoch die Türkei, Italien und Spanien. Am besten schmecken Haselnüsse kurz nach der Reife. Durch kurzes Rösten in der trockenen Pfanne wird die braune Haut so brüchig, daß man sie leicht abreiben kann.

Walnüsse (Welschnüsse)
kommen in bester Qualität aus Frankreich und den USA (Kalifornien), aus Italien, der Türkei, dem Libanon und Chile. Walnußbäume werden bis zu 25 m hoch und 400 Jahre alt. Im Handel erhältlich sind sie in der Schale oder bereits geschält und gehackt.

Pecannüsse
ähneln in Geschmack und Aussehen stark den Walnüssen. Sie kommen aus den USA, Mexiko

Die wichtigsten Backzutaten

Indien und China. Ihr Fettgehalt von 70% wird von keiner anderen Nußart übertroffen.

Pistazien (grüne Mandeln)
Die länglichen, etwa haselnußgroßen Kerne des Pistazienbaumes, der vor allem im östlichen Mittelmeerraum kultiviert wird, sind hellgrün und schmecken angenehm süß. Man verwendet sie häufig gehackt zum Verzieren von Gebäck.

Kokosnuß
Steinfrucht der Kokospalme, die vor allem auf Ceylon, in Indien, Malaysia, Indonesien, auf den Philippinen und in Mexiko kultiviert wird. Das Samenfleisch wird getrocknet für die Gewinnung von Kokosfett oder geraspelt zum Backen verwendet. Kokosraspel verlieren schnell an Aroma; eine geöffnete Packung sollte man möglichst rasch verbrauchen.

Mandeln
Samen der Früchte des Mandelbaumes, der heute im gesamten Mittelmeerraum und in Kalifornien wächst. Die Kerne werden meist maschinell aus den harten Schalen gebrochen. Süße Mandeln werden für Kuchen und Torten verwendet. Sie sind gehobelt, gestiftelt, gehackt und gemahlen, oftmals vakuumverpackt, erhältlich. Es ist jedoch empfehlenswert, Mandeln selbst zu mahlen. Mit Mühlen, die auch hobeln können, stellt man außerdem selbst Mandelblättchen her. Für viele Rezepte müssen die Schalen vorher abgezogen werden: Dafür die Mandeln mit kochendheißem Wasser überbrühen, einige Minuten stehen lassen und dann die Kerne aus den Schalen drücken.
In Reformhäusern wird Mandelmus aus sehr fein gemahlenen Mandeln angeboten, das sich zur Herstellung von Gebäck und Konfekt eignet.
Bittermandeln werden wegen ihres ausgeprägten Aromas in kleinen Mengen als Gewürz verwendet; da sie Blausäure entwickeln, sind sie in größeren Mengen genossen gesundheitsschädigend.

Maronen

sind die Früchte des echten Kastanienbaumes, der in Italien, Spanien, Portugal, Frankreich, aber auch in Süddeutschland gedeiht. Maronen, auch Edel- oder Eßkastanien genannt, reifen im September, Oktober und November. Vor dem Backen werden sie weichgekocht und püriert zu Füllungen von Kuchen und Torten verarbeitet. Maronenpüree ist auch als Fertigprodukt im Handel.

Marzipan

Im Orient ersann man vor langer Zeit diese Köstlichkeit aus gehäuteten zerstoßenen Mandeln, Zucker und Rosenwasser. Man kann auch heute noch nach dem gleichen Rezept Marzipan selbst herstellen; Marzipan-Rohmasse, die mit einem sehr hohen Anteil an feingemahlenen Mandeln und mit nicht mehr als 35% Zucker zubereitet als vorgefertigtes Produkt im Handel ist, erspart dabei jedoch eine Menge Arbeit. Für die Weiterverarbeitung wird Puderzucker und Rosen- oder Orangenblütenwasser untergeknetet.

Mohn

Die kleinkörnigen, bläulich-weißen Samen der Mohnpflanze, die heute in China, Indien, im Iran und in der Türkei angebaut wird, sind sehr ölhaltig und werden in der Zuckerbäckerei hauptsächlich für saftige Füllungen verwendet. Mohn entfaltet sein nußartiges, feines Aroma nur frisch gemahlen. Außer in der speziellen Mohnmühle kann man die Samen auch im Mixer oder im Universalzerkleinerer mahlen.

Zitronat (Sukkade) und Orangeat

werden aus den Schalen von Zedratzitronen beziehungsweise Pomeranzen (spanische Bitterorangen) hergestellt. Man legt sie in eine hochprozentige Zuckerlösung, deren Konzentration innerhalb von 14 Tagen ständig gesteigert wird, bis die Schalen von Zuckersirup durchtränkt sind und einen Zuckergehalt von 65% aufweisen. Zitronat und Orangeat werden in Stücken oder bereits gewürfelt angeboten. Geschmack und Aroma der Schalen sind ausgeprägter, wenn man die ganzen Stücke kurz vor dem Backen selbst zerkleinert.

Kandierte Früchte

Auf die gleiche Art wie für Orangeat und Zitronat die Pomeranzen- und Zitronenschalen werden auch ganze Früchte oder Fruchtscheiben konserviert. Für den Teig von Früchtekuchen und zum Garnieren verwendet man kandierte Ananas-, Zitronen- und Orangenscheiben, rot, grün und gelb gefärbte Belegkirschen sowie Ingwer.

Die gebräuchlichsten Gewürze

Die narturreinsten Aromastoffe bieten die abgeriebenen Schalen von Zitrusfrüchten aufgrund ihrer ätherischen Öle. Daneben hat Alkoholika in Form von Rum, Cognac, Likör oder Obstbrand als Würzzutat für die Kuchenbäkkerei eine nicht unerhebliche Bedeutung. Einige klassische Kuchengewürze sollte man zudem immer vorrätig haben, um spontane Back-Ideen in die Tat umsetzen zu können. Man darf Gewürze allerdings nur in möglichst kleinen Mengen einkaufen; sie verlieren durch die Lagerung an Aroma.

Anis
ist die getrocknete Spaltfrucht der Anispflanze, zählt zu den ältesten Gewürzen der Welt und gilt in der Volksheilkunde als appetitanregend sowie gegen Bronchialkatarrh, Husten, Leibschmerzen und Erkältung wirkend. Anis würzt sehr intensiv (sparsam verwenden!) und verträgt sich nicht gut mit anderen Gewürzen. Da

Anis schnell an Aroma verliert, sollte man ihn immer frisch mahlen oder im Mörser zerstoßen.

Backaromen
sind Konzentrate von Geschmacksträgern, die zur Haltbarmachung mit Öl gemischt werden. Natürliches Zitronen-Backaroma besteht beispielsweise zu zwei Dritteln aus Zitronenöl, das aus der Schale gewonnen wird, und zu einem Drittel aus Sojaöl. Extrakt besteht aus unverdünnten Flüssigkeiten wie Orangensaft und -öl aus der Schale. Außer den natürlichen gibt es die sogenannten »naturidentischen« Backaromen, das sind synthetische Stoffe, die in Form von Backöl konzentriert an den Geschmack von Bittermandel, Arrak, Rum, Vanille oder Zitrone erinnern.

Gewürznelken
Die getrockneten Blütenknospen des bis zu 12 m hohen immergrünen Nelkenbaumes.
Zum Backen verwendet man gemahlene Nelken, die – sparsam dosiert – Gewürz-, Honig-, Obst- und Lebkuchen aromatisieren.

Ingwer
Die knolligen Wurzeln gedeihen in tropischen Ländern. Sie kommen kandiert in Stücke geschnitten, gemahlen und in Sirup eingelegt in den Handel. Ingwer schmeckt würzig-scharf und süßlich. Er gibt allerlei Gebäck eine unverkennbare Note, wie beispielsweise Lebkuchen, Pfefferkuchen, Ingwerkuchen und -plätzchen.

Kaffee
eignet sich hervorragend zum Aromatisieren von Cremes und Füllungen sowie Glasuren. Man nimmt starken Mokka oder Espresso dafür oder auch – um den Flüssigkeitsanteil der Masse nicht zu erhöhen – Instant-Pulverkaffee.

Kardamom
ist ein sehr teueres Gewürz, für das auch die helleren Fruchtschalen mitgemahlen werden. Schon die alten Griechen schätzten die herz- und magenstärkende Wirkung. Man braucht Kardamom beim Backen vor allem in der Weihnachtsbäckerei aber auch zum Würzen von kräftigen Kuchen.

Koriander
Die kugelförmigen, braunen Samen der aus dem Orient stammenden Korianderpflanze helfen gegen Magen- und Darmbeschwerden. Koriander würzt gemahlen Weihnachtsgebäck wie Aachener Printen und Lebkuchen, gibt aber auch Apfelkuchen eine besondere Note.

Piment (Nelkenpfeffer, Gewürzkörner, Allgewürz)
erinnert geschmacklich an Nelken, Muskat und Zimt. Die getrockneten, unreifen, rotbraunen, pfefferähnlichen Beeren des tropischen Pimentbaumes werden gemahlen für Honig-, Früchte- und Lebkuchen verwendet.

Orangenblütenwasser
entsteht durch Destillation frischer, noch geschlossener Blütenknospen des Apfelsinenbaumes. Man verwendet es zum Aromatisieren von Teigen, Cremes und Glasuren.

Rosenwasser
ist eine Lösung von Rosenöl in Wasser (1 Tropfen auf ¼ l Wasser). Es ist in der Apotheke erhältlich, und wird hauptsächlich zur Herstellung von Marzipan verwendet.

Safran
Die krokusähnliche Safranpflanze, eine Blume, gedeiht im Mittelmeerraum. Für 1 kg Safran braucht man die Narben von 100 000 Blüten. So erklärt sich, warum Safran das teuerste Gewürz der Welt ist und nur grammweise verkauft wird. Zum Würzen und für die gelbe Färbung genügt für einen Kuchen 1 Prise davon. Safran schmeckt leicht bitter-süß. Die rötlich-braunen Safranfäden sollten immer erst in wenig Flüssigkeit aufgelöst werden, bevor man sie unter den Teig oder die Creme mischt.

Vanille
ist die Kapselfrucht einer Kletterorchidee, die aus Mexiko stammt und heute auf Madagaskar und in Indonesien angebaut wird. Sie trägt erst im vierten Jahr Früchte. Die bis zu 20 cm langen Vanilleschoten werden vor der Reifung geerntet und fermentiert, wodurch sie ihre schwarz-braune Färbung erhalten und den unvergleichlichen Duft entfalten. Das ausgeschabte Fruchtmark aromatisiert Teige, Cremes und Sahnefüllungen. Die leeren Schoten ergeben mit Kristallzucker gemischt würzigen Vanillezucker. Farcen, die im Mixer püriert werden, kann die ganze Vanilleschote beigemengt werden.

Zimt
ist die geschälte und getrocknete Innenrinde des immergrünen Zimt-Lorbeerbaumes. Der beste Zimt kommt aus Ceylon, wo man einjährige Wurzelschösslinge schält. Zum Backen verwendet man gemahlenen Zimt. Gewürz-, Honig-, Lebkuchen, aber auch Apfelfüllungen oder Cremes werden mit Zimtpulver geschmacklich abgerundet.

Verzierungen in aller Vielfalt

Auf den Seiten 16 und 17 sowie in den jeweiligen Rezepten finden Sie viele Anregungen dafür, wie man Kuchen und Torten fantasievoll garniert. Ist die Zeit aber einmal knapp geworden, so verhelfen die vielen vorgefertigten Verzierungen, die der Markt zu bieten hat, zu großartigen optischen Ergebnissen. So gibt es beispielsweise außer den schon genannten Dekorationen aus Schokolade fertigen Haselnuß-Krokant, kandierte Walnußstükke, gehackte Pistazien, kandierte Veilchen, bunte Zuckerstreusel, Regenbogen-Zucker, mehrfarbige Zuckerblümchen, Zuckerperlen in verschiedener Größe, küchenfertige Zitronen- und Haselnußglasur, Zuckerschrift aus der Tube, Dekor-Oblaten für Torten und Speisefarben. Mit ein wenig Übung werden Ihnen mit diesen Hilfen bald individuelle Kunstwerke gelingen.

Der Inhalt des Buches von A bis Z

Der Inhalt des Buches von A bis Z

Die Autoren

Annette Wolter

Sie gehört zu den führenden Kochbuch-Autoren im deutschen Sprachraum. Seit über 20 Jahren sind Kochen und Haushaltführen ihr Thema, mit dem sie sich schon als Mitarbeiterin großer Frauenzeitschriften beschäftigte. Heute ist Annette Wolter anerkannte Expertin im Bereich Küche und Keller, Autorin zahlreicher Kochbuch-Bestseller und mehrfache Preisträgerin der »Gastronomischen Akademie Deutschlands«.
Die Rezepte in ihren Büchern zeigen deutlich die gelungene Verbindung zwischen kulinarischen Raffinessen und modernem, gesundem Essen. Zu ihren Bestsellern zählen »Kochen heute«, »Kochvergnügen«, »Backvergnügen«, »Kalte Küche« und »Spezialitäten der Welt«. Außerdem ist sie Herausgeberin der neuen Reihe »Kochen – köstlich wie noch nie«, von der bisher die Bände »Gemüse«, »Fisch«, »Kleine Gerichte«, »Nudeln«, »Geflügel«, »Salate« und das vorliegende Buch erschienen sind.

Elke Alsen

sammelte als junge Oecotrophologin in den verschiedensten sozialen Einrichtungen praktische Erfahrungen und lernte dabei, junge Menschen gesund und kräftig zu ernähren. In der Versuchsküche eines großen Hamburger Verlages, die sie später leitete, galt es, für alle nur erdenklichen Themen passende Rezepte zu entwickeln, die Gerichte fotogen vor die Kamera zu stellen und den Text schließlich an die Redaktion für Küche und Keller zu liefern. Frau Alsen hat inzwischen Mann und Kinder, Haus und Garten, Hund und Katze. Nun arbeitet sie mit viel Elan freiberuflich als Stylistin in Food-Fotostudios oder verrät ihre Lieblingsrezepte für die Bildkoch- und Backbücher des Gräfe und Unzer Verlages.

Marey Kurz

stammt aus einer deutsch-baltischen Familie. Seit über 20 Jahren kocht und bäckt sie für Mann und Kinder und ist bemüht, die täglichen Mahlzeiten schmackhaft zu gestalten. Eigene gesundheitliche Probleme veranlaßten Frau Kurz, sich mehr und mehr mit der Vollwertkost zu beschäftigen. Die konsequente Umstellung brachte nicht nur ihre völlige Genesung mit sich, sondern auch die begeisterte Anerkennung der gesamten Familie für die neue Ernährungsweise. So schrieb Frau Kurz ihr erstes Kochbuch »Vollwertküche – schnell und leicht« und, vom Erfolg ermutigt, bald darauf »Soja in der Vollwertküche« sowie »Vollwertkost, die Kindern schmeckt«. Für den vorliegenden Band lieferte sie uns ihre besten Vollwert-Backrezepte.

Annedore Meineke

war ursprünglich Hauswirtschaftslehrerin, vertauschte den Schulsaal aber bald mit der Versuchsküche einer bekannten deutschen Illustrierten und erfand für ihre Leser Rezepte für jedwede Gelegenheit, Festmenüs, Diätprogramme, Schlankheitskost. Inzwischen hat Frau Meineke geheiratet und verwöhnt vor allem ihre Familie mit ihrem kulinarischen Können. Daneben findet sie immer wieder etwas Zeit, aus ihrem Rezept-Repertoire das Passende für einige Zeitschriften oder – wie in diesem Fall – für Gräfe und Unzer zusammenzustellen.

Bernd Schiansky

ist Hobbykoch und -bäcker aus Leidenschaft. Da die sonst sehr variantenreiche Küche seiner Frau Süßspeisen und Kuchen gelegentlich vermissen ließ, hat es sich der in der Versicherungsbranche tätige Diplomingenieur – sehr zum Vergnügen seiner beiden Söhne – zur Aufgabe gemacht, sich um diesen Bereich der Gaumenfreuden im Hause Schiansky zu „kümmern". Mit viel Kreativität entwickelt der gebürtige Starnberger nun seit einigen Jahren in seiner Freizeit ausgefallene Rezepte auch für Kuchen und Torten; seine gelungensten Schöpfungen hat er dem Gräfe und Unzer Verlag für den vorliegenden Band zur Verfügung gestellt.

Brigitta Stuber

Sie ist echte Münchnerin und wollte ohne Umschweife direkt von der Schulbank weg Ehefrau und Mutter werden. Dieser Sprung ins kalte Wasser verpflichtete sie, alles was mit Haushalt und Küche zusammenhing, im Alleingang zu erlernen. Ihre selbsterworbenen Koch- und Backkünste fanden im Freundeskreis so viel Anerkennung, daß man sie um die Rezepte bat. Unabhängig davon absolvierte sie ein regelrechtes Redaktions-Volontariat und arbeitete jahrelang für Fachverlage. Schon bald fühlte sie sich zu journalistischem Arbeiten im Bereich Essen und Trinken motiviert. Lange Jahre war Brigitta Stuber Lektorin des Gräfe und Unzer Verlages. Für den vorliegenden Band »Kuchen und Torten« war sie außerdem auch aktive Mitautorin.

Odette Teubner

Ihr beruflicher Werdegang war von klein an vorprogrammiert – wuchs sie doch in der faszinierenden Welt eines Fotostudios zwischen Kameras, Scheinwerfern, Versuchsküche und Dunkelkammer auf. Sie begann sofort nach der Schulzeit die Lehre bei ihrem Vater, dem international bekannten Foodfotografen Christian Teubner. Obgleich Odette ihrem Vater schon bald eine schier unersetzliche Hilfe war, folgte sie doch seinem Rat, sich einige Monate in München der Modefotografie zu widmen, um Einseitigkeit zu verhindern. Während eines mehrwöchigen Alaska-Aufenthaltes fotografierte sie mit Begeisterung Land und Tiere. Heute arbeitet sie ausschließlich im Studio für Lebensmittelfotografie Teubner. In ihrer Freizeit ist sie leidenschaftliche Kinderporträtistin geworden – mit dem eigenen Sohn als Modell.

Impressum

Genehmigte Lizenzausgabe für Verlagsgruppe Weltbild GmbH, Steinerne Furt, 86167 Augsburg

Redaktion: Brigitta Stuber
Fotografien: Odette Teubner
Versuchsküche: Thea Kirchinger, Brigitte Pürner
Umschlaggestaltung: Rüther Design GmbH/Axel Waldhier, München
Umschlagmotiv: Stock Food, München; Food Archiv, München
Gesamtherstellung: Firmengruppe Appl GmbH, Senefelderstraße 3 – 11, 86650 Wemding
Printed in Germany

ISBN 3-8289-1116-1

2005 2004 2003 2002
Die letzte Jahreszahl gibt die aktuelle Lizenzausgabe an.